TRAINING DEUTSCH

Norbert Thinnes

Grammatik und Stil 7./8. Klasse

Gymnasium

STARK

ISBN 978-3-89449-457-5

www.stark-verlag.de
1. Auflage 2001

Inhalt

Fortsetzung siehe nächste Seite

Autor: Dr. Norbert Thinnes
Illustrator: Ralph Bittner

Vorwort

Liebe Schülerin, lieber Schüler,

mit diesem Buch kannst du deine Sprachkenntnisse und -fertigkeiten verbessern. Das Buch enthält einen **Durchgang durch die Grundgrammatik** des Deutschen: Die Grammatik der 5. und 6. Klasse wird aufgegriffen, aber erweitert und vertieft **für die 7. und 8. Klasse**.

Du kannst hier die **grammatischen Begriffe** übersichtlich erlernen (Was ist ein Subjekt? Was ist ein Substantiv? usw.). Sie helfen dir beim Formulieren von Aufsatzregeln, beim Untersuchen von Texten – sie sind das **Handwerkszeug des Deutschunterrichts**.

Das Buch ist folgendermaßen aufgebaut:

- Am Anfang jedes Kapitels findest du einen allgemeinen **Überblick** über den neuen Grammatikinhalt.
- Danach folgt jeweils ein Auszug aus einer **spannenden Geschichte**. Lies ihn dir genau durch, denn die folgenden Beispiele und Aufgaben beziehen sich auf den Text.
- Von dort aus gehst du zu den einzelnen Unterkapiteln. Innerhalb der blauen Balken steht die **Begriffsbestimmung** jedes neuen Bereichs. In den hellblauen Kästen wird dir die **Funktion** mit Beispielen und **Sonderfällen** erklärt. Schließlich helfen dir übersichtliche **Tabellen**, das Erklärte zu überblicken.
- Zu jedem Kapitel gibt es **Aufgaben**, mit denen du das neu Gelernte üben kannst. Der ausführliche **Lösungsteil** am Ende des Buches ermöglicht es dir, deine Lösungen selbst zu kontrollieren.
- Nach den Erklärungen und den Aufgaben dazu folgen **Hinweise zum Stil**. Nicht immer geht es um „richtig“ oder „falsch“, sondern vielmehr darum, wie du etwas möglichst gut ausdrücken kannst. Den stilistisch angemessenen Gebrauch der deutschen Sprache kannst du ebenfalls mit **Aufgaben** trainieren. Hierzu gibt es ebenfalls **Lösungsvorschläge** zur Kontrolle.

Viel Spaß und viel Erfolg!

Dr. Norbert Thinnes

Wortarten: Verben

In den Klassen 5/6 hast du bereits vieles über die Verben gelernt. So weißt du schon, was ein **Tempus** ist, und kennst von den wichtigsten Verben **Präsens, Präteritum, Perfekt, Plusquamperfekt und Futur I.** Du kannst zwischen **Vollverben** und **Hilfsverben** unterscheiden und weißt, was **Modalverben** sind. Du beherrschst die Begriffe **Infinitiv, Partizip** sowie **konjugierte Verbform.** Von den so genannten **Modi** kennst du den **Indikativ** und den **Imperativ.** Du hast ebenfalls gelernt, Verben im **Aktiv** oder **Passiv** zu verwenden.
Die Begriffe findest du hier wieder. Du lernst in diesem Kapitel weitere Funktionen der Verben kennen und siehst, wie du deine eigenen Texte mit den neuen Kenntnissen verbessern kannst.

Verben

Ein Wort gehört zu der Wortart Verb, wenn es folgende **Hauptformen** bilden kann:

1. Unbestimmte (infinite) Verbformen:
   - **Infinitiv**
   - **Partizip Präsens**
   - **Partizip Perfekt**
2. Bestimmte (finite) Verbformen, die sich unterscheiden in:
   - **Person** (1., 2., 3. Person)
   - **Numerus** (Singular, Plural)
   - **Tempus** (Präsens, Perfekt, Präteritum, Plusquamperfekt, Futur I, Futur II)
   - **Genus verbi** (Aktiv, Passiv)
   - **Aussagemodus** (Indikativ, Konjunktiv, Imperativ)

Das Kapitel zeigt dir, wie die Kenntnisse der Verbformen und ihr richtiger Gebrauch zu einer stilistisch guten, also abwechslungsreichen und genauen Sprache beitragen. Nicht nur im Bereich der Verben wird sich dein Wortschatz verbessern. Mit großem Gewinn kannst du das alles auch beim Erzählen beobachten und selbst ausprobieren. – Was liegt näher, als sich dafür zunächst eine spannende Erzählung anzusehen?

Andreas Schlüter: Achtung, Zeitfalle!

Ben, Frank, Miriam und Jennifer sind auf Klassenfahrt in Florenz. Als ihr Erzrivale Kolja im Palazzo Pitti plötzlich spurlos verschwindet, folgen ihm die vier Freunde und gelangen in das Florenz des 16. Jahrhunderts! Was zunächst wie eine Zeitreise aussieht, stellt sich dann aber als eine computeranimierte Cyberspacewelt heraus. Vor allem Computerfreak Ben ist total fasziniert von dieser technischen Meisterleistung. Doch irgendetwas geht hier nicht mit rechten Dingen zu: Jemand scheint es auf sie abgesehen zu haben! Nur raus hier, heißt da die Devise, wo aber ist der Weg zurück in die reale Welt?

Jennifer sah sich vorsichtig um, ob ihnen nicht doch einige Verfolger noch auf den Fersen waren.

„Woher wusstest du eigentlich, dass der Mönch in der Kirche kein Mönch war?", fragte Miriam ihre beste Freundin.

„Na hör mal", antwortete Jennifer. „Ich habe zwar kein Wort [...] verstanden, aber sonnenklar war, dass er fluchte und uns nicht in der Kirche haben wollte."

„Und?", wollte Kolja wissen.

Jennifer sah Kolja verständnislos an.

„Mönche fluchen nicht!", belehrte sie ihn. [...] „Es widerspricht der christlichen Nächstenliebe, hilfsbedürftige Menschen einfach zu verjagen!"

„Es sei denn, man wurde als Hexe verdächtigt", widersprach Miriam. „Hat es 1589 nicht noch Hexenverbrennungen gegeben?"

Jennifer wurde bei dieser Bemerkung blass um die Nase. Mit Blick auf Miriams rötliches Haar, welches zu jener Zeit schon argwöhnisch als Hexenindiz gewertet wurde, sprach sie den furchtbaren Verdacht aus. „Du meinst, wir wurden verfolgt, weil man uns für Hexen hält?"

Miriam schluckte mehrmals. Sie erinnerte sich an verschiedene Filme und alte Bilder: Frauen, die erbarmungslos verfolgt, gefoltert und öffentlich verbrannt wurden, weil man sie für Hexen hielt. Auch im Palazzo Pitti hatte sie auf einigen Gemälden Marterszenen betrachtet, die aus jedem Fernsehprogramm als „jugendgefährdend" gestrichen worden wären. Die berühmte christliche Nächstenliebe hatte zu jener Zeit schnell ihr Ende gefunden, wenn es gegen angebliche Hexen ging.

Aber Ben wiegelte schnell ab. „Das kann ich mir nicht vorstellen", versicherte er. „Dieser ganze virtuelle Raum kann doch nur für Touristen erbaut worden sein. Da werden die sich hüten, so etwas Grausames wie Hexenverfolgungen zu programmieren."

Das leuchtete auch den anderen ein. Nur blieb die eine Frage: Warum hatte man sie dann verfolgt? Sie hatten nicht mehr getan als diesen virtuellen Raum zu betreten und sich umzuschauen [...] Diese virtuelle Cyberspace-Stadt musste demnach noch irgendein Geheimnis bergen.

Die Debatte über die möglichen Gründe der Verfolgung wurde abrupt unterbrochen. Am Weg oberhalb des Arno-Ufers standen zwei schwarz gekleidete Gestalten und starrten unentwegt auf die Kinder hinab. [...]

Jetzt [...] gingen diese mit gemessenen Schritten auf die Kinder zu. [...] Auf der anderen Seite tauchte plötzlich ein weiterer Widersacher auf [...]. Wortlos bauten sich die schwarzen, sehr vornehm wirkenden Herren vor den Kindern auf, legten einen schwachen, schmalen, langen Koffer vor Ben ab und öffneten ihn.

Entsetzt blickte Ben auf den Inhalt: Auf rotem Samt gebettet blitzten ihn drei blitzblank geputzte Degen an. Ben schlug das

Herz bis zum Hals: „Das Duell!", stöhnte er. Daran hatte er überhaupt nicht mehr gedacht! [...]

Mit zitternden Lippen und kaltem Schweiß auf der Stirn blickte Ben erst seine Freunde an, dann auf die Degen, dann zu den schwarzen Männern, und das Ganze wieder rückwärts. Was sollte er tun?

Jennifer, Miriam und Kolja hielten gespannt den Atem an. Auch ihnen fiel nicht ein, was sie hätten tun können. Zögernd griff Ben nach dem mittleren der drei Degen, die er zur Auswahl hatte. Zitternd umfasste er den Griff. Es ist nur eine Computersimulation, versuchte er sich selbst zu beruhigen. Ein virtueller Raum für Touristen, da wird es keine Duelle auf Leben und Tod geben. Vermutlich wird er mich nicht einmal verletzen können! Es ist nur eine ungefährliche Show. Trotzdem war ihm mulmig zumute. Was war, wenn seine Vermutung nicht stimmte? Ihm wäre es auf jeden Fall lieber gewesen, irgendjemand anderes würde es ausprobieren.

Sein Gegner, der adlige Herr, hatte sich bereits kampffertig, aber höflich zur Begrüßung nur wenige Meter von ihm entfernt aufgestellt. Ben ging auf ihn zu und ahmte dessen Geste nach. [...] Die Adjutanten stellten sich zu beiden Seiten der Kontrahenten auf. Einer von ihnen gab ein Zeichen und schon ging es los. [...]

Wie besiegt man eine Computerfigur?, arbeitete es in seinem Kopf. Hunderte Gegner hatte Ben in der Vergangenheit besiegt. Allerdings nicht mit dem Degen, sondern mit dem Joystick. Als Karatekämpfer hatte er sich bereits ebenso heldenhaft geschlagen wie als Ritter, als Musketier oder auch als Cowboy in Schießduellen. Er konnte Flugzeuge fliegen, U-Boote durch Gefahrenzonen steuern, als Pirat Schiffe entern oder als Boxer mit jedem Gegner fertig werden – solange der Feind auf dem Bildschirm erschien und Ben die Tastatur oder den Joystick als Waffe zur Verfügung hatte. [...]

Er wird mir nichts tun, redete Ben sich Mut zu. Es ist nur ein Computerspiel. Es war ihm nicht möglich, die schnellen Hiebe des gegnerischen Degens zu verfolgen. Dessen Klinge fauchte ihm um die Ohren, ein kurzes metallisches Klicken, und Bens Degen lag vor ihm auf dem Boden. Verwirrt betrachtete Ben seine leeren Hände. Na, wenigstens ist es vorbei, dachte er sich. Der Typ hat gewonnen und Schluss.

Ben irrte sich gewaltig. [...] Sein Gegner gab ihm ein aufmunterndes Zeichen, die Waffe zu ergreifen und erneut den Kampf zu beginnen. Er will mit mir spielen, erkannte Ben. Es reichte ihm nicht, einfach zu gewinnen. [...]

Ein lauter Schrei verzögerte den Neubeginn des Duells: „Halt, hört auf!" Alle fuhren mit dem Kopf herum.

„Frank!", rief Miriam erfreut und lief ihm entgegen.

Als Frank aus dem Gang gekommen war und auf die andere Seite des Arno geschaut hatte, hatte sich ihm dieses Bild geboten: ein hilfloser Ben, der ungeschickt seinen Degen einem übermächtigen Gegner entgegenhielt. [...]

Ohne auch nur eine Sekunde zu zögern, war Frank über den Ponte Vecchio gespurtet und raste jetzt wie wild auf Bens Kontrahenten zu. Verblüfft sah dieser Frank auf sich zukommen [...].

Andreas Schlüter: Achtung, Zeitfalle! München: dtv junior 1999, © Altberliner Verlag Berlin, S. 188–194

1 Infinite Verbformen

Man unterscheidet grundsätzlich zwischen **infiniten** (unbestimmten) und **finiten** (bestimmten) Verbformen. Unbestimmt sind Formen wie *laufen, gewesen, sehend,* die nicht konjugiert werden.

1.1 Der Infinitiv

Infinitive wie *haben, sein, werden, sehen, rennen* verwendest du ständig und auch richtig, ohne weiter darüber nachzudenken. Es ist aber nützlich zu wissen, wie du Formulierungen mithilfe von Infinitiven abwechslungsreicher gestalten kannst.

Der Infinitiv

1. Der Infinitiv ist die Form, mit der Verben genannt werden, wenn man über sie redet. Daher gibt es im Deutschen anstatt **Infinitiv** auch die Bezeichnung **Nennform** oder **Grundform.** In Wörterbüchern sind die Verben als Infinitive alphabetisch eingeordnet.
2. Wenn man einfach nur vom „Infinitiv“ spricht, meint man meistens den „Infinitiv Präsens Aktiv“. Man unterscheidet aber weitere Infinitivformen.

Beispiel:	*verfolgen*	(Infinitiv Präsens Aktiv)
	verfolgt haben	(Infinitiv Perfekt Aktiv)
	verfolgt werden	(Infinitiv Präsens Passiv)
	verfolgt worden sein	(Infinitiv Perfekt Passiv) usw.

Bildung des Infinitivs

Der Infinitiv besteht aus einem **Stamm** (dem Teil, der die Bedeutung des Verbs enthält) und der **Infinitivendung** -(e)n.

wiss	en
Stamm	Infinitivendung

Beispiel: *hab|en, werd|en, wunder|n, sei|n, tu|n*

Beachte: Die Teilung in Stamm und Endung hat nichts mit der Worttrennung beim Schreiben zu tun! Bei der Rechtschreibung wird nach Sprechsilben getrennt, also: *wis-sen, ha-ben, wer-den, wun-dern* usw.

Aufgabe 1 Manchmal erkennt man den Infinitiv zu einer Verbform nicht sofort. Der Infinitiv zu *er log* ist z. B. *lügen*. In anderen Fällen hängt es von der Schreibung ab, zu welchem Infinitiv ein Verb gehört:

du hast → Infinitiv *haben*
du hasst → Infinitiv *hassen*
sie ist → Infinitiv *sein*
er isst → Infinitiv *essen*

Finde die Infinitive zu folgenden roten Verbformen und trage sie der Reihe nach in die Zeilen des Rätsels ein:

sie **wären** bald am Ziel
er **hielt** den Türgriff in der Hand
er **lief** so schnell wie möglich
er **blieb** dort
seine Freude **währte** nicht lange
die Kämpfer **ritten** auf den Platz
es **bot** sich ein herrliches Schauspiel
ein Kämpfer **erschien**
Ben **verstand** das alles nicht

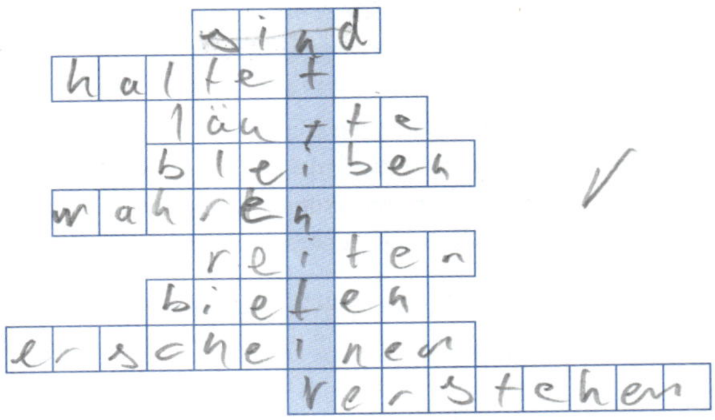

Der Infinitiv nach Verben und anderen Ausdrücken: Verwendungsmöglichkeiten

1. Der Infinitiv steht häufig zusammen mit **Modalverben** wie *dürfen, können, sollen, wollen, müssen.*

   Beispiel: *Das* ***kann*** *ich mir nicht vorstellen.* (Modalverb mit Infinitiv)

2. Der Infinitiv kann nach *lassen* stehen.

   Beispiel: *Er* ***lässt*** *ihn kommen.* (*lassen* mit Infinitiv)

3. Der Infinitiv kann nach **Wahrnehmungsverben** wie *sehen, hören* oder *fühlen* stehen.

   Beispiel: *Verblüfft* ***sah*** *er Frank auf sich zukommen.* (Wahrnehmungsverb mit Infinitiv)

4. Der Infinitiv mit **zu** wird gebraucht
   - nach Verben wie *er pflegt zu …, scheint zu …, droht zu …, versucht zu …, hütet sich (davor) zu …*
     Beispiel: *Die werden* ***sich hüten,*** *so etwas* ***zu*** *programmieren.*
   - nach Ausdrücken wie *er gibt ein Zeichen zu …, gibt den Befehl zu …, es widerspricht … zu …, es ist möglich zu …*
     Beispiel: ***Es war*** *ihm nicht* ***möglich****, die schnellen Hiebe* ***zu*** *verfolgen.*

Aufgabe 2 Unterstreiche in dem folgenden Text die Infinitive und ordne sie den oben genannten Verwendungsmöglichkeiten zu.

„Es war sonnenklar, dass er uns nicht in der Kirche lassen wollte." – „Und?", wollte Kolja wissen. Jennifer sah ihn verständnislos an: „Es widerspricht der christlichen Nächstenliebe, hilfsbedürftige Menschen einfach zu verjagen." Was auch immer sie vermuteten, dieser Raum musste noch irgendein Geheimnis bergen. Kurz darauf sah Ben zwei schwarz gekleidete Gestalten kommen: Was sollte er tun? Er konnte sich doch unmöglich mit dem Mann duellieren. Aber der Blick seiner Adjutanten ließ keinen Zweifel zu: Ben musste kämpfen. „Es ist nur eine Computersimulation", versuchte er sich selbst zu beruhigen, denn in Computerspielen hatte er sich bereits heldenhaft geschlagen: Er konnte Flugzeuge fliegen, U-Boote durch Gefahrenzonen steuern, als Pirat Schiffe entern oder als Boxer mit jedem Gegner fertig werden.

Aufgabe 3 Versuche die Erzählung fortzuführen, indem du die umständlichen Formulierungen mit „dass" durch Infinitive ersetzt. Versuche auch, Formulierungen wie „Es ist nötig, dass …" zu ersetzen durch „Man kann …".

Sein Gegner gab ihm ein aufmunterndes Zeichen, dass er die Waffe ergreifen sollte und den Kampf beginnen sollte. Es reichte ihm nicht, dass er einfach gewinnen würde. Kurz darauf sah Ben, wie Frank auf ihn zukam. Er sah dann, dass Frank mit dem Mann kämpfte. Aber dieser ließ nicht zu, dass man ihn beeindruckte. „Es ist nötig, dass wir etwas tun", stellte Miriam fest. Ben jammerte: „Es ist unmöglich, dass man mit denen wie mit Menschen kämpft. Es geht nur, dass wir sie als Computerfiguren schlagen."

Weitere Verwendungsmöglichkeiten des Infinitivs

1. Der Infinitiv steht häufig nach bestimmten Konjunktionen (siehe Kapitel „Wortarten", S. 118): *ohne … zu, als … zu, um … zu, anstatt … zu.*

   Beispiel: *Sie hatten nicht mehr getan(,)* ***als*** *diesen Raum* ***zu*** *betreten.*

2. Der Infinitiv wird zur Bildung des Futurs benötigt.

   Beispiel: *Er* ***wird*** *kämpfen.*

Übungen zu weiteren Verwendungsmöglichkeiten findest du unten.

Hinweis zum Stil

In vielen Fällen muss man den Infinitiv benutzen (z. B. zur Bildung des Futurs). Häufig kann man aber zu lange Formulierungen durch Infinitive ersetzen. Meistens ergeben sich dabei **knappere und weniger umständlich klingende Formulierungen.** Das heißt nicht, dass man immer nur Infinitive wählen muss! Dies könnte auch eintönig klingen. Beim Verfassen von Texten ist es deshalb hilfreich, **mehrere Möglichkeiten** zu kennen.

Aufgabe 4 Versuche in dem folgenden Erzählabschnitt die roten Formulierungen mithilfe der oben genannten Konjunktionen (+ Infinitiv) zu ersetzen und stell das Subjekt um, wenn nötig. Benutze die Konjunktion *als … zu* im letzten Satz.

Frank hatte keine Sekunde gezögert und war dabei über den Ponte Vecchio gespurtet. Er raste jetzt an Miriam vorbei **und beachtete sie nicht.** Er setzte zu einem gewaltigen Sprung an, **damit er dem Mann einen gezielten Karate-Tritt verpassen könnte. Dieser fiel jedoch nicht hin,** er blieb einfach stehen. Ben nahm allen Mut zusammen, **damit er nochmals angreifen konnte.** Nur allmählich wurde ihnen allen klar: Es war sinnvoller, **dass sie mit den Männern wie mit Computerfiguren kämpften, und weniger sinnvoll, wenn sie sie als Menschen betrachteten.**

Aufgabe 5 Der folgende Erzählabschnitt enthält ebenfalls eine Reihe von Formulierungen (rot), die sich durch Infinitive verschiedenster Art (Verbindung mit Modalverben, Konjunktionen usw.) ersetzen lassen.

Was hatte sich vor dem Kampf bei dem virtuellen Calcio-Spiel ereignet?

An den Ecken des Spielfeldes hätte Ben eigentlich die Tore vermutet. Aber es war nicht möglich, **dass man sie sah.** Ben befürchtete in seiner Ungeduld, dass es noch nötig wäre, **dass man sie aufbaute.** Es hätte ihn auch nicht gewundert, **wenn er gesehen hätte,** wie eine Schar kräftiger, junger Männer hereingeschlurft wäre, **damit sie erst einmal zwei Tore zusammenzimmerten.** „Vielleicht ist es ja wie beim American Football", fiel Miriam ein, „dass die Linien an den kurzen Seiten des Feldes die Tore sind und dass es nötig ist, **dass man den Ball über diese Linien bringt?"** Sie kannte dies von Sportübertragungen. Manchmal war es möglich, **dass man so etwas dort sah.** Ein Zuschauer nickte ihr zu und wandte sich zufrieden wieder dem Geschehen auf dem Platz zu. Ben stutzte. Woher war es möglich, **dass ein adliger Mann aus dem 16. Jahrhundert etwas von American Football wusste?** Jennifer aber hatte kein Ohr für diese Neuigkeit: „Da!", schrie sie, „sieht der nicht aus wie …" – „Kolja!", rief Ben, der Kolja sofort an seiner unverwechselbaren Art, **wie er sich bewegte,** erkannte. Kolja kam seinem ehemaligen Hauptfeind freudig entgegen: „Frank! Du glaubst nicht, wie froh ich bin, **dass ich dich sehe!"** Aber Kolja wurde zurückgezerrt von einem Mitspieler, denn es sollte offenbar nicht sein, **dass Frank die Mannschaftsaufstellung durcheinander brachte.** Kolja erging es nicht besser. Als er sich wehren wollte, kamen mehrere Mitspieler, **damit sie ihn zurück zu seiner Torlinie brachten.** „Der alte Mann!", konnte Kolja Frank noch zurufen. **„Es ist nötig, dass wir den alten Mann finden!"**

1.2 Das Partizip Präsens

Mit dem Partizip Präsens lernst du eine Verbform kennen, die Funktionen bzw. Eigenschaften anderer Wortarten (Adverb, Adjektiv) übernehmen kann.
Die folgenden Erläuterungen und Übungen helfen dir, die Verbform gezielter zu verwenden.

Das Partizip Präsens

1. Das Partizip Präsens gibt oft wieder, wie eine Handlung vor sich geht.
   Beispiel: *Zitternd umfasste er den Griff.*
2. Das Partizip Präsens beschreibt ein Substantiv, vor dem es steht, näher.
   Beispiel: *mit zitternden Lippen*
   Wie ein Adjektiv ist das Partizip Präsens hier veränderlich.

Bildung des Partizip Präsens

Das Partizip Präsens besteht aus dem **Stamm** und der **Partizipialendung** -(e)nd.

wiss	end
Stamm	Partizipialendung

Das -e- in der Partizipialendung entfällt bei Verben, die auch im Infinitiv nur ein -n als Endung haben: *zitter|n – zitter|nd*. Das gilt jedoch nicht für *sei|n – sei|end, tu|n – tu|end.*

Beachte: Diese Teilung in Stamm und Endsilbe hat nichts mit der Worttrennung beim Schreiben zu tun! Beim Rechtschreiben wird nach Sprechsilben getrennt, also: *wis-send, wun-dernd.*

Aufgabe 6 Suche vier weitere Beispiele für das Partizip Präsens im Text, S. 2/3, und bilde selbst fünf neue Beispiele!

Hinweis zum Stil

Wenn mehrere Ausdrucksweisen zur Auswahl stehen, kann man mit dem Partizip Präsens oft **kürzere** und bessere **Formulierungen** erreichen. Allerdings ist das Partizip Präsens nicht immer die schönere Lösung, wenn der Ausdruck dadurch insgesamt zu lang wird.

Aufgabe 7 Forme in den folgenden Texten die roten Formulierungen so um wie in den Beispielen:

Während er zitterte, *umfasste er den Griff.* → **Zitternd** *umfasste er …*

… **mit Lippen, die zitterten,** … → … **mit zitternden Lippen** …

Was erlebten die Freunde beim Betreten des mittelalterlichen Marktplatzes? Auf dem Marktplatz sahen sie allerlei **Tiere, die hüpften und flogen.** An einem Stand sprang Ben über einen **Hund, der streunte. Indem sie kreischten und mit den Armen fuchtelten,** rasten sie an vielen Figuren vorbei. **Die Wachen, die herbeieilten,** nahmen die Verfolgung auf. Kolja traf einen Mönch in der Magengrube. **Der Mönch, der ächzte,** sackte in sich zusammen. Nach einem langen **Lauf, der sie sehr anstrengte,** fanden sie sich am Ufer des Arno ein, **indem sie schwer atmeten.**

Wie erging es Ben beim anschließenden Kampf?
Indem er zögerte, griff Ben nach dem Degen. Sein Gegner gab ihm ein **Zeichen, das ihn aufmuntern sollte.** Der Adlige zeigte auf den **Degen, der bereitlag.** Mit **Bewegungen, die auswichen,** versuchte Ben die Hiebe des Gegners zu vermeiden. Aber schließlich stellte er, **indem er resignierte,** fest, dass er gegen diesen Gegner eigentlich keine Chance hatte.

Bewegende Tiere, einen streunenden Hund, Mit Lärm, Alarmierte Wachen, der ächzende Mönch, nach einem anstrengenden Lauf, ( ) zögernd, aufmunternden Zeichen, bereitliegenden Degen, ausweichenden Bewegungen,

Aufgabe 8 Forme die folgenden Sätze, die ein Partizip Präsens enthalten, wie im Beispiel so um, dass sich Nebensätze, eingeleitet durch *indem, der, welcher, welche gerade* ergeben.

Beispiel: *Der sich gerade nach einem Hieb auf dem Boden befindende Ben überlegte, was er tun könnte.*

→ besser: *Ben, der sich gerade nach einem Hieb auf dem Boden befand, überlegte, was er tun könnte.*

„Es hat keinen Sinn", jammerte der sich langsam nach seinem gefallenen Degen bückende Ben. Er schaute dabei auf den scheinbar unbeteiligt auf dem Platz ihm gegenüberstehenden und auf ihn wartenden Gegner.

Ben wollte jetzt nicht, in gebückter Haltung vor seinem Gegner stehend und über einen Ausweg nachdenkend, mit seinen Freunden diskutieren. Der Adlige erklärte sich, einem seiner zuschauenden Adjutanten zunickend, mit einem Tausch der Waffen einverstanden. Der eine Fluchtbewegung vortäuschende Kolja beschäftigte so den zweiten, auf alle Kleinigkeiten aufpassenden Adjutanten.

1.3 Das Partizip Perfekt

Mit dem Partizip Perfekt lernst du eine weitere Verbform kennen, die Funktionen bzw. Eigenschaften anderer Wortarten (Adverb, Adjektiv) übernehmen kann.

Das Partizip Perfekt

1. Das Partizip Perfekt wird zur **Bildung zusammengesetzter Zeiten** genutzt (siehe S. 22, 25, 28).
2. Das Partizip Perfekt steht bei **Verben, die es näher erläutert.**

   Beispiel: *Verwundert kratzte Frank sich am Hinterkopf.*
   Verwundert kratzten sie sich am Hinterkopf.

   Hier hat das Partizip Perfekt Ähnlichkeiten mit dem unveränderlichen Adverb (S. 108).
3. Das Partizip Perfekt **beschreibt ein Substantiv näher**, bei dem es steht.

   Beispiel: *... er stieß mit einem gezielten Karate-Tritt ...*
   ... ein gezielter Karate-Tritt ...

   Hier hat das Partizip Perfekt Ähnlichkeiten mit dem Adjektiv, denn es ist veränderlich.

Bildung des Partizip Perfekt

Das Partizip Perfekt setzt sich zusammen aus der **Vorsilbe** (dem Präfix) *ge-* (die auch wegfallen kann), dem **Stamm** und der **Partizipialendung** *-(e)t* (regelmäßige Verben) oder *-(e)n* (unregelmäßige Verben).

Vorsilbe	Stamm	Partizipialendung
ge	hör	t
ge	strich	en

Beispiel: *studier|t, an|ge|fang|en*

Besonderheiten bei der Bildung des Partizip Perfekt

- Der Partizipialstamm ist bei den unregelmäßigen Verben nicht mit dem Infinitivstamm identisch.

  Beispiel: *verbrennen – verbrannt; streichen – gestrichen*
- Bei manchen Verben kann die Vorsilbe fehlen.

  Beispiel: *studieren – studiert*
- Bei vielen zusammengesetzten Verben steht das ge- nicht am Anfang, sondern in der Mitte.

  Beispiel: *abgehört, eingesehen*

Aufgabe 9 Suche möglichst viele Beispiele für das Partizip Perfekt aus dem Text S. 2/3 . Unterscheide bei den von dir gefundenen Beispielen aus dem Text zwischen regelmäßigen und unregelmäßigen Verben und zwischen Partizip Perfekt mit der Vorsilbe *ge-* und ohne Vorsilbe *ge-*.

Hinweis zum Stil

Das Partizip Perfekt (vgl. Partizip Präsens) bietet oft Möglichkeiten, Zusammenhänge kürzer und weniger umständlich zu formulieren. Wenn Unwesentliches kürzer formuliert wird, ist das Wichtige stärker hervorgehoben. Eintönige Satzreihen kannst du so vermeiden.

Beispiel: ~~Der Koffer lag vor Ben. Er war geöffnet. Ben war entsetzt. Er blickte auf den Inhalt.~~
Der geöffnete Koffer lag vor Ben. Dieser blickte entsetzt auf den Inhalt. (Partizip)

Aufgabe 10 Forme den folgenden Textabschnitt mit monotonen Hauptsätzen so um, dass die Zusammenhänge besser sichtbar werden. Formuliere die farbigen Sätze als Partizipien um. Prüfe je nach Zusammenhang, ob du das Partizip Perfekt besser als Adverb *(***Entsetzt** *blickte Ben auf den Inhalt)* oder als Adjektiv *(Der* **entsetzte** *Ben blickte auf den Inhalt)* verwendest.

Der Gegner stand da. **Er war unbeteiligt.** / **Die Figur war programmiert.** Sie wartete auf Ben. / Ben zeigte auf den Koffer. **Dieser Koffer war immer noch geöffnet.** / Der Adlige akzeptierte den Waffentausch seines Gegners. **Der Gegner war haushoch überlegen.** / Während des Tauschs nahmen sich Frank und Kolja die anderen Degen aus dem Koffer. **Das war nicht beachtet worden.** / (Es kam, wie Jennifer gehofft hatte:) Die Figur fuchtelte gegen drei Angreifer in der Luft herum. **Die Figur war verwirrt.** / (Kurz darauf bewegte sie sich nicht mehr.) Ben tippte den Adligen mit einem Finger an. **Er war erstarrt.** / **Der Adlige war umgefallen.** Er lag da. Er hatte den einen Arm ausgestreckt. / Das Computerprogramm war abgestürzt. **Es war überlistet.**

2 Finite Verbformen

Verben können sich nach bestimmten Gesichtspunkten verändern. *Ich sage* hat eine andere Form als *wir sagen.* Du kennst bereits die Bezeichnungen für die **Veränderungen der Verben:** Verben werden gebeugt bzw. **konjugiert**. Finiten (bestimmten) Verbformen lassen sich **Person** (1., 2., 3.) und **Numerus**, jeweils im Singular oder im Plural, zuordnen. Darüber hinaus stehen die finiten Verbformen immer in einem bestimmten **Tempus** (Zeitform), weisen einen **Modus** (Darstellungsweise der Wirklichkeit) auf und haben ein **Genus verbi**, eine so genannte Handlungsform.

2.1 Tempus: Präsens

Das Präsens ist das am häufigsten gebrauchte Tempus.

Das Präsens

1. Das Präsens beschreibt **gegenwärtige Vorgänge**.
   Beispiel: *Auch an diesem Wochenende besuchen viele Touristen und Schulklassen Florenz.*
2. Auch wenn etwas schon lange her ist, wird es in **wörtlicher Rede** so wiedergegeben, wie es damals gesagt, berichtet, erzählt wurde.
   Beispiel: *„Es ist eine Ehre, in der Calcio-Mannschaft mitspielen zu dürfen", erzählte Mario.*
3. Vergangene Ereignisse können im Präsens wiedergegeben werden, um sie unmittelbarer erscheinen zu lassen. Man nennt das **historisches** oder **szenisches Präsens**.
   Beispiel: *Vor einer halben Stunde begegnete mir ein Mann auf dem Marktplatz. Da sagt der doch glatt zu mir …*
4. Das Präsens kann **bevorstehende Ereignisse** und **Vermutungen, Vorstellungen** usw. beschreiben. Selbst wenn etwas eindeutig nicht mehr zur Gegenwart, sondern in die Zukunft gehört, kann man es im Präsens wiedergeben.
   Beispiel: *Das Einzige, was heute wirklich noch passiert, ist das Rendezvous des Jahrhunderts.*
   Bloße Vermutungen können durch die Verwendung des Präsens gegenwärtig erscheinen:
   Beispiel: *„Stell dir vor zu heiraten", rief Miriam. „Hunderte von Gästen tummeln sich im Gras, sitzen auf den Treppen…"* (Vermutung)
5. Das Präsens gibt **zeitlose Ereignisse**, die immer wieder passieren können, und feststehende **Tatsachen** wieder.
   Beispiel: *Jedes Jahr findet hier ein großes Calcio-Spiel statt.* (wiederkehrendes Ereignis)
   Der Palazzo Pitti befindet sich in Florenz. (Tatsache)

Bildung des Präsens

Die Formen des Präsens (Gegenwart) bestehen aus dem **Verbstamm** und der **Personalendung** (am Ende der Verbform).

hör	e
Stamm	Personalendung

Bildung des Präsens (Indikativ)

			Hilfsverben			2 Beispiele für regelmäßige Verben		Beispiele für unregelmäßige Verben		
Numerus	Person	Pronomen	**haben**	**sein**	**werden**	**hören**	**werten**	**geben**	**finden**	**mögen**
Singular	1. Person	ich	*hab|e*	*bin*	*werd|e*	*hör|e*	*wert|e*	*geb|e*	*find|e*	*mag*
	2. Person	du	*ha|st*	*bist*	*wir|st*	*hör|st*	*wert|est*	*gib|st*	*find|est*	*mag|st*
	3. Person	er, sie, es	*ha|t*	*ist*	*wird*	*hör|t*	*wert|et*	*gib|t*	*find|et*	*mag*
Plural	1. Person	wir	*hab|en*	*sind*	*werd|en*	*hör|en*	*wert|en*	*geb|en*	*find|en*	*mög|en*
	2. Person	ihr	*hab|t*	*seid*	*werd|et*	*hör|t*	*wert|et*	*geb|t*	*find|et*	*mög|t*
	3. Person	sie	*hab|en*	*sind*	*werd|en*	*hör|en*	*wert|en*	*geb|en*	*find|en*	*mög|en*
Höflichkeitsanrede		Sie	*hab|en*	*sind*	*werd|en*	*hör|en*	*wert|en*	*geb|en*	*find|en*	*mög|en*

Der Verbstamm ändert sich bei regelmäßigen Verben nicht. Bei vielen unregelmäßigen Verben (dazu gehören auch die Hilfsverben) unterscheidet sich der Stamm in der 2. und 3. Person Singular von den anderen Präsensformen. Bei manchen Verben (z. B. *mögen*) findet ein Vokalwechsel zwischen Singular- und Pluralformen statt. Die Pluralformen haben dann den Vokal des Infinitivs. Das Verb *sein* setzt sich, ganz unregelmäßig, aus 3 Stämmen zusammen.

Die Endungen des Präsens sind im Singular: *-e, -(e)st, -(e)t* und im Plural: *-en, -(e)t, -en.*

Bei vielen Verben, besonders wenn der Stamm auf *-t* oder *-d* endet (*wert|en, find|en*), wird zwischen diesem *-t, -d* und der Personalendung *-t, -st* ein *-e-* eingeschoben, sodass es z. B. nicht heißt: ~~*er findt*~~, sondern: *er findet.*

Bei *er wird* entfällt eine Endung ganz. Bei dem Verb *sein* sind nur einzelne Endungen (2., 3. Pers. Singular) mit den anderen Verben vergleichbar.

Aufgabe 11 Bilde zu den folgenden Verbformen der 1. Person Singular Präsens die 2. und 3. Person Singular und trage sie in der Tabelle ein:

kein Vokalunterschied zwischen den Singularformen	Verbform in 1. Person Singular Präsens	Vokalunterschied zwischen 1. Person und den anderen Singularformen
du lebst, er lebt	ich lebe	
	ich gebe	du gibst, sie gibt
	ich sehe	
	ich drehe, flehe	
	ich laufe	
	ich kaufe, schnaufe	
	ich fechte	
	ich flechte	
	ich wende	
	ich fahre,	
	ich (be)wahre	
	ich nehme	
	ich kehre, schere	

Aufgabe 12 Der folgende Erzählabschnitt behandelt Ereignisse zu Beginn der Klassenfahrt. Es wird in der Vergangenheit erzählt. Dennoch lassen sich viele Verben (Infinitive in Klammern) ins Präsens setzen. Setze die entsprechenden Formen ein. Nicht immer ist das Präsens möglich! Manchmal gibt es mehrere Möglichkeiten. Ordne danach die möglichen Präsensformen den Verwendungsweisen aus der Liste auf S. 14 zu (Beschreibung gegenwärtiger Vorgänge, Vermutungen usw.).

Florentinisches Calcio

Miriam verzog säuerlich die Mundwinkel. Da (kennen lernen) sie einen netten italienischen Jungen und jetzt (kommen) der blöde Frank und (beginnen) ein Gespräch über Fußball! „Calcio!", antwortete Mario und schmunzelte. „Jedes Jahr (stattfinden) hier auf der Piazza Santa Croce ein großes Calcio-Spiel", erklärte er. „Das (sein) ein richtiges Volksfest – wie früher. Und

dieses Jahr (sein) ich in der Mannschaft." „Was (sein) denn dieses Calcio?", fragte Frank endlich nach. Er konnte sich nicht vorstellen, dass es auf dieser Welt eine Sportart (geben), von der er noch nichts (wissen).
Mario schüttelte ungläubig den Kopf. Was (sein) das für Jugendliche, die das Calcio-Spiel nicht (kennen)?
„Na, ein historisches Fußballspiel, heute eher wie Rugby", sagte er ungeduldig. „Hier aus Florenz (kommen) doch das Fußballspiel her."
Frank prustete los. Das (sein) wohl der größte Unsinn, den er je (hören).
„Hör mal", empörte er sich. „Veralbern können wir uns alleine. Jedes Kind Europas (wissen), dass Fußball aus England (stammen)."
Entrüstet sprang Mario auf.
„Quatsch!", rief er. „Die Engländer (haben) es von uns! Seit dem Mittelalter (spielen) man hier in Florenz Calcio. Die Engländer (sehen) es hier und dann bei sich (einführen) – nachdem sie die Regeln verändert hatten."

Hinweis zum Stil

Auch wenn Erzählungen oder ganze Romane in der Vergangenheit erzählt sind, wird eine **Inhaltsangabe** oder ein Klappentext dazu im Präsens verfasst.

Beispiel: *Ben, Frank, Miriam und Jennifer sind auf Klassenfahrt in Florenz. Als ihr Erzrivale plötzlich spurlos verschwindet, …*

Aufgabe 13 Setze die Inhaltsangabe fort, indem du die folgenden Infinitive richtig umformulierst.

Florenz im 16. Jahrhundert

… die vier Freunde (ihm nachgehen) und in das Florenz des 16. Jahrhunderts (kommen). Was zunächst wie eine Zeitreise (erscheinen), (sein) in Wirklichkeit eine computeranimierte Cyberspacewelt. Die technische Meisterleistung (faszinieren) vor allem den Computerfreak Ben. Doch irgendetwas (sich abspielen) nicht mit rechten Dingen: Jemand (haben) es scheinbar auf sie abgesehen. Nur raus hier, (lauten) da die Devise, wo aber (können) man den Weg in die reale Welt zurückfinden?

2.2 Tempus: Präteritum

Das Präteritum, auch **Imperfekt** genannt, kommt in vielen (südlichen) Gegenden Deutschlands in der mündlichen, vom Dialekt gefärbten Umgangssprache nur selten vor. Daher können die Formen des Präteritums gelegentlich Schwierigkeiten bereiten.
Jeder, der aber schon einmal Erzählungen gehört hat, kennt das Präteritum. Man gebraucht es unwillkürlich beim Geschichtenerzählen, besonders beim Aufschreiben von Erzählungen.
Über seine Verwendungsweise und Bildung erfährst du im Folgenden Näheres.

Das Präteritum als Erzähltempus

1. Das Präteritum wird verwendet, wenn von einem **vergangenen Ereignis** erzählt wird.

   Beispiel: *Vor ein paar Tagen passierte mir Folgendes: …*

2. Das Präteritum ist die bestimmende Zeitform in **schriftlichen Erzählformen**, wie z. B. im Märchen.

   Beispiel: *Es war einmal …*

3. Sogar Zukunftsgeschichten können, scheinbar **rückblickend**, im Präteritum dargestellt werden.

   Beispiel: *Im Jahre 2050 erlaubte der technische Fortschritt das auf einem bescheidenen Niveau, was uns jetzt im Jahre 2100 geradezu lächerlich vorkommt. Immerhin trug sich aber damals Folgendes zu: …*

Bildung des Präteritums

Die Formen des Präteritums (einfache Vergangenheit) bestehen aus dem **Verbstamm** (vgl. unregelmäßige Verben, S. 19), der **Tempusendung** -(e)t- (bei allen regelmäßigen Verben, zwischen Stamm und Personalendung) und der **Personalendung**.

hör	t	e
Stamm	Tempus-endung	Personalendung

Bildung des Präteritums (Indikativ)

			Hilfsverben			2 Beispiele für regelmäßige Verben		2 Beispiele für unregelmäßige Verben	
Numerus	Person	Pronomen	**haben**	**sein**	**werden**	**hören**	**werten**	**geben**	**finden**
Singular	1. Pers.	ich	*hat|t|e*	*war*	*wurd|e*	*hör|t|e*	*wert|et|e*	*gab*	*fand*
	2. Pers.	du	*hat|t|est*	*war|st*	*wurd|est*	*hör|t|est*	*wert|et|est*	*gab|st*	*fand|est*
	3. Pers.	er, sie, es	*hat|t|e*	*war*	*wurd|e*	*hör|t|e*	*wert|et|e*	*gab*	*fand*
Plural	1. Pers.	wir	*hat|t|en*	*war|en*	*wurd|en*	*hör|t|en*	*wert|et|en*	*gab|en*	*fand|en*
	2. Pers.	ihr	*hat|t|et*	*war|t*	*wurd|et*	*hör|t|et*	*wert|et|et*	*gab|t*	*fand|et*
	3. Pers.	sie	*hat|t|en*	*war|en*	*wurd|en*	*hör|t|en*	*wert|et|en*	*gab|en*	*fand|en*
Höflichkeitsanrede		Sie	*hat|t|en*	*war|en*	*wurd|en*	*hör|t|en*	*wert|et|en*	*gab|en*	*fand|en*

Der Verbstamm der **regelmäßigen Verben** ändert sich im Präteritum nicht. Als Kennzeichen des Präteritums wird die Tempusendung *-(e)t* an den Stamm gehängt. Das *-e-* wird eingefügt, wenn der Stamm mit einem *-t* aufhört. Bei allen regelmäßigen Verben lauten die Personalendungen des Präteritums (im Anschluss an die Tempusendung) im Singular: *-e, -est, -e;* im Plural: *-en, -et, -en.*
Der Verbstamm der **unregelmäßigen Verben** kann sich vom Infinitivstamm unterscheiden, z. B. in der 2. und 3. Person Singular Präsens (vgl. beim Präsens: *geben – du gibst; werden – du wirst)* oder im gesamten Präteritum (z. B. lautet bei *geben* und *finden* der jeweilige Präteritumstamm: *gab* und *fand)* sowie im Partizip Perfekt (die Partizipialstämme lauten: *gegeben, gefunden).* Die meisten unregelmäßigen Verben brauchen keine gesonderte Tempusendung für das Präteritum.

Aufgabe 14 Von den meisten Verben hat man die Formen des Präteritums und des Partizip Perfekt „im Ohr". Die folgenden (ausgefüllten) Kästchen enthalten, jeweils in der Reihenfolge Infinitiv – Präteritum (1./3. Pers. Singular) – Partizip Perfekt, einige Beispiele, wie unregelmäßige Verben ihre Formen bilden.
Ordne zu und schreibe alle drei Formen (Infinitiv, Präteritum, Partizip Perfekt) in das Gitter: **singen, rennen, brennen, stehlen, empfehlen, bieten, halten, gießen, sprießen**

f	i	n	d	e	n	-	f	a	n	d	-	g	e	f	u	n	d	e	n							
						-					-					n	g									
	e	n	n	e	n	-	r		n	n		e	-	g	e	r		n	n	t						
		e					-	b	r						-											
s	t	e	h	l		n	-	s	t		h	l	-	g	e	s	t			l	e	n				
		p	f						-	e							-									
b	i	e	t	e		-	b			-			b													
h	a	l	t	e		-	h				t	-	g	e												
g	i	e	ß	e	n	-	g				-	g	e					e	n							
s	p							-						s	-			s	p							

Aufgabe 15 Was ist bei dem folgenden Scherzgedicht (absichtlich) nicht ganz in Ordnung? Welcher Infinitiv und welches Präteritum wurden der Reime wegen „hingebogen"?

Dem Fischer ging ihr Lied zu Herzen
obwohl sie falsche Töne pfoff - - -
man sah ihn in das Wasser sterzen,
dann ging er unter und ersoff.

Aufgabe 16 Auch im folgenden Fall war offenbar ein Verseschmied am Werk, bei dem einiges daneben ging! Beim Skizzieren seines „Liebesgedichts" hat er am Versende nur Infinitive notiert, die sich reimen. Allerdings hat er nicht bedacht, was aus den meisten Reimen wird, wenn er die Verben korrekt im Präteritum formuliert. Bilde die jeweilige Form des Präteritums!

Wie schön war es, als wir uns (finden)
und uns aneinander (binden)!
Damals, als wir uns auf Händen (tragen)
und uns wirklich niemals (fragen),
was uns denn noch (fehlen),
und ich alles für dich (stehlen)!
Doch es kam so: Kein Stern mehr (blinken)
und alle meine Hoffnung (sinken)!
Man sah, wie ich nur umher (rennen)
und wie ich ständig nur noch (flennen).

Hinweis zum Stil

Beim Erzählen von Geschichten verwendet man meistens das Präteritum als typische Erzählzeit: Es bewirkt, dass der Eindruck einer **abgeschlossenen Handlung** entsteht, welche rückblickend (und nicht direkt wie etwa in einer Reportage) erzählt wird.

Aufgabe 17 Formuliere die folgenden Eindrücke unserer Freunde beim Betreten des Festplatzes als rückblickende Erzählung. Beachte: Es geht hier nicht, wie bei einer Inhaltsangabe, um Knappheit, sondern um das ausführliche Schildern von Einzelheiten. Verwende die vorgeschlagenen Verben rechts in der angemessenen Erzählzeit.

Hochzeitsgesellschaft, festlich gekleidet,	Platz nehmen
zahlreiche Personen, Musikanten /	hinzukommen
festliche Oper, lang … /	aufführen
Trompeter, laute Fanfaren, Aufmarsch, rund ums Stadion /	ertönen, blasen
Miriam: Menschenansammlung /	wahrnehmen, zeigen auf
Mannschaften, vorne: Spielleiter; dahinter in 6 Paare und eine Dreierreihe aufgeteilt: insgesamt 15 Stürmer /	kommen, gehen
Ben: kein Fernglas /	sich ärgern
trotzdem: Spieler Frank in einer der Mannschaften /	erkennen
Musikanten, Fahnenträger, Pagen /	folgen, begleiten
weitere Mannschaftsmitglieder:	hinzukommen
„Zerstörer“, „Läufer“, „Verteidiger“ /	aufmarschieren
diese Aufteilung: den Freunden natürlich nicht bekannt /	sein
Kleidung – Spieler – Gäste /	erkennen, gehören
seltsames, aber turbulentes und interessantes Spiel mit Überraschungen	sich gefasst machen

2.3 Tempus: Perfekt (zusammengesetzte Zeit)

Außer dem Präsens und dem Präteritum sind alle Tempora des Deutschen sogenannte **zusammengesetzte Zeiten**. Für alle diese zusammengesetzten Zeiten braucht man nur das Präsens oder das Präteritum von Hilfsverben und dazu entweder das Partizip Perfekt und/oder einen Infinitiv.
Das Perfekt ist ein **Tempus der Vergangenheit**, das sehr häufig in der mündlichen Sprache verwendet wird. (Beispiel: *Das Programm ist abgestürzt!*)
Die Aufgaben des Perfekts sind vielfältig. Im Folgenden erfährst du mehr über die Anwendungsgebiete und die Bildung dieser Zeitform.

Das Perfekt

1. Das Perfekt wird (besonders in der gesprochenen Sprache) benutzt, um **Ereignisse** zu beschreiben, die aus der Sicht des Sprechers **gerade eben passiert** sind.

   Beispiel: *Was ist passiert? – Der Computer ist abgestürzt.*

2. Das Perfekt wird verwendet, um Ereignisse zu beschreiben, die **abgeschlossen** oder vielleicht **länger her** sind. Deren Folgen sind aber **immer noch von Bedeutung**.

   Beispiel: *Wir haben das Calcio-Spiel hier in Florenz erfunden. Die Engländer haben es von uns im späten Mittelalter übernommen. Sie haben es hier in Italien gesehen und dann bei sich eingeführt.*

3. In ähnlicher Weise steht das Perfekt, um die **Folgen** eines Ereignisses als **Tatsache** zu betonen.

   Beispiel: *Der Typ hat gewonnen und Schluss!*

4. Gelegentlich wird das Perfekt verwendet, um etwas als **allgemeine Wahrheit, Weisheit** oder **Warnung** zu äußern.

   Beispiel: *Vor der Fahrt nach Florenz warnte die Lehrerin: „Wie schnell hat man im Zug etwas verloren!“*

5. Manchmal wird das Perfekt benutzt, wenn etwas **in der Zukunft als abgeschlossen** betrachtet wird.

   Beispiel: *Ben dachte: „Bald habe ich es überstanden.“*

Bildung des Perfekts

Das Perfekt ist eine zusammengesetzte Zeit. Es wird mit dem **Präsens** des Hilfsverbs ***haben*** bzw. des Hilfsverbs ***sein*** und dem **Partizip Perfekt** gebildet.

ich **habe,** *du* **hast,** *er/sie/es* **hat** *wir* **haben,** *ihr* **habt,** *sie* **haben**	**gehört**
Präsens des Hilfsverbs *haben*	Partizip Perfekt
ich **bin,** *du* **bist,** *er/sie/es* **ist** *wir* **sind,** *ihr* **seid,** *sie* **sind**	**abgestürzt**
Präsens des Hilfsverbs *sein*	Partizip Perfekt

Die meisten Verben bilden das Perfekt mit *haben*. Zu den Verben der Gruppe mit *sein* gehören z. B. Verben wie *verblühen, (an)kommen, passieren* (mit *es*), *fahren, fliegen, springen, rennen, spurten, flitzen, rasen* usw. Teilweise ist der Gebrauch schwankend *(Ich habe oft getanzt/Ich bin durch den Raum getanzt)*.

Besonderheit bei der Bildung des Perfekts

Steht bei den **Modalverben** *dürfen, können, mögen, müssen, sollen, wollen* ein Infinitiv, dann wird das Perfekt nicht mit den regulären Partizipien (*gedurft, gekonnt* usw.) gebildet, sondern mithilfe des Infinitivs.

Beispiel:	*er hat gekonnt*	(einfaches Perfekt)
	er hat kommen können	(Perfekt mit Infinitiv)

Aufgabe 18 Setze im folgenden Text die richtigen Perfekt-Formen ein. Achte auf das Hilfsverb und versuche zu bestimmen, welcher der oben beschriebenen Verwendungsweisen sie entsprechen.

„Das Programm (abstürzen)!“, analysierte Ben. „Und Jennifer (treffen) den Fehler dieses Programms punktgenau!“ „Jennifer (entdecken) den Fehler?“, wunderte sich Frank. „Die (finden) doch schon immer Computer saudoof!“
„Eben!“, grinste Jennifer. „Genau deswegen. Computern fehlt jegliche Kreativität. Dieses technische Meisterwerk (umhauen) es glatt, nur weil plötzlich drei statt ein Degen gegen ihn kämpften. Einem Menschen wäre so etwas nicht passiert. Diesmal (siegen) der menschliche Geist über deine Bits und Bytes, mein Lieber!“
Und sie dachte: „Der menschliche Geist (siegen) schon immer über Maschinen.“
Alle hofften sie nach diesem Sieg aber nur eines: „Bald (entkommen) wir dieser Cyberwelt, und dann (überstehen) wir das alles.“

Hinweis zum Stil

Für die Verwendung von Präteritum und Perfekt gibt es keine ganz eindeutigen Regeln. Das Perfekt benutzt man eher in **mündlicher Sprache**, das Präteritum in **schriftlicher Sprache** als Erzähltempus.

Aufgabe 19 Entscheide im folgenden Textauszug, ob du bei den Verben in Klammern das Perfekt verwendest oder das Präteritum.

Ben (schreien) gellend auf, (lassen) seinen Degen fallen, (greifen) sich an den linken Oberarm und (starren) fassungslos auf sein zerrissenes T-Shirt, das sich an einer Stelle rot (färben).
„Ich blute!", (kreischen) Ben. „Er (verletzen) mich!"
Gelähmt vor Entsetzen (halten) seine Freunde den Atem an. Jennifer fand daraufhin einen Trick, wie man einen solchen Computer-Gegner besiegen könnte, und dieser Trick klappte tatsächlich.
„Wie ich (hoffen)!", jubelte Jennifer. „Die sind auf Duelle geeicht. Für die Adjutanten ist alles in Ordnung. Ihre Aufgabe ist erfüllt, solange ein Duell stattfindet. Ihr Indiz sind die Degen. Solange die im Einsatz sind, werden sie sich nicht einmischen."
„Und der Adlige (zustimmen) die anderen Degen zu benutzen", (begreifen) Ben sofort. „Jetzt weiß er nicht, gegen wen er kämpfen soll. Er muss jedes Duell ausführen."
Ben, Frank und Jennifer (stellen) sich schnell im Dreieck um den Adligen und (greifen) an. Mit einer flinken, geschmeidigen Bewegung (schlagen) er Ben abermals den Degen aus der Hand.
Wie die Male zuvor (bleiben) er stehen, um auf Ben zu warten. Doch jetzt (greifen) Jennifer an. Verwirrt (wehren) er den Angriff ab. Einerseits (sagen) sein Programm ihm, dass er das Duell gegen Jennifer fortzuführen (haben). Damit aber (verstoßen) er gleichzeitig gegen das Programm, das ihm (befehlen) auf Ben zu warten. Das Programm (widersprechen) sich selbst, das (sein) der wunde Punkt des Computerkämpfers. Nun (kommen) auch noch Frank auf ihn zu. Das (bringen) den Adligen vollends durcheinander.

2.4 Tempus: Plusquamperfekt (zusammengesetzte Zeit)

Das Deutsche kennt noch eine weitere Vergangenheitsform: Das **Plusquamperfekt**. Wozu dieses Tempus gebraucht und wie es gebildet wird, siehst du in den folgenden Übersichten.

Das Plusquamperfekt

1. Das Plusquamperfekt drückt oft etwas aus, was (sehr) **lange vorbei** ist und schon in der Vergangenheit abgeschlossen war.

   Beispiel: *Die Nächstenliebe hatte zu jener Zeit schnell ihr Ende gefunden.*

2. Das Plusquamperfekt wird oft verwendet, um zum Ausdruck zu bringen, dass etwas vor einer anderen Handlung im Präteritum passierte **(Vorzeitigkeit)**. Häufig wird das durch zusätzliche Zeitangaben unterstützt.

   Beispiel: *Nach allem, was er jemals gelernt hatte, musste der Mann jetzt bewusstlos auf dem Boden liegen.*

Bildung des Plusquamperfekts

Das Plusquamperfekt ist eine zusammengesetzte Zeit. Es wird mit dem **Präteritum** des Hilfsverbs ***haben*** bzw. des Hilfsverbs ***sein*** und dem **Partizip Perfekt** gebildet.

ich **hatte,** *du* **hattest,** *er/sie/es* **hatte** *wir* **hatten,** *ihr* **hattet,** *sie* **hatten**	**gehört**
Präteritum des Hilfsverbs *haben*	Partizip Perfekt
ich **war,** *du* **warst,** *er/sie/es* **war** *wir* **waren,** *ihr* **wart,** *sie* **waren**	**abgestürzt**
Präteritum des Hilfsverbs *sein*	Partizip Perfekt

Zum Gebrauch von *haben* oder *sein* als Hilfsverb gilt das Gleiche wie beim Perfekt (vgl. S. 23). Auch bei Modalverben mit Infinitiv gilt das zum Perfekt Gesagte.

Aufgabe 20 Bilde in den folgenden Beispielen das korrekte Plusquamperfekt.
Achte auf doppelte Infinitive.
Beispiel: *Ben erinnerte sich: Frank hatte doch gesagt, ...*

Frank ... nicht (kommen). Vielleicht ... nicht (finden) den Weg. Sonst ... (können) doch ... niemand ihn (aufhalten)! Vielleicht ... noch (müssen) etwas (erledigen). Dies ... er sich ... nicht früher (können/überlegen).

2.5 Tempus: Futur I (zusammengesetzte Zeit)

Das Futur I bietet die Möglichkeit, zukünftiges Geschehen auszudrücken. Diese und weitere Funktionen des Tempus Futur I lernst du im Folgenden kennen.

Das Futur I

1. Das Futur wird benutzt, um **Zukünftiges** zu beschreiben. Häufig, besonders in gesprochener Sprache, steht in solchen Fällen stattdessen das Präsens. Oft genügen **Zeitangaben** (*bald, morgen, in zwei Tagen* usw.), um auf die Zukunft hinzuweisen.

   Beispiel: *In vierzehn Tagen wird die Klassenfahrt nach Florenz losgehen.* (Futur I)
   In vierzehn Tagen geht die Klassenfahrt nach Florenz los. (Präsens)

2. Das Futur wird benutzt, um **nachdrücklich** zu versichern, dass etwas **eintreten wird**. Allerdings wäre das Präsens ebenfalls möglich.

   Beispiel: *Ich glaube noch nicht, dass wir hier herausfinden. –*
   Aber ich sage dir: Wir ***werden*** *hier* ***herausfinden***! (Futur I)
   Wir ***finden*** *hier heraus!* (Präsens)

3. Manchmal werden auch **Vermutungen** mithilfe des Futurs ausgedrückt. Der Vorgang findet dabei in der Gegenwart (eventuell sogar in der Vergangenheit) statt. Auch in solchen Fällen ist das Präsens möglich.

   Beispiel: *Wo ist denn Kolja? – Der wird sich (wohl wieder/seit Stunden) herumtreiben.*

Bildung des Futurs I

Das Futur I wird gebildet aus den **Präsensformen** des Hilfsverbs ***werden*** und dem **Infinitiv** des Vollverbs.

ich **werde,** *du* **wirst,** *er/sie/es* **wird** *wir* **werden,** *ihr* **werdet,** *sie* **werden**	} **schreiben**
Hilfsverb *werden* (im Präsens)	Vollverb (Infinitiv)

Hinweis zum Stil

Der Gebrauch von Futur I und Präsens ist nicht so genau zu unterscheiden, da das Präsens auch Funktionen des Futurs übernehmen kann.

- Häufig wird das **Präsens** wegen seiner **Kürze** (besonders beim Sprechen) bevorzugt, in längeren Texten auch deshalb, um eintönige Wiederholungen des immer gleich klingenden Hilfsverbs (*ich werde … ich werde …*) zu vermeiden.
- Kommt es jedoch auf **Eindeutigkeit** an oder will man unterstreichen, dass man etwas für **sehr sicher** hält, benutzt man eher das **Futur**.

Aufgabe 21 Überprüfe, wo du in dem folgenden Text das Futur I verwenden kannst, und forme die Verben (in Klammern) entsprechend um. Ordne die Beispiele den auf S. 26 beschriebenen Verwendungsweisen zu.

Die Freunde führten, als sie unversehens aus dem Museum in den dunklen Gang ohne Ausweg gerieten, folgendes Gespräch:
„Was (machen) wir jetzt?"
„Ich (wissen) auch nicht. Wir (weitergehen) einfach, bis ein Ausweg (sich finden)."
„Du (glauben) doch wohl nicht, dass es hier einen Ausweg (geben)."
„Und ich sage dir: Es (geben) einen Ausweg! Da bin ich mir sicher. Und wir (finden) diesen Ausweg!"
„Und wie stellst du dir vor, dass wir ihn (finden)?"
„Ganz einfach: Zuerst wir (weitergehen) und alles (anschauen): Vielleicht (helfen) uns der Zufall und wir (entdecken) etwas. Vielleicht wir (brauchen) aber auch den Zufall gar nicht, und es (zugehen) ganz einfach auf einen vorgesehenen Ausgang. Wenn das nicht der Fall (sein), wir (ausprobieren), ob irgendjemand uns (hindern), wenn wir z. B. eine Tür (aufbrechen) oder wenn wir laut (rufen)."
„Und du glaubst, da uns jemand (hören), und der auch prompt (kommen)?"
„Ich bin mir sicher: Irgendjemand (hören) uns!"
„Du mir (erzählen) doch nicht, dass etwa die anderen draußen darauf (warten), bis sie von uns Schreie (hören)!"
„Du (sehen): Es sich (finden) ein Ausweg!"

2.6 Tempus: Futur II (zusammengesetzte Zeit)

Ähnlich wie bei Präteritum und Plusquamperfekt für die Vergangenheit gibt es auch für die Zukunft Möglichkeiten, Zeitunterschiede wie z. B. Vorzeitigkeit mithilfe eines weiteren Tempus darzustellen. So kannst du dich noch präziser ausdrücken. Im Folgenden lernst du die Verwendungsweise des Futurs II kennen.

Das Futur II

1. Häufig will man mit dem Futur II ausdrücken, dass zu einem bestimmten Zeitpunkt oder Zeitraum in der **Zukunft** eine **Handlung** nicht mehr andauert, sondern dass sie **vorbei ist.**

   Beispiel: *Ich werde morgen um 20 Uhr die 10 000 Meter zurückgelegt haben.* (Futur II)

   In der Umgangssprache steht hier häufig das Perfekt.

   Beispiel: *Um 20 Uhr habe ich morgen die 10 000 Meter zurückgelegt.* (Perfekt)

2. Handlungen, die **sich in der Zukunft vor einer anderen Handlung**, die im Futur I beschrieben wird, abspielen, stehen häufig im Futur II.

   Beispiel: *Bevor ich morgen etwas Neues anfangen werde, werde ich alles andere beendet haben.* (Futur II)

   Auch hier werden in der Umgangssprache oft einfachere, kürzere Formulierungen bevorzugt.

   Beispiel: *Bevor ich morgen etwas Neues anfange, habe ich aber alles andere erledigt.*

3. Das Futur II kann wie das Futur I benutzt werden, um **nachdrücklich** zu versichern, dass etwas eintreten wird.

   Beispiel: *Ich glaube nicht, dass du bis dann fertig bist. – Ich sage dir: Ich werde es bis dann gemacht haben!* (Futur II)

   Hier wäre das Perfekt ebenfalls möglich.

   Beispiel: *Ich habe es bis dann gemacht!* (Perfekt)

4. Ähnlich wie das Futur I kann das Futur II zum Ausdruck einer **Vermutung, bezogen auf die Vergangenheit**, benutzt werden.

   Beispiel: *Er wird einen Spaziergang gemacht haben.* (Futur II)

   Häufig steht aber in solchen Fällen ein einfaches Perfekt. Die Vermutung wird dann nur durch das Adverb *wohl* ausgedrückt.

   Beispiel: *Er hat wohl einen Spaziergang gemacht.* (Perfekt mit Adverb)

Bildung des Futurs II

Das Futur II wird gebildet aus den **Präsensformen** des Hilfsverbs ***werden***, dem **Partizip Perfekt** des Vollverbs und dem anschließenden **Infinitiv** des Hilfsverbs ***haben*** oder ***sein***.

ich **werde,** *du* **wirst,** *er/sie/es* **wird**	**geschrieben**	**haben**
wir **werden,** *ihr* **werdet,** *sie* **werden**	**gegangen**	**sein**
Hilfsverb *werden* (Präsens)	Vollverb (Partizip Perfekt)	Hilfsverb (Infinitiv)

Für die Hilfsverben *haben* oder *sein* gilt das Gleiche wie für Perfekt und Plusquamperfekt.

Hinweis zum Stil

Wie du siehst, ist das Futur II eigentlich nicht schwer zu bilden. Allerdings klingt es oft umständlich, und vielleicht magst du **kürzere, einfachere Ausdrücke** wie das Perfekt lieber. Besonders in längeren Texten wirkt eine Anhäufung von Futur II-Formen schwerfällig.

Aufgabe 22 Überprüfe, wo du in dem folgenden Text das Futur II verwenden kannst, wie die Verwendung stilistisch wirkt, und forme die Verben (in Klammern) um. Ordne die Beispiele den Verwendungsweisen auf S. 28 zu.

Einem der Freunde geht bei der drohenden Gefahr Folgendes durch den Kopf: Ich hoffe, dass wir in ein paar Jahren, wenn wir längst hier (herauskommen), über alles nur noch lachen werden. Vielleicht ist dies ja auch schon in ein paar Stunden der Fall, und vielleicht (zurückkehren) wir schon in die Jugendherberge, bevor die anderen richtig (anfangen) uns zu suchen.

Bevor wir jedoch hier (herauskommen), ich (herausfinden), was es mit dieser Welt hier auf sich hat. Irgendjemand sich vielleicht einen Scherz (erlauben), oder es womöglich ein schlimmer Traum (sein). Aber bisher bin ich in solchen Träumen immer recht schnell wach geworden. Wenn das alles hier kein Traum ist, dann ist klar: Wir werden hier kaum wegkommen, ohne dass wir mit einigen dieser verdächtigen Gestalten (kämpfen).

2.7 Das Zeitenverhältnis

Bei den Erklärungen und Aufgaben zu den einzelnen Zeiten hast du bestimmt bemerkt, dass nicht einfach Vergangenes durch die Zeiten der Vergangenheit, nicht einfach Gegenwärtiges nur durch das Präsens und auch Zukünftiges nicht nur durch das Futur bezeichnet wird. – Der Gebrauch von Sprache erscheint dadurch nicht leichter. Aber die Wahl zwischen mehreren Möglichkeiten bietet Vorteile für klare und verständliche Texte.
Im Folgenden siehst du nun Beispiele dafür, wie sich **mehrere Tempora** in Texten gegenseitig beeinflussen. Hierbei wird besonderer Wert auf die **Schriftsprache** gelegt. Je besser du wichtige Regeln beherrschst, desto klarer wird dir: In vielen Fällen kommt es auf ein eigenes Gespür dafür an, was stilistisch „besser klingt", wenn die Regeln mehrere Möglichkeiten zulassen.

Aufgabe 23 Im folgenden Fall scheint der Erzähler selbst in die Zeitfalle geraten zu sein: Wo stimmt das Tempus des Verbs nicht? Achte auf Zeitangaben im Text, auf die anderen Verbformen und formuliere die roten Tempusformen richtig.

„Verschlossen!", stellte sie fest. Ben wird sich vergewissern, indem er kräftig an dem Griff rüttelte und sich mit der Schulter gegen die Tür stemmte. „Das war's dann wohl!", war Franks Meinung.
Jennifer zweifelte. „Hier hatte was nicht gestimmt", vermutete sie. „Ich bleibe dabei, Kolja ist nicht wieder aus diesem Gang herausgekommen. Da wir soeben auch keine Abzweigungen finden werden, bleibt nur eines: Er ist durch diese Tür gegangen."
„Machen wir erst mal eine kleine Verschnaufpause", schlug Ben vor. „Ich werde eben schrecklichen Durst in diesem Gang bekommen."
Diese Aufforderung war den anderen willkommen. Die dünne, staubige Luft aus dem Gang, aus dem sie vorhin kommen werden, hatte auch ihre Kehlen ausgetrocknet. Miriam hielt die Taschenlampe, während Frank das Angebot aus seinem Rucksack kundtun wird.
Frank nahm einen Schluck aus der Saftflasche und gab sie Ben, der sich soeben zum Ausruhen auf den Fußboden setzt. Nachdem er einen Schluck trinkt und die Flasche an Jennifer weiterreicht, lehnte er sich entspannt mit dem Rücken gegen die Tür.
Ein lautes Quietschen hallte durch den Gang. „Die Tür!", rief Ben. Miriam hält das Licht in seine Richtung und Jennifer verschluckte sich an dem Saft. Die Tür wird sich öffnen und Ben war daraufhin rücklings durch die Tür gefallen.
„Ich denke, die wird verschlossen sein!", wunderte sich Frank.
„Wir probieren es vorhin auf der falschen Seite", ächzte Ben.

Hinweis zum Stil

Es genügt nicht, Ereignisse nur in der Reihenfolge zu nennen, in der sie passieren. Ein Text wird erst dann klar und verständlich, wenn **Zeitunterschiede** mithilfe von unterschiedlichen **Tempora** und geeigneten **Zeitangaben** verdeutlicht werden.

Hinweis zum Stil

Monoton werden Erzählungen dadurch, dass Ereignisse, die sich nacheinander abspielen, in der gleichen Reihenfolge und mit dem gleichen Tempus beschrieben werden, nur unterschieden durch *dann* … *dann* … *daraufhin* … *danach* … usw.
Was kann man aber tun, wenn für unendlich viele Zeitstufen in der Wirklichkeit nur fünf Tempora in der Sprache zur Verfügung stehen?
Entscheidend ist, zwischen Wichtigem (Haupthandlung) und weniger Wichtigem (Begleitumstände, Zusatzinformationen) zu unterscheiden.

Als **Grundregel** kannst du dir merken:

- Die **Haupthandlung** (was im momentanen Erzählabschnitt wichtig ist) wird im **Präteritum** dargestellt.
- Was **länger davor passierte**, steht im **Plusquamperfekt**.
- **Allgemein gültige Feststellungen** stehen im **Präsens**, ebenso die **wörtliche Rede**.
- Das **Futur** (I, II) wird benutzt für das, was aus der Sicht des Erzählers (oder der wörtlichen Rede in der Erzählung) **in der Zukunft** liegt.

So sind **Rückblenden, Kommentare und Vorausgriffe** möglich, durch welche eine starre Reihenfolge der Ereignisse durchbrochen werden kann. Auch **Zeitangaben** unterstützen die Klarheit der Darstellung.

Aufgabe 24 Gestalte die folgende Erzählskizze (siehe Tabelle) aus und schreibe einen ausformulierten Text. Wichtiges, also die Haupthandlung, beschreibst du im geeigneten Erzähltempus. Rückblenden, Erklärungen usw. fügst du entsprechend ein. Vermeide eintönige Formulierungen wie *zuerst* … *dann* … *und dann* …

Wie verlief die Bahnfahrt nach Florenz?

Hauptereignisse in Reihenfolge	zusätzliche Informationen	historisches Hintergrundwissen
Chaos auf dem Bahnsteig, Durcheinander, Verständigung nicht möglich	In der Schule vorher: Ermahnungen an die Schüler, auf Disziplin zu achten	
Lehrerin versucht anfangs noch Anweisungen zu geben		
Schüler zwängen sich in gegensätzlichen Richtungen durch den Gang ihres Waggons		
Lehrerin spricht Ermahnungen aus		
Kolja steht noch draußen auf dem Bahnsteig und wartet mit dem Einsteigen	Kolja weiß auch, dass er nicht bei allen beliebt ist	
Miriam verteidigt schon ein Abteil gegen Claudia, lädt aber Ben ins Abteil ein	Ben will eigentlich zu Frank in ein Abteil	
Frank kommt im letzten Moment	Frank muss sich noch am Kiosk eine Sportzeitung holen	
Allmählich finden sich die Gruppen, der Zug fährt los		
Verschiedene Beschäftigungen: Walkman, Gameboy, Cola trinken, Jennifer liest aus Reiseführer vor		Blütezeit von Florenz im 16. Jh., Aufschwung von Wissenschaften und Künsten, Namen wie Leonardo da Vinci, Michelangelo, Brunelleschi; Epoche der mächtigen Familie Medici; wichtige Reiseziele heute: Uffizien (Kunstsammlungen), Dom, Marktplatz, Palazzo Vecchio
Thomas ruft den Namen Roberto Baggio dazwischen	Nur die Fußballkenner erkennen den „Witz“, den Thomas gemacht hat	
Miriam gefällt Baggio wegen seines Pferdeschwanzes; Jennifer denkt im Stillen weiter an die Geschichte von Florenz		

2.8 Genus verbi: Das Aktiv

Der Begriff **Genus verbi** (Handlungsform) bezeichnet, ob etwas im Aktiv oder im Passiv steht.
Du hast bisher bei den Verben die Formen kennen gelernt, die man als „Aktiv" bezeichnet. Diese Verbformen beschreiben oder betonen z. B., dass jemand – wie der Begriff schon sagt – **aktiv** etwas tut, sozusagen der **„Täter"** ist: *Monika schreibt am letzten Tag eine Ansichtskarte* bzw. *Boris ruft seine Eltern nicht an.*
Im Aktiv können **Tätigkeiten, Vorgänge und Zustände** stehen.

2.9 Genus verbi: Das Passiv

Es ist möglich, einen Vorgang so darzustellen, dass nicht der Urheber einer Handlung im Mittelpunkt steht, sondern **betroffene Personen, Dinge oder andere Bereiche:** *Die Ansichtskarte wird am letzten Tag (von Monika) geschrieben* bzw. *Die Eltern werden nicht (von Boris) angerufen.*
Diese Darstellungsart nennt man **Passiv**. Im Sprachgebrauch macht sie jedoch gegenüber den Aktiv-Formen nur einen Bruchteil aus. Zu unterscheiden ist das (häufigere) **Handlungs-Passiv** und das **Zustands-Passiv**.

Das Handlungs-Passiv

Wenn ein **Urheber der Handlung** bekannt ist, kann dieser im Passiv genannt oder auch weggelassen werden.

Beispiel: *Der Brief wird (von Peter) geschrieben.*

Bildung des Handlungs-Passivs

Die Passiv-Form des Verbs besteht aus der konjugierten Form des Hilfsverbs ***werden*** und dem **Partizip Perfekt** des Vollverbs.

Aktiv		Passiv
Peter **schreibt** ***einen Brief.*** (wer?) (wen?/was?)	→	***Der Brief*** **wird** *(von Peter)* **geschrieben.** (wer?/was?)
Die Klasse **spricht/singt.**	→	*Es* **wird** *(von der Klasse)* **gesprochen/gesungen.**

Bei Verben, die ein Akkusativ-Objekt haben (der Satzteil, nach dem man mit *Wen?/Was?* fragt), wird das Objekt im Passiv zum Subjekt (man fragt: *Wer?/Was?*).
Bei Verben, die kein Akkusativ-Objekt haben (unteres Beispiel), sind häufig unpersönliche Passiv-Formulierungen mit *es …* möglich. Ausnahmen sind *die Sonne scheint, es regnet* u. a.

Die verschiedenen **Zeitformen des Passivs** werden mit den entsprechenden Zeitformen des Hilfsverbs *werden* (vgl. Spalte 2) geformt.

Die Zeitformen des Handlungs-Passivs

	Hilfsverb *werden*	Passiv-Ausdruck
Präsens	*ich werde*	*ich* ***werde*** *angerufen*
Perfekt	*ich bin geworden*	*ich* ***bin*** *angerufen* ***worden****
Präteritum	*ich wurde*	*ich* ***wurde*** *angerufen*
Plusquamperfekt	*ich war geworden*	*ich* ***war*** *angerufen* ***worden****
Futur I	*ich werde werden*	*ich* ***werde*** *angerufen* ***werden***
Futur II	*ich werde geworden sein*	*ich* ***werde*** *angerufen* ***worden sein****

* Beachte den Wegfall der Vorsilbe *ge-*, wenn vor *(ge-)worden* ein weiteres Partizip steht.

Hinweis zum Stil

Wenn der Urheber der Handlung bekannt ist, kann er im Passiv genannt oder weggelassen werden. Dies ist ein Vorteil des Passivs: Wenn ein „Täter“ unbekannt ist oder nicht genannt werden soll, **vermeidet** man die **persönliche Formulierung**.

Beispiel: *Irgendjemand hat eingebrochen.* (Aktiv mit unbekanntem Urheber)
Es ist eingebrochen worden. (Passiv)

Allgemeine Regeln für den Gebrauch des Aktivs oder Passivs gibt es nicht. Oft wird das kürzere Aktiv bevorzugt. Die komplizierter klingenden Passiv-Formen sind eher selten.

Ausdrucksmöglichkeiten im Aktiv und Passiv

Aktiv	Passiv	Weitere Möglichkeiten
Ihr sollt zuhören!	*Jetzt wird zugehört!*	
Jemand schenkt ihm ein Buch.	*Ihm wird ein Buch geschenkt.*	*Er bekommt ein Buch.*
Man kann diese Tür leicht öffnen.	*Diese Tür kann leicht geöffnet werden.*	*Diese Tür lässt sich leicht öffnen.*
Diesen Stoff kann man gut tragen.	*Dieser Stoff kann gut getragen werden.*	*Dieser Stoff trägt sich gut.*
Man muss dieses Verhalten bestrafen.	*Dieses Verhalten muss bestraft werden.*	*Dieses Verhalten gehört bestraft.*

Aufgabe 25 Setze im folgenden Erzählabschnitt geeignete Aktiv-, Passiv- oder weitere Formulierungen ein. Benutze dazu die Vorschläge in Klammern.

In ihrer Lage nachträglich den Freunden einiges (klar werden): Schon draußen (man) sie (verfolgen), sie wussten aber nicht genau (wer/von wem). Auch dass schon bei ihrem Basar vor der Klassenfahrt (ein Fremder/von einem Fremden) Thomas' Amulett (kaufen), war ihnen immer rätselhaft gewesen.
Die Freunde bemerkten: Alle Türen (verriegeln); (nicht öffnen); und sie wussten: Noch wenige Stunden und Museum (schließen). Was (zu tun)? Einer sagte trotzig: „Jetzt erst mal (hinsetzen, dann überlegen)!"
Es wurde immer unheimlicher. Eine Treppe (führen) steil ins Dunkle. Ben (spüren), wie Gänsehaut (sich bilden) auf seinen Armen. Eine Hand (sich legen) auf seine Schulter. Miriam (stehen) dicht hinter ihm: „Ich bin's nur. Wenn du willst, gehe ich vor." Einerseits war es Ben peinlich, dass (er/ihm) (sich fürchten/Angst), andererseits (erleichtert). Miriam, die später einmal Kommissarin werden wollte, erklärte: „Wenn (ich /von mir) solche Mutproben nicht (bestehen), werde ich vielleicht doch lieber Friseurin." Bens Taschenlampe (von) Miriam (aus der Hand nehmen) und Miriam (vorangehen), ohne dass (sie/von ihr) Bens Angst nochmals (erwähnen).

Das Passiv hat noch eine weitere Funktion: Anstatt wie beim Handlungs-Passiv einen Vorgang zu betonen *(Das Fenster wird/wurde geöffnet)*, kann es auch den aus dem Vorgang folgenden **Zustand hervorheben**. Diese Art des Passivs nennt man **Zustands-Passiv**.

Das Zustands-Passiv

Mit dem Zustands-Passiv kann das **Ergebnis eines Vorgangs**, also ein Zustand, dargestellt werden.

Beispiel: *Das Fenster ist geöffnet.*

Bildung des Zustands-Passivs

Die Passiv-Form des Verbs besteht aus der konjugierten Form des Hilfsverbs ***sein*** und dem **Partizip Perfekt** des Vollverbs.

Das Fenster	**ist**	**geöffnet.**
	Hilfsverb *sein*	Partizip Perfekt

Die Zeitformen des Zustands-Passivs

	Hilfsverb *sein*	Passiv-Ausdruck
Präsens	*es ist*	*es* ***ist*** *geöffnet*
Perfekt	*es ist gewesen*	*es* ***ist*** *geöffnet* ***gewesen***
Präteritum	*es war*	*es* ***war*** *geöffnet*
Plusquamperfekt	*es war gewesen*	*es* ***war*** *geöffnet* ***gewesen***
Futur I	*es wird sein*	*es* ***wird*** *geöffnet* ***sein***
Futur II	*es wird gewesen sein*	*es* ***wird*** *geöffnet* ***gewesen sein***

Aufgabe 26 Setze im folgenden Text die passenden Formen des Zustands-Passivs ein.

Ben hatte immer geglaubt, niemand könne ihn besiegen, doch jetzt (besiegen). Alle (überraschen) von dem Verhalten des Gegners. Alle wünschten sich, dass auch die Gegner einmal so (überrumpeln). Miriam fiel auf: „Das sind keine echten Figuren, diese Personen (steuern) von einem Computer. Auch die Wellen des Flusses (entwerfen) mithilfe von Computeranimation."
Schließlich alle (erfreuen), als das Abenteuer (beenden).

Hinweis zum Stil

Meist wird das Zustands-Passiv so gebraucht wie ein **Adjektiv** nach dem Verb *sein*.

Beispiel: *Die Wellen waren von einem Computer entworfen.* (Zustands-Passiv)
Die Wellen waren unecht. (Adjektiv; vgl. prädikatives Adjektiv, S. 98)

Das Zustands-Passiv kann auch ein **Ergebnis** betonen, das am Ende eines Vorgangs steht.

Beispiel: *Er war noch nie besiegt worden,* (Handlungs-Passiv, Plusquamperfekt)
aber jetzt war er geschlagen. (Zustands-Passiv, Präteritum)

Aufgabe 27 Versuche bei den folgenden Beispielen (Stichworte, auch Infinitive) Gegensatz-Formulierungen zwischen Handlungs- und Zustands-Passiv zu formulieren.

Die Schüler ____________ kaum mit einem Fahrtziel ______________ (begeistern), aber nach dem Vorschlag „Florenz" __________ sie ________________ (begeistern). Die Lehrerin __________ nicht aus der Ruhe __________ (bringen), aber bei dem Durcheinander am Bahnhof ___________ sehr ________________ (verwirren). Die Zugabteile ____________ nur schwer ____________ (finden), erst nach etlicher Fahrtzeit __________ alle ________________ (finden). Bei der Unterkunft zeigte sich, dass viele ____________ (verwöhnen) [Zustands-Passiv]. Beim Besuch des Museums stellten sie fest, dass viele Türen nicht ____________ (öffnen können). Nur eine Tür ______________ (öffnen). Dies fiel ihnen aber erst viel später ein, nachdem sie unmerklich von einer mittelalterlichen Hochzeit ______________ (anziehen), von der sie ganz ____________ (faszinieren). Erst allmählich wurde ihnen klar, dass sie von vielen Arrangements ______________ (täuschen), und dass sie jetzt sozusagen im Mittelalter ________________________ (fangen).

2.10 Die Modi: Der Indikativ

Aussagen enthalten Informationen darüber, ob man etwas für eine Tatsache hält, einer Information neutral gegenübersteht oder ob man sie anzweifelt.
Zumindest indirekt enthalten Verben solche Informationen. Was sie ausmacht, nennt man **Modus** des Verbs. Dazu zählen die Modi **Indikativ, Konjunktiv I, Konjunktiv II** und **Imperativ**.
Der Modus des Verbs steht in den folgenden Kapiteln im Mittelpunkt. Darüber hinaus wird aber auch **Modalität** im weiteren Sinne behandelt. Damit sind zusätzliche Ausdrucksmöglichkeiten gemeint.
Du hast in den vorherigen Kapiteln alle Tempora von Verben kennen gelernt. Dabei handelte es sich immer um den Indikativ der betreffenden Tempusform bzw. auch den Indikativ im Aktiv oder Passiv.

Der Indikativ

1. Der Indikativ ist der Modus, den man am häufigsten verwendet. Gesagtes gilt im Indikativ als **sicher**, zumindest wird es nicht in Zweifel gezogen.
2. Normalerweise darf der Indikativ **nicht in indirekter Rede** stehen (siehe Konjunktiv in indirekter Rede, S. 39–45). Wenn jedoch ausdrücklich betont werden soll, dass etwas Gesagtes zutrifft, dann kann ausnahmsweise der Indikativ verwendet werden.
   Beispiel: *Ben sagt, dass Jennifer sich für Kunst interessiert.* (Hervorhebung von Tatsachen)
3. Nicht immer drückt der Indikativ etwas ganz Sicheres aus. In Verbindung **mit entsprechenden Adverbien** (*vielleicht, womöglich, kaum*) kann auch eine Ungewissheit vorliegen.
   Beispiel: *Womöglich kommen wir hier nie wieder raus!*

Bildung des Indikativs

Indikativformen gibt es in allen Tempora, also in Präsens, Präteritum, Plusquamperfekt, Futur I und Futur II, dabei jeweils im Aktiv und Passiv. Um dich über die Formen des Indikativs zu informieren, schlägst du einfach in den entsprechenden vorigen Kapiteln nach.

Hinweis zum Stil

Der Indikativ kann gebraucht werden, um die **Gewissheit** einer Aussage zu unterstreichen. Meistens geschieht das in Verbindung mit Adverbien wie *sicher, gewiss, zweifellos* usw.

Beispiel: *Wir kommen hier* ***ganz sicher*** *wieder heraus!*

Aufgabe 28 Setze in den folgenden Aussagen die passenden Verbformen im Indikativ ein. Verwende dabei jeweils das richtige Tempus.

Es ________________ keinen Zweifel:	**geben**
Wir ____________ in eine Falle ____________.	**geraten**
Die anderen ____________ auch ganz bestimmt nicht	**bemerken**
____________, dass wir uns ____________.	**verlieren**
Jetzt ________________ sie uns ganz bestimmt.	**suchen**
Die __________ uns garantiert nicht ____________,	**glauben**
was mit uns ________________, wenn wir ihnen	**passieren**
das ________________________.	**erzählen**
Ben __________ schon oft Computerspiele __________,	**üben**
also ________________ er auch jetzt eine Chance.	**haben**
Und ich __________ sicher, er __________ diesen Kampf	**sein/gewinnen**
________________!	

2.11 Die Modi: Der Konjunktiv

Der Konjunktiv ist ein Modus, der in den vorherigen Kapiteln noch nicht behandelt wurde. Daher musst du besonders auf seine Bildung achten. Im Folgenden lernst du, wann man den Konjunktiv benutzen muss.

Der Konjunktiv I

1. Der Konjunktiv I wird in der **indirekten Rede** verwendet, um wiederzugeben, was jemand anderes gesagt hat. **Grundregel: In der indirekten Rede steht der Konjunktiv I.**

   Beispiel: *Frank meint: „Ben hat mehr Ahnung vom Fußball als Mario."* (wörtliche Rede)
   Frank meint, Ben habe mehr Ahnung vom Fußball als Mario. (indirekte Rede)

   Beachte die Änderung des Personalpronomens *ich* in der indirekten Rede. In der indirekten Rede stehen keine Anführungszeichen.

2. Der Konjunktiv I kann auch **Wünsche** oder **Anweisungen** ausdrücken.

   Beispiel: *Möge uns das doch erspart bleiben!* (seltene Formulierung)
   Man nehme … (in Textarten wie Rezepten, Anleitungen usw.)

Bildung des Konjunktivs I

Als einfache Regel für die Bildung des Konjunktivs I kann man sich merken:
An den Infinitivstamm werden die Personalendungen *-e*, *-est*, *-e*, *-en*, *-et*, *-en* angehängt (vgl. jedoch das Verb *sein*!).

Bildung des Konjunktivs I

Präsens des regelmäßigen Verbs *sagen*		Präsens des Hilfsverbs *sein*	
Indikativ	**Konjunktiv**	**Indikativ**	**Konjunktiv**
ich sage	*ich sage*	*ich bin*	*ich sei*
du sagst	*du sagest*	*du bist*	*du seiest*
er/sie/es sagt	*er/sie/es sage*	*er/sie/es ist*	*er/sie/es sei*
wir sagen	*wir sagen*	*wir sind*	*wir seien*
ihr sagt	*ihr saget*	*ihr seid*	*ihr seiet*
sie sagen	*sie sagen*	*sie sind*	*sie seien*

Der Konjunktiv I (auch: Konjunktiv Präsens) unterscheidet sich bei fast allen Verben nur in **drei** von sechs **Personalformen** vom Indikativ (vgl. blaue Endungen). Nur das **unregelmäßige Verb** *sein* hat für alle Personen deutlich erkennbare Formen des Konjunktivs I.

Aufgabe 29 Setze in den folgenden Fällen für die wörtliche Rede die indirekte Rede mit dem Konjunktiv I ein:

Jennifer belehrte Kolja: „Ein Mönch flucht nicht." Sie fügte hinzu: „Es widerspricht der christlichen Nächstenliebe, hilfsbedürftige Menschen einfach zu verjagen." Und während Jennifer meinte: „Vielleicht hält man uns hier für Hexen", wiegelte Ben ab: „Das kann ich mir nicht vorstellen. Dieser virtuelle Raum kann doch nur für Touristen erbaut worden sein. Da wird doch keine Hexenverfolgung programmiert!" Die anderen meinten: „Das leuchtet uns ein. Es kann wirklich nichts Schlimmes sein, den Raum zu betreten!" Aber man war sich sicher: „Der Raum muss noch irgendein Geheimnis bergen. Wir sind ihm vielleicht auf der Spur!"

Du lernst im Folgenden, wie der Konjunktiv II gebildet wird und wann du ihn benutzen musst.

Der Konjunktiv II

1. Der Konjunktiv II kann in der **indirekten Rede** vorkommen.
2. Der Konjunktiv II wird in **Konditionalsätzen** gebraucht.
3. Der Konjunktiv II kann dann verwendet werden, wenn **Zweifel** an der Richtigkeit der Aussage bestehen.

Bildung des Konjunktivs II

Präteritum des regelmäßigen Verbs *sagen*		Präteritum des unregelmäßigen Verbs *gehen*		Präteritum des unregelmäßigen Verbs mit Umlautvokal *kommen*	
Indikativ	Konjunktiv II	Indikativ	Konjunktiv II	Indikativ	Konjunktiv II
ich sagte	ich sagte	ich ging	ich ginge	ich kam	ich käme
du sagtest	du sagtest	du gingst	du gingest	du kamst	du käm(e)st
er/sie/es sagte	er/sie sagte	er/sie/es ging	er/sie ginge	er/sie/es kam	er/sie käme
wir sagten	wir sagten	wir gingen	wir gingen	wir kamen	wir kämen
ihr sagtet	ihr sagtet	ihr gingt	ihr ginget	ihr kamt	ihr käm(e)t
sie sagten	sie sagten	sie gingen	sie gingen	sie kamen	sie kämen

Präteritum des Hilfsverbs *sein*		Präteritum des Hilfsverbs *haben*		Präteritum des Hilfsverbs *werden*	
Indikativ	Konjunktiv II	Indikativ	Konjunktiv II	Indikativ	Konjunktiv II
ich war	ich wäre	ich hatte	ich hätte	ich wurde	ich würde
du warst	du wär(e)st	du hattest	du hättest	du wurdest	du würd(e)st
er/sie/es war	er/sie wäre	er/sie/es hatte	er/sie hätte	er/sie/es wurde	er/sie würde
wir waren	wir wären	wir hatten	wir hätten	wir wurden	wir würden
ihr wart	ihr wär(e)t	ihr hattet	ihr hättet	ihr wurdet	ihr würd(e)t
sie waren	sie wären	sie hatten	sie hätten	sie wurden	sie würden

Der Konjunktiv II unterscheidet sich bei allen **regelmäßigen Verben** (Indikativ Präteritum mit *-t-* hinter dem Verbstamm) nicht von dem Indikativ Präteritum. Bei **unregelmäßigen Verben** (mit Stammänderung im Präteritum) unterscheiden sich die Personalendungen im Singular und in der 2. Pers. Plural vom

Indikativ Präteritum. Bei allen unregelmäßigen Verben, die als Stammvokal *-a-*, *-o-*, *-u-* im Indikativ Präteritum aufweisen, wird der Stammvokal im Konjunktiv II umgelautet: *kam – käme, gab – gäbe, zog – zöge, flog – flöge, trug – trüge* usw.

Konjunktiv II in der indirekten Rede: Funktionen

1. **Erste Ersetzungsregel:**
   Wenn sich ein notwendiger Konjunktiv I nicht vom Indikativ Präsens unterscheidet, dann nimmt man an seiner Stelle den Konjunktiv II.

   Beispiel: *Er sagt: „Sie kommen."* (direkte Rede)
   ~~*Er sagt, sie kommen.*~~ (indirekte Rede, Konj. I gleicht Indikativ)
   Er sagt, sie ***kämen****.* (indirekte Rede mit Konjunktiv II)

2. **Zweite Ersetzungsregel:**
   Der Konjunktiv II mithilfe der Ersatzform *würde* kann verwendet werden, wenn sich auch der reguläre Konjunktiv II nicht vom Indikativ unterscheidet.

   Beispiel: *Sie sagten: „Wir lassen das nicht zu."* (direkte Rede)
   ~~*Sie sagten, sie lassen das nicht zu*~~. (ind. Rede, Konj. I gleicht Indikativ)
   ~~*Sie sagten, sie ließen das nicht zu*~~. (ind. Rede, Konj. II gleicht Indik. Prät.)
   Sie sagten, sie ***würden*** *das nicht* ***zulassen****.* (indirekte Rede mit Ersatzform *würde*)

Aufgabe 30 Bilde zu folgenden Beispielen die korrekte indirekte Rede. Wähle eine geeignete Ersatzform, falls sich der Konjunktiv nicht vom Indikativ unterscheidet.

Jennifer entgegnet: „Dieses Meisterwerk von Computer versagt ganz einfach, wenn statt einem plötzlich drei Degen gegen den Fechter kämpfen. Menschen lassen sich nicht so austricksen. Technische Programme sind eben dumm." Ben will erläutern: „Mit der künstlichen Intelligenz verhält sich das anders ...", aber Jennifer schneidet ihm das Wort ab: „Du musst genau auf die Wellen des Flusses schauen. Sie bewegen sich immer gleich." Frank bemerkt: „Da muss man aber schon sehr genau hinschauen!" Jennifer: „Nur Künstler können so genau hinschauen. In einem echten Fluss hat jede Welle eine andere Struktur, eine andere Farbnuance. Es gibt nicht zweimal die gleiche Welle. So etwas erkennen Künstler und setzen ihre Beobachtungen und Empfindungen in Bilder um. Sie malen keine Fotos, sondern geben eigene Stimmungen wieder. Und genau das können Computer nicht. Die Computerwelt ist künstlich und berechenbar. Es fehlen Gefühle und damit die Atmosphäre." Ben protestiert zwar: „Nun reicht's aber!", aber Jennifer besänftigt ihn: „Immerhin hat diesmal der menschliche Geist über Bits und Bytes gesiegt, mein Lieber! Und gemeinsam können wir aus dieser entsetzlichen Kunst auch wieder fliehen, oder?"

Hinweis zum Stil

Mit dem Konjunktiv II in der indirekten Rede kann man Unwahrscheinlichkeit ausdrücken.

- Der Konjunktiv II kann in der indirekten Rede vorkommen, wenn nachdrücklich darauf hingewiesen werden soll, dass man etwas für **unwahrscheinlich** oder **falsch** hält.

  Beispiel: *Ich halte es für falsch, aber Mario erzählt jedem, Fußball käme aus Florenz.*

- Ist man sich jedoch **absolut sicher**, kann man ausnahmsweise auch in der indirekten Rede den **Indikativ** verwenden.

  Beispiel: *Ich habe nachgeforscht und sage wie Mario, dass Fußball aus Florenz kommt.*

Aufgabe 31 Entscheide in den folgenden Fällen (Infinitive in Klammern), wo du in der indirekten Rede den Konjunktiv I oder den Konjunktiv II verwenden musst und wo du den Indikativ verwenden kannst.

Bevor die Freunde unfreiwillig ins „Mittelalter" versetzt werden, befinden sie sich noch in den Uffizien, der berühmten Gemäldegalerie in Florenz, und unterhalten sich über das Museum. Miriam erklärt, was alle wissen, nämlich dass das große Wappen auf einem Bild das Wappen der Medici (sein). Jennifer vermutet, man (werden) dieses Wappen überall im Museum finden, da es sich bei diesem Palast ja schließlich um die ehemalige Wohnung der Medici (handeln). Ben wendet jedoch ein, es (sein) schon ein merkwürdiges Gefühl, wenn man hier ein Zeichen wieder (entdecken), das Thomas aus seiner Schrottsammlung zu Hause auf dem Flohmarkt verkauft (haben). Frank hält es für unmöglich, dass so etwas in einem Computerspiel (vorkommen), und wenn doch, dann (haben) dies etwas Besonderes zu bedeuten. Jennifer spottet nur über Frank, der ihr schon oft hat erzählen wollen, Computerspiele (sein) interessant. Sie beharrt auf ihrer Position, diese Spiele (sein) dämlich.

Funktion des Tempus in der indirekten Rede

1. Die richtige Verwendung der Zeitform in der indirekten Rede ist recht einfach. In der Regel wird in der indirekten Rede
   - **Vorzeitigkeit** durch den **Konjunktiv Perfekt**
     Beispiel: *Mario sagte, er sei schon vorher auf dem Platz gewesen.*
   - **Gleichzeitigkeit** durch den **Konjunktiv Präsens**
     Beispiel: *Ben sagte, er habe keine Lust auf Calcio.*
   - **Nachzeitigkeit** durch den **Konjunktiv des Futurs I**
     Beispiel: *Miriam sagte, sie werde vielleicht später an dem Fest teilnehmen.*

   ausgedrückt. Dies ist unabhängig davon, in welcher Zeit die Äußerung des Einleitesatzes bzw. des Hauptsatzes steht.
2. Ob man den **Konjunktiv I oder II** verwendet, hat nichts mit Vor-, Gleich- oder Nachzeitigkeit zu tun. **Grundsätzlich** steht zunächst einmal der Konjunktiv I. Nur wenn **Ersetzungsregeln** in Kraft treten oder ausdrücklich eine **Unwahrscheinlichkeit** ausgedrückt werden soll, ist der Konjunktiv II sinnvoll.

Aufgabe 32 Erzähle den Text zu Aufgabe 31 in der **Vergangenheit**. Behalte die indirekte Rede bei: *Bevor die Freunde unfreiwillig ins „Mittelalter" versetzt wurden, befanden sie sich noch in den Uffizien, der berühmten Gemäldegalerie in Florenz, und unterhielten sich über das Museum. Miriam erklärte, was alle wussten, nämlich dass …*

Du siehst in die **Zukunft** und erzählst die gleichen Ereignisse (ebenfalls in indirekter Rede): *Miriam wird erklären, was alle wissen, nämlich dass …*

Hinweis zum Stil

Die Verwendung der indirekten Rede kann einige Probleme nach sich ziehen:

- Ein Text klingt monoton durch ständige Wiederholung von Einleitefloskeln *er sagte …, er meinte …, er fügte hinzu …* usw.
- Man ist sich nicht sicher, ob ein (bzw. welcher) Konjunktiv zu wählen ist.
- Die entsprechenden Konjunktivformen bereiten Schwierigkeiten oder klingen komisch.
  Beispiel: *er flöge*
- Die Wiederholung von Ersatzformen mit *würde* lässt einen Text ebenfalls umständlich erscheinen.

Daher ist es ratsam, bei der Verwendung der indirekten Rede weitere stilistische Möglichkeiten zu kennen.

Hinweis zum Stil

Anstelle der indirekten Rede (*Mario meint, dass das Fußballspiel aus Florenz komme.*) gibt es weitere Ausdrucksmöglichkeiten.

Beispiel: *Mario zufolge **soll** das Fußballspiel aus Florenz **kommen**.*
*Laut Mario **soll** das Fußballspiel aus Florenz **kommen**.*
*Wie Mario meint, **soll** das Fußballspiel aus Florenz **kommen**.*
*Einem **Gerücht** zufolge kommt das Fußballspiel aus Florenz.*

Statt der indirekten Rede (*Sie vermuteten, dass es einen Ausgang gebe.*) kann man sagen:

Beispiel: *Es **musste** doch einen Ausgang geben!* (Modalverb)
*Es gab **vermutlich/sicherlich** einen Ausgang.* (Modaladverb)
***Ihrer Vermutung nach** gab es einen Ausgang.* (anderer Ausdruck)

Die Ausdrücke sind nicht immer genau gleichwertig. Du kannst aber erkennen, wie man etwas auch auf andere Weise formulieren kann. Besonders bei den Modaladverben muss man vorsichtig sein: Die Verwendung des Wortes *sicher(lich)* bedeutet in den meisten Fällen gerade nicht, dass etwas sicher ist. Man vermutet es nur!

Aufgabe 33 Gib die folgenden Äußerungen als zusammenhängenden Text wieder, indem du entweder die indirekte Rede verwendest oder auf andere Möglichkeiten zurückgreifst. Modalverben: *müssen, dürfen, können, sollen, mögen* bzw. Modaladverben: *sicher(lich), möglicherweise, womöglich, kaum, wohl, vielleicht*

Miriam: „Wie siehst du denn aus?"
Frank: „Das ist die Kleidung der Calcio-Mannschaft! Ich spiele mit! Eigentlich wollte ich nur wissen, wie das Spiel funktioniert. Ein Spieler hat es mir erklärt. Und dann fragt der mich: ‚Willst du mitspielen? In unserer Mannschaft ist gerade jemand ausgefallen.' – Aber ich muss jetzt gleich runter zum Einmarsch."
Jennifer: „Seit wann sprichst du denn Italienisch?"
Frank: „Ich italienisch? Glück muss der Mensch haben. Der Spieler spricht perfekt Deutsch."
Jennifer: „Ben, was hältst du von der Sache? Schwindelt Frank manchmal nicht ein bisschen?"
Ben: „Nein, Frank hat noch nie irgendwelche Lügengeschichten erzählt."
Jennifer: „Aber er hat gesagt: ‚Der spricht Hochdeutsch.' Das ist doch unmöglich! Wir sind im Jahre 1589. Es ist ziemlich sicher: Da klang die deutsche Sprache ganz anders! Die versteht heute keiner mehr."

Das Thema **Konditionalsätze** findest du wieder bei den Nebensätzen (S. 187). Da hier aber das Thema „Konjunktiv" (auch das Verbtempus) eine wichtige Rolle spielt, wird diese Nebensatzart hier kurz behandelt.

Der Konjunktiv II im Konditionalsatz (Bedingungssatz)

Konditionalsätze drücken eine Bedingung (lat. *conditio*) aus.

1. Verwendet man den **Indikativ** in einem Konditionalsatz, dann drückt man damit aus, dass man die **Bedingung** und deren Folgen für **möglich** oder sicher hält.

   Beispiel: *Wenn es eine Maschine gibt, durch die man in die Vergangenheit gehen kann, dann gibt es auch einen Weg zurück!* (realer Konditionalsatz)

2. Verwendet man den **Konjunktiv II** in einem Konditionalsatz, dann drückt man aus, dass die **Bedingung** nicht vorliegt bzw. **unmöglich** ist und die Folgen nicht eintreten.

   Beispiel: *Wenn wir durch den Tunnel zurückgehen würden, müssten wir doch an derselben Tür herauskommen.* (irrealer Konditionalsatz)

   Entscheidend dabei ist, ob der **Sprecher selbst** etwas für sicher oder möglich hält bzw. es sich nur als Gedankenspiel vorstellt. Somit lassen sich auch die Beispielsätze oben aus anderer Sichtweise so formulieren:

   Beispiel: *Wenn es eine Maschine gäbe, … dann gäbe es auch einen Weg zurück!* (irreal)
   Wenn wir durch den Tunnel zurückgehen, dann müssen wir doch an derselben Tür herauskommen. (real)

Bildung des Konditionalsatzes

- **Verwendung von Konjunktionen**

  Wenn es sich um eine Bedingung handelt, kann man *wenn* durch *falls* bzw. *unter der Bedingung, dass …* ersetzen. Gelegentlich findet man aber auch Konditionalsätze ganz ohne Konjunktion.

  Beispiel: *Falls das so ist, dann muss Folgendes passieren.* (mit Konjunktion)
  Ist das so, dann muss Folgendes passieren. (ohne Konjunktion)

- **Verwendung des Konjunktivs**

  In einfachen Konditionalsätzen (mit dazugehörigem Hauptsatz) steht entweder **nur der Indikativ oder nur der Konjunktiv II**.

  Der Konjunktiv I ist in einem Konditionalsatz-Gefüge nicht zulässig, er kann nur in Form einer eingeschobenen indirekten Rede vorkommen. Dies hat aber mit dem Konditionalsatz nichts zu tun.

  Beispiel: *Wenn man mir gesagt hätte, ich* ***könne*** *das tun, hätte ich es auch gemacht.*

Hinweis zum Stil

Eigentlich bereiten Konditionalsätze wenig Schwierigkeiten. Bei Texten, in denen mehrere Bedingungen vorkommen, ist es jedoch sinnvoll, **verschiedene Ausdrucksmöglichkeiten** zu nutzen, um Eintönigkeit oder umständliche Formulierungen zu vermeiden. Eine Möglichkeit, Bedingungen kurz zu fassen, besteht darin, eine **substantivische Formulierung** zu verwenden.

Beispiel: *Wenn das so ist …, falls wir verlieren sollten* (Konditionalsatz)
In diesem Fall …, im Falle einer Niederlage/bei einer Niederlage (substantivisch)

Aufgabe 34 Stelle dir Folgendes vor: Die Freunde überlegen Schritt für Schritt, unter welchen Bedingungen sie wieder aus der künstlichen Welt entkommen können. Es entstehen Ketten von Bedingungssätzen nach dem Muster:
Wenn wir das tun (täten), müssen (müssten) wir das Ziel erreichen.
Wenn wir das Ziel erreichen (in diesem Fall), dann … usw.

Formuliere die folgenden Sätze bzw. Stichwortangaben zu einem zusammenhängenden Text nach dem beschriebenen Muster um. Achte dabei darauf, dass du die Konjunktionen variierst oder Formulierungen ohne Konjunktion verwendest. Beachte, in welchen Fällen man den Indikativ oder den Konjunktiv II setzen muss. Verwende, falls sinnvoll oder möglich, substantivische Ausdrücke.

Bedingung/Annahme (Nebensatz)		**Folge (Hauptsatz)**
a) Wir gehen durch den Tunnel zurück.	→	Wir müssen wieder an derselben Tür herauskommen.
b) Wir wollen an diese Tür kommen.	→	Wir müssen durch den linken Seitenflügel!
c) Wir sind aber im Jahr 1589.	→	Da gibt es noch keinen linken Seitenflügel!
d) Es gibt noch keinen Seitenflügel.	→	Es gibt keinen Ausgang!
e) Jennifer hatte Recht.	→	Wir sitzen in der Vergangenheit fest.
f) Es gibt eine Zeitmaschine.	→	Es gibt auch ein Zurück.
g) Es gibt kein Zurück.	→	Es gibt eine Übervölkerung durch immer mehr gefangene Touristen.

Weitere Verwendungsweisen des Konjunktivs II

Der Konjunktiv II kann in Zusammenhängen verwendet werden, in denen eine Aussage im Indikativ zu hart, zu unvorsichtig oder einfach unpassend erscheinen würde.

Beispiel: *Das könnte ich mir vorstellen.* (vorsichtige Annahme)
Ausgerechnet der sollte das herausfinden!? (Zweifel)
Sollten wir uns vielleicht in einer Falle befinden? (ungläubige Frage)
Das hätten wir geschafft! (Ausruf)
Mit meinem Traummann an der Seite würde ich mich auch am Fenster zeigen. (Ausdruck einer (nicht wirklichen) Vorstellung)

Hinweis zum Stil

Wichtig bei abgeschwächten Aussagen ist, dass du weitere Möglichkeiten kennst, um je nach Bedarf den Ausdruck zu variieren. Auch hier (vgl. S. 45) können so genannte **Modaladverben** und **Modalverben** Funktionen des Konjunktivs übernehmen.
Anstelle der oben genannten Äußerungen könnte man ebenfalls sagen:

Beispiel: *Das halte ich für durchaus möglich (wenn auch nicht für ganz sicher).* (Annahme)
Das ist sehr unwahrscheinlich, dass ausgerechnet der das herausfindet! (Zweifel)
Möglicherweise befinden wir uns in einer Falle? (ungläubige Frage)
Endlich ist es geschafft! (Ausruf)
Ich kann mir auch vorstellen, mich mit meinem Traummann am Fenster zu zeigen. (Ausdruck einer Vorstellung)

Aufgabe 35 Ergänze in den Beispielen die Lücken, indem du den Konjunktiv II verwendest oder eine Möglichkeit mit Modalwörtern herausfindest. Eine Lehrerin (L) diskutiert mit ihren Schülern (S) über das Ziel der Klassenfahrt.

Beispiele mit Konjunktiv II	Beispiele mit Modalwörtern (oder anders)
L: „Als Reiseziel ____________ (geben) es aber neben Florenz auch noch die USA!"	L: „Als Reiseziel ____________________ aber neben Florenz auch noch die USA ________!" (Annahme, Vorschlag)
S: „Diese Idee ________ (finden) wir ganz toll."	S: „Diese Idee ____________ ganz toll!" (Ausruf)
L: „Da ______________ (haben) ich ganz schön viel Arbeit!"	L: „________ ganz schön viel Arbeit ______!" (Ausdruck einer Vorstellung)
S: „Das ______ (sein) ja wohl nicht so schwer!"	S: „______ nicht ganz so schwer!" (Versicherung)
L: „____________ (können) ihr mal ruhig sein?"	L: „________________________?" (Frage)
L: „Es ________________________ (anbieten) sich auch Florenz ____________________, das ________________________ (sein) doch nicht schlecht mit seinen vielen Sehenswürdigkeiten!"	L: „________________ auch noch Florenz (Annahme), ____________________ nicht schlecht mit seinen vielen Sehenswürdigkeiten." (Vorschlag)

2.12 Die Modi: Der Imperativ

Als weiteren Modus gibt es die Befehlsform, den **Imperativ**. Man unterscheidet zwischen dem **Imperativ Singular** und dem **Imperativ Plural**.

Der Imperativ

1. Der Imperativ dient vor allem zum Ausdruck von **Befehlen und Aufforderungen**.
   Beispiel: *Der Fremde rief: „Verschwinde!"*
2. Der Imperativ kann auch eine **Bitte** oder einen **Wunsch** ausdrücken.
   Beispiel: *Miriam: „Jetzt hört doch bitte mal auf!"*

Bildung des Imperativs

Der **Imperativ Singular** wird meist gebildet, indem an den Stamm ein -e angehängt wird.

Red | e!
Stamm Endung

Dieses -e kann, besonders im mündlichen Gebrauch, auch wegfallen.
Bei Verben, die im Singular (Präsens, Indikativ) einen e-i-Wechsel haben (*ich gebe/du gibst, nehme/nimmst* usw.), wird der Imperativ Singular meistens mit der i-Form gebildet, und es gibt keine Endung:

Gib!
veränderter Stamm

Diese Regel gilt z. B. nicht bei *werden* (*ich werde/du wirst*; Imperativ: *werde*).

Der **Imperativ Plural** stimmt immer überein mit der **2. Person Plural** (Präsens, Indikativ).

Red | et!
Stamm Endung 2. Person Plural

Im Normalfall gehört zum Imperativ kein Personalpronomen. Nur bei besonderer Betonung kann es hinzutreten: *Komm du mal her!/ Kommt ihr mal her!*

Bildung des Imperativs: Die Höflichkeitsform

Bei Personen, die man mit „Sie" anredet, verwendet man auch einen Imperativ mit „Sie". Er stimmt (bei einem oder mehreren Angeredeten) mit der **3. Person Plural des Konjunktivs I** überein:

Seien Sie still!

Aufgabe 36 Bei der Überlistung des Computerprogramms entdecken die Freunde, dass Kutscher (Computerfiguren), die sie für ihren Fluchtplan ausnutzen wollen, Befehle ausführen, ohne nachzudenken.

Benutze die roten Verben in der folgenden Anweisung. Formuliere die Befehle

a) an einen oder mehrere Kutscher, die die Freunde siezen (mit der Höflichkeitsanrede „Sie"),

b) an einen Kutscher, den sie duzen,

c) an mehrere Kutscher, die sie duzen.

(los/an)fahren, warten, fahren (2 x), achten (auf), aufpassen (auf), abbiegen, machen, nehmen, sich beeilen (2 x), sich aufhalten lassen, entgegennehmen, anhalten

____________________ los! ______________ nicht lange, sondern __________ (sich/dich/euch)! ____________ auf den Ausgang zu, ____________ nicht durch Hindernisse ___________! ___________ genau auf das, was ich sage. __________ keine Anweisungen von anderen Personen entgegen! ____________ auf, dass der Wagen nicht an der Tribüne hängen bleibt. ____________ dann direkt zur Grotte. __________ nicht so langsam, sondern __________ (sich/dich/euch)! __________ an der dritten Ecke nach rechts __________! ____________ die Kurve nicht zu eng. __________ da vorne _________, damit wir noch jemanden mitnehmen können.

Hinweis zum Stil

Wünsche, Anordnungen, Befehle u. a. lassen sich nicht nur mithilfe eines Imperativs ausdrücken. Je nach genauer **Sprechabsicht** gibt es verschiedene Möglichkeiten, etwas mit einem „Unterton" zu äußern – von ganz direkt/schroff über eine neutrale Ausdrucksweise bis hin zu versteckter oder offener Ironie.

Ausdrucksweisen mit den verschiedenen Modi

Imperativ	*Komm!*
Modalverb	*Du sollst kommen!*
Ausdruck der Sprechabsicht im Indikativ	*Ich wünsche, dass du kommst.*
Ausdruck der Sprechabsicht im Konjunktiv II	*Ich möchte, dass du kommst.*
Andere Möglichkeit mit Konjunktiv II	*Wenn du doch endlich mal kämst!*
Frage	*Kannst du (endlich mal) kommen?!* *Könntest du endlich mal kommen?! (ironisch)*
Sonstige Möglichkeit	*Ich wäre nun endlich mal dafür, dass du kommst!*

Aufgabe 37 Stell dir unsere Freunde in der Zeitfalle vor. Immer wieder äußern sie gegenseitig Wünsche. Welche Möglichkeiten gibt es (vgl. die Tabelle oben), diese Wünsche zu äußern? Welche hältst du jeweils für die beste? Welche für die wahrscheinlichste?

Jennifer will, dass Frank endlich still ist.
Frank will, dass Jennifer ihre Lösung weniger kompliziert erklärt.
Ben bittet die anderen um Hilfe (als er fechten muss).
Miriam will, dass sie sich bei der Suche nach dem Ausgang beeilen.

Wortarten: Substantive

In den Klassen 5/6 hast du im Zusammenhang mit Substantiven (Nomen) schon Begriffe wie **Genus, Deklination** (dabei **Kasus** und **Numerus**) kennengelernt und in Verbindung damit weitere Wortarten wie **Präposition, Artikel** oder **Pronomen**. Vielleicht kennst du schon Arten der Wortzusammensetzung (Bildung sogenannter **Komposita**) und weißt Möglichkeiten, wie man aus anderen Wortarten Substantive bilden kann **(Substantivierung)**. Ebenso kannst du mit Begriffen wie **Wortfamilie** und **Wortfeld** umgehen.
Falls dir diese Begriffe nicht mehr geläufig sind, kannst du in diesem Kapitel das Wichtigste wiederholen. Hinzu kommen neue und vertiefende Gesichtspunkte.

Substantive: Begriffsbestimmung

1. Ein Wort gehört von der äußeren Form her zu der **Wortart Substantiv**, wenn es sich nach folgenden **Merkmalen** bestimmen lässt:
   - **Genus** (Geschlecht): Maskulinum, Femininum, Neutrum
   - **Numerus** (Zahlform): Singular, Plural
   - **Kasus** (Fall): Nominativ, Genitiv, Dativ, Akkusativ

   Das Verändern eines Substantivs nach Numerus und Kasus nennt man **Deklinieren**.
2. Zur Wortart Substantiv gehören auch Wörter, die **folgendermaßen gebildet sind:**
   - durch Umwandlung anderer Wortarten (Verben, Adjektive) in Substantive, also durch **Substantivierung** mithilfe von bestimmten Endsilben (Suffixen)
   - durch Zusammensetzung mit anderen Wörtern **(Kompositum)**
3. Ein Wort wird als Substantiv charakterisiert, wenn es **in Verbindung mit folgenden Wortarten** auftreten kann:
   - **Präpositionen** (Verhältniswörter)
   - sogenannte **Begleiter** wie Artikel, Zahlwörter, (Begleit-)Pronomen
4. Bei einem Wort handelt es sich um ein Substantiv, wenn es (zusammen mit allen Begleitwörtern) **durch ein Pronomen ersetzt werden kann.**

Das folgende Kapitel erläutert die verschiedenen Eigenschaften des Substantivs. Es zeigt dir auch, wie die Kenntnis passender Substantive und der richtige Umgang mit ihren grammatischen Formen zu einer stilistisch guten, also exakten und abwechslungsreichen Sprache führen kann.
Als besonders geeignet dazu erscheint ein „uraltes Thema“, das in der Geschichte der Menschheit schon immer eine Rolle gespielt und nichts von seiner Faszination verloren hat: das Thema „Feuer“. Lies hierzu den folgenden Text.

Wie der Mensch zum Feuer fand

Die größte Leistung der Ur-Menschen war die Zähmung des Feuers, die technische Grundlage sämtlicher zivilisatorischer Prozesse.

Wann und wo genau der erste Mensch die Kontrolle über die Flammen gewann, ist ungewiss. „Im Grunde weiß man sehr wenig über die Vorgeschichte“, sagt Gisela Grupe, Professorin für Paläoanthropologie[1] in München. [...]

Einige Experten sehen in den Funden von Swartkrans (Südafrika), die über eine Million Jahre alt sind, Hinweise auf ersten Feuergebrauch. Andere sehen den Beweis erst eine halbe Million Jahre später beim „Pekingmenschen“ aus dem chinesischen Zhoukoudian. Und manche Archäologen datieren die Herrschaft über das Feuer erst auf die Zeit vor rund 400 000 Jahren.

Warum gelang es dem Menschen als einzigem Lebewesen, sich das Feuer zu Eigen zu machen? [...] Ein Gesellschaftswissenschaftler glaubt: Der Frühmensch hatte gar nicht so viel Angst vor den Flammen, wie ihm heute oft unterstellt wird. Im Gegensatz zu uns [...] besaß er ja kein Eigentum, das das Feuer hätte vernichten können. Dagegen begriff er, welche Wohltaten es längerfristig bieten würde. So sammelten die Frühmenschen sich um die Flammen, die zufällig durch Blitzeinschläge oder andere natürliche Ursachen entstanden waren, und begannen, damit zu experimentieren. Sie warfen Gegenstände hinein und zogen an brennenden Ästen. [...]

Beim Stochern in der Glut entging dem frühen Menschen nicht, dass das Feuer weiter brannte, wenn er neue Zweige hineinsteckte. Weil er es aber selbst nicht entzünden konnte, versuchte er alles, um es zu erhalten. Schwelende Baumstümpfe benutzte er, so glauben Forscher, als Depots.

Spätestens 400 000 Jahre vor unserer Zeit war das Feuer aus dem Leben des afrikanischen Menschen nicht mehr wegzudenken. Als dann große Horden von Menschen auf der Suche nach Nahrung in Richtung Asien und Europa zogen, wurde das Feuer auch als Wärmequelle wichtig.

[...] Bilzingsleben in Thüringen ist die älteste bekannte Feuerstelle Deutschlands. Die Menschen, die hier vor 300 000 Jahren lebten, waren wohl schon in der Lage, Fleisch aufzuspießen und es über dem Lagerfeuer zu drehen. [...]

Genauso wie für die Beherrschung des Feuers gewisse geistige und körperliche Fähigkeiten Voraussetzung waren, bewirkte das Feuer umgekehrt, dass körperliche Fitness und Intelligenz einen gewaltigen Sprung machten. Der Grund dafür war die durch Kochen besser verdauliche pflanzliche Nahrung sowie die Vermeidung von Krankheitserregern im Fleisch.

1 Paläoanthropologie: Lehre von Menschen in früheren erdgeschichtlichen Zeiten

[Wegen der Verbesserung der Nahrung entwickelten sich bessere Bedingungen für den Körper und für ein größeres Gehirn. Die damit verbundene Lernfähigkeit führte auch vor 250 000 Jahren zu einem rasanten Aufschwung der Werkzeugtechnologie.]

Das Feuer breitete sich während dieser Zeitspanne weiter aus. Loderte es zunächst als Licht- und Wärmequelle in einer einzigen Feuerstelle vor dem Höhleneingang, drang es zunehmend in verschiedenste Bereiche des Lebens vor: bei der Jagd mit geschmiedeten Speerspitzen, bei der Brandrodung und Jahrtausende später beim Betrieb von Dampfmaschinen und Motoren. Die kontrollierte Verbrennung wurde zur technischen Grundlage der Zivilisation. Daran hat sich bis heute nichts geändert. Neunzig Prozent unserer Energie im Alltagsleben stammt aus Verbrennungsprozessen. Nur haben wir das Feuer nicht ständig vor Augen, weil es nicht mehr vor unserer Haustür brennt.

Den wichtigsten Aspekt des Feuergebrauchs haben die modernen Kulturwissenschaftler jedoch lange übersehen: [...] die soziale Dimension. Die Gruppe, die das Feuer kontrollierte, sorgte auch für die nötige Kontrolle über ihre Mitglieder, sodass diese sich nicht mehr nur um ihre eigenen Wünsche kümmerten, sondern Holz sammeln gingen.

Das Feuer war für das Gruppenleben mehr als förderlich. Wegen der Wärme und des Lichts gab es einen Ort, an den man abends heimkehren konnte, der weithin leuchtete und in dessen Umkreis es entschieden behaglicher war als draußen.

[...] Ohne die Energie und Wärme des Feuers wäre auch unsere moderne Gesellschaft nicht, was sie ist. Und wir müssten auf weit mehr als nur auf Grillpartys verzichten.

P.M. Perspektive (Thema: Feuer), C 7382F 00/059; S. 16–19, Text gekürzt und vereinfacht

3 Die Merkmale des Substantivs

3.1 Das Genus des Substantivs

Der folgende Abschnitt beschäftigt sich in erster Linie mit dem Genus (Geschlecht) von Substantiven. Dabei lernst du aber auch vieles über Wortbildung, die Herkunft von Wörtern und die angemessene Verwendungsweise von Substantiven in Texten.

Das Genus ist ein Merkmal, das bei fast allen Substantiven **unveränderlich** feststeht. Man kann das Genus, bis auf ganz wenige Ausnahmen, nicht ändern, wie das beispielsweise bei Kasus oder Numerus der Fall ist.

Das Genus: Begriffsbestimmung

1. Das Genus (Plural: Genera) steht bei fast allen Substantiven unveränderlich fest. Im Deutschen weisen die Substantive **drei Genera** auf:
   - **Maskulinum** (männlich) Beispiel: *der Brand*
   - **Femininum** (weiblich) Beispiel: *die Flamme*
   - **Neutrum** (sächlich) Beispiel: *das Feuer*
2. Das **grammatische Geschlecht** eines Substantivs kann, muss aber nicht mit dem natürlichen Geschlecht eines Substantivs übereinstimmen.

   Beispiel: *der Mann, die Frau*
   aber: *das Weib, das Mädchen, das Männchen, die Person*
3. Nur ganz **wenige Wörter**, die man sich merken muss, **gehören unterschiedlichen Genera an**. Dabei enthält die Genus-Zugehörigkeit eine eindeutige Bedeutungsunterscheidung.

   Beispiel: *das Band* (Stoffstreifen)
   der Band (Buchexemplar)

Das Genus: Das natürliche Geschlecht

Bei Lebewesen gibt es meistens eine Bezeichnung für das **männliche Geschlecht**, eine für das **weibliche Geschlecht** und Oberbegriffe, die für **männliches oder/und weibliches Geschlecht** gelten, obwohl der Artikel ein Geschlecht „bevorzugt“.

Beispiel:	*der Mann, der Junge, der Vater, der Kater*	(männliches Geschlecht)
	die Frau, die Mutter, die Katze	(weibliches Geschlecht)
	die Person, der Mensch, das Kind, die Katze	(Oberbegriff für männl. und weibl.)

Aufgabe 38 Setze im Folgenden die jeweils zutreffenden Bezeichnungen (Oberbegriff oder Bezeichnung für männl. oder weibl. Lebewesen) ein. Nicht alle der folgenden Bezeichnungen werden gebraucht.

______________ entdeckte vor ca. 400 000 Jahren das Feuer. Das war ein entscheidender Einschnitt in der menschlichen Entwicklung. Ausgehend von traditionellen Vorstellungen meinte man oft, ________________________ seien auf die Jagd gegangen, während ______________ mit den Kindern zu Hause geblieben seien, aber das ist keineswegs sicher oder allgemeingültig. Sichere Beweise hat man dafür bisher nicht finden können. Wichtig war aber der Umgang mit dem Feuer. Man verlor die Angst davor und konnte es sinnvoll, zum Beispiel zur Nahrungszubereitung, nutzen. Genauso wie zum Beispiel ___________________ zum Reiten bzw. zur Fortbewegung und ____________________________ zur Bewachung des Hauses von __________________________ gezähmt wurden, kann man auch von einer „Zähmung" des Feuers sprechen.

Mensch/ Lebewesen;

Frau/Mann/Kind;

Tier; Hund;
Hündin/Hund;
Pferd;
Stute/Hengst;
Mensch

Hinweis zum Stil

- Bei der Verwendung von **männlichen Bezeichnungen** bei Anreden, Berufs- und Gruppenbezeichnungen etc. können Probleme entstehen. Angehörige des weiblichen Geschlechts können sich ausgeschlossen fühlen, wenn nur die männlichen Formen genannt werden.

  Beispiel: **statt:** *liebe Schüler* *liebe Schülerinnen und Schüler*

- Es gibt aber **neutrale Bezeichnungen**, die die Angehörigen beider Geschlechter in einem Oberbegriff erfassen.

  Beispiel: *liebe Anwesende, liebes Publikum* (vgl. auch die folgende Tabelle)

Es gibt viele **neutrale Ausdrücke**, die für beide Geschlechter gelten.

kritisierte rein männliche Formulierungen	neutrale Ersatzmöglichkeiten
Sehr geehrte Herren!	*Sehr geehrte Damen und Herren!* **(weibliche und männliche Formulierung)**
Es wurden Wissenschaftler, Lehrer und Vertreter verschiedener Gremien beauftragt …	*Es wurden Männer und Frauen aus Wissenschaft, Lehrberufen und verschiedenen Gremien beauftragt …* **(männliche und weibliche Bezeichnungen zusammenfassende Formulierung, um nicht alle Bezeichnungen zu wiederholen)**
Die Lehrer sollten ihren Unterricht so vorbereiten, dass …	*Die Lehrerinnen und Lehrer/Die Lehrkräfte sollten ihren Unterricht so vorbereiten, dass …* **(Pluralform, damit das Pronomen** *ihre(n)* **für beide gelten kann)**
• *Jeder Erwachsene sollte …* • *Jeder Mensch …*	• *Alle Erwachsenen sollten …* • *Alle Menschen …* **(Pluralform bei Wörtern, bei denen im Plural kein Genus mehr bevorzugt wird)**
• *Jeder Vierte …* • *Wir suchen einen Fachmann …* • *Vom Vater auf den Sohn vererbtes Wissen …* • *Der Glaube unserer Väter …* • *zum Arzt gehen …* • *die Regierungsmannschaft …* • *Der Nächste bitte!* • *Einer nach dem anderen bitte!*	• *Jede vierte Person …* • *Wir suchen eine Fachkraft …* • *Von den Eltern vererbtes Wissen …* • *Der Glaube unserer Vorfahren …* • *sich medizinisch behandeln lassen …* • *das Regierungsteam …* • *Wer ist an der Reihe?* • *Nacheinander bitte!* **(neutrale Formulierungen, die für beide Geschlechter gelten)**

Aufgabe 39 Versuche in dem folgenden Textabschnitt die rot markierten Ausdrücke durch andere zu ersetzen, die nicht einseitig ein Geschlecht bevorzugen:

Die größte Leistung des **Ur-Menschen** war die Zähmung des Feuers. **Experten** wie z. B. Gisela Grupe meinen allerdings, dass **man** im Grunde recht wenig über die Vorgeschichte wisse. **Gesellschaftswissenschaftler** glauben, dass schon der **afrikanische Frühmensch** keine so große Angst vor den Flammen hatte, wie **man** oft glaubt. Der **Frühmensch** auf dem Weg nach Asien und Europa benutzte das Feuer schon zum Kochen von Speisen. Moderne **Kulturwissenschaftler** haben lange übersehen, dass das Feuer auch eine wichtige Funktion für die Gemeinschaft hatte.

Das Genus: Gleich lautende Wörter mit unterschiedlichem Geschlecht

Es gibt eine Reihe von Wörtern, die je nach Genus **ganz verschiedene Bedeutungen** haben. Das jeweilige Genus ist daher sehr wichtig für die gemeinte Bedeutung. Es gibt keine Regeln, wie man sie erkennen kann, man muss sie sich merken.

Beispiel: *der Laster* (Fahrzeug) – *das Laster* (Untugend)
der Gefallen für jdn. (Gefälligkeit) – *das Gefallen an etw.* (Freude)
die Ruine (verfallenes Bauwerk) – *der Ruin* (Untergang)
der Verdienst (Einkommen) – *das Verdienst* (etw. Lobenswertes)
die Akte (Schriftstück, Dokument) – *der Akt* (Handlung, Teil eines Theaterstücks)

Aufgabe 40 Verwende mindestens fünf der folgenden Wortpaare („Teekesselchen“) mit unterschiedlichem Genus in einem zusammenhängenden Text sinnvoll:

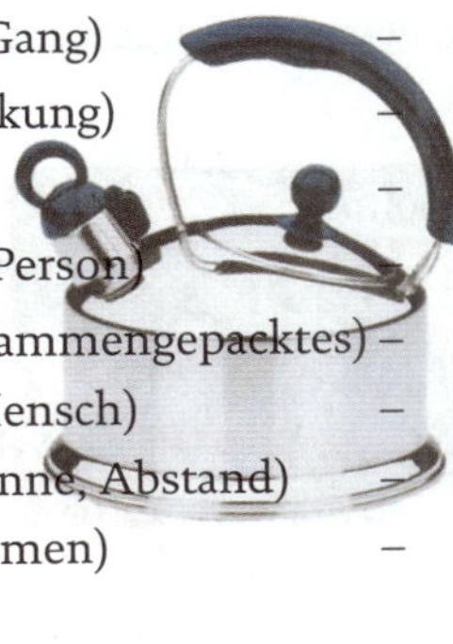

der Bord (Rand des Schiffs) – das Bord (Bücherbrett)
der Flur (Korridor, Gang) – die Flur (Feld und Wiese)
der Hut (Kopfbedeckung) – die Hut (Schutz; „auf der Hut sein“)
der Kunde (Käufer) – die Kunde (Nachricht)
der Leiter (leitende Person) – die Leiter (Vorrichtung zum Steigen)
der Pack (etwas Zusammengepacktes) – das Pack (gemeine Menschen)
der Tor (dummer Mensch) – das Tor (Tür/ Treffer beim Sport)
die Spanne (Zeitspanne, Abstand) – der Spann (oberer Teil des Fußes)
das Gehalt (Einkommen) – der Gehalt (Inhalt/Bestandteil)

Das Genus: Die Substantivierung

Viele Substantive werden gebildet, indem man mithilfe bestimmter Endungen **Verben** oder **Adjektive** substantiviert.

herrschen → Herrsch | er
Verb Substantiv

schön → Schön | heit
Adjektiv Substantiv

Das Genus: Substantivendungen

- Bestimmte deutsche und fremdsprachige Substantivendungen wie ***-er, -ich, -ling, -ant*** (lat.), ***-iker*** (griech.-lat.) weisen auf das **maskuline** Genus hin.
  Beispiel: *der Herrscher, der Teppich, der Schmetterling, der Musikant, der Mechaniker*
- Bestimmte deutsche und fremdsprachige Substantivendungen wie ***-keit, -ung, -ei, -schaft, -ion*** (engl.-frz.-lat.) weisen auf das **feminine** Genus hin.
  Beispiel: *die Heiserkeit, die Beherrschung, die Bücherei, die Freundschaft, die Explosion*
- Einige deutsche und fremdsprachige Substantivendungen wie ***-en, -chen, -lein, -tum, -ing*** (engl.) ***-ma*** (griech.) oder Vorsilben wie ***Ge-*** weisen auf das **neutrale** Genus hin.
  Beispiel: *das Beherrschen, das Mädchen (!), das Fräulein (!), das Brauchtum, das Training, das Komma, das Getier*

Aufgabe 41 Bilde in den folgenden Aussagen zur Bedeutung des Feuers Substantive. Verwende dazu die folgenden Endungen und setze den richtigen Artikel ein:
-ion, -ung, -ismus, -tum, -heit

Seit jeher übt das Feuer (faszinieren) ____________ auf den Menschen aus. Der Apostel Johannes spricht in der Bibel einmal vom „Feuer (auferstehen) ____________". In der Politik wurde das Feuer auch schon zu (inszenieren) ____________ problematischer ____________ (anderes Wort für Vorstellung) benutzt, die zu massenhaftem (fanatisch) ____________ geführt haben. In manchem (brauchen) ____________ ist das Feuer nach wie vor gegenwärtig. Feuer bedeutet nicht nur Gefahr, sondern auch Wärme und (geborgen) ____________.

Das Genus: Die Wortzusammensetzung (Kompositum)

- Substantive können auch durch das **Zusammensetzen von eigenständigen Wörtern** gebildet werden. Das **Genus** der gesamten Wortzusammensetzung richtet sich immer nach dem **Grundwort**.

  das **Lager**feuer
  Substantiv + Substantiv

  die **Früh**menschen
  Adjektiv + Substantiv

  die **Lern**fähigkeit
  Verb + Substantiv

- Diese Zusammensetzungen (Komposita) können sehr vielfältig sein. Sowohl bei dem Grundwort (blau) als auch bei dem Bestimmungswort kann es sich um **Ableitungen mithilfe von Endungen** handeln.
  Beispiel: *die Lernfähigkeit, die Verbrennungsgefahr*

Aufgabe 42 Bilde aus den rot markierten Ausdrücken Komposita. Achte auch auf gelegentlich nötige Änderungen im Kontext. Beispiel: *Das Feuer ist die Grundlage …*

Das Feuer ist das, was sämtlichen zivilisatorischen Prozessen zugrunde liegt. Es gibt Hinweise auf einen ersten Gebrauch des Feuers vor über einer Million Jahren. Der Mensch ist das einzige Wesen, das lebt, welches sich das Feuer zu eigen gemacht hat. Wissenschaftler, die sich mit der Gesellschaft beschäftigen, glauben, dass die frühen Menschen gar nicht so viel Angst vor dem Feuer hatten, wie man oft glaubt. Nach Einschlägen von Blitzen experimentierten sie mit dem entstandenen Feuer. Schwelende Stümpfe von Bäumen wurden genutzt, um das Feuer am Brennen zu halten.

Hinweis zum Stil

Substantivische Formulierungen können eine umständliche Ausdrucksweise vermeiden. Sie sind häufig kürzer. Sie können aber auch **steif und trocken** wirken (typisch: „Bürokratendeutsch"). Dies ist vor allem der Fall, wenn sie gehäuft auftreten.

Beispiel: **statt:** ~~Wissenschaftler, die sich mit der Gesellschaft beschäftigen~~
besser: *Gesellschaftswissenschaftler* (substantivische Formulierung)
statt: ~~Die Beschäftigung mit dem Thema Feuer erlaubt Aufschlüsse über die Handhabung des Feuers zwecks Nahrungszubereitung durch die ersten Menschen.~~
(Bürokratendeutsch durch Häufung der Substantivierungen)
besser: *Wer sich mit dem Thema Feuer beschäftigt, gewinnt Aufschlüsse darüber, wie die ersten Menschen mit dem Feuer ihre Nahrung zubereiteten.*
(stilistisch eleganter durch den Einschub kurzer Nebensätze)

3.2 Der Numerus des Substantivs

Der Numerus eines Substantivs gibt an, in welcher Anzahl das vom Substantiv Bezeichnete vorhanden ist. Wenn es sich um ein Exemplar handelt, verwendet man den **Singular** (Einzahl): *die Flamme*. Sind mehrere vorhanden, verwendet man den **Plural** (Mehrzahl): *die Flammen*.

Der Numerus

1. Der **Singular** zeigt normalerweise an, dass nur **ein Gegenstand, ein Lebewesen** usw. gemeint ist.

   Beispiel: *die Flamme, der Mensch*

2. Der **Plural** zeigt an, dass **mehrere Gegenstände, mehrere Lebewesen** der jeweiligen Art gemeint sind.

   Beispiel: *die Flammen, die Menschen*

3. Einige Wörter kommen **nur im Singular** vor. Bei ihnen stellt man sich nicht einzelne Teile vor, sondern sie bezeichnen **allgemeine Mengenangaben** oder **Stoffbezeichnungen**.

   Beispiel: *Gramm, Pfund, Grad* (Mengenangaben)
   Zucker, Mehl (Stoffbezeichnungen)

   Auch **Abstrakta** stehen meist nur im Singular.

   Beispiel: *Freiheit, Ruhe, Schönheit, Musik*

   Von **Eigennamen** kann ebenfalls kein Plural gebildet werden.

   Beispiel: *Berlin, Johann Wolfgang Goethe, Donau*

4. Einige Substantive kommen **nur im Plural** vor.

   Beispiel: *die Eltern, die Leute, die Ferien, die Masern, die Alpen*

Bildung des Plurals

- **Plural mit -e:** Beispiel: *Tage, Jahre, Schiffe, Boote*
- **Plural mit -e und Umlaut:** Beispiel: *Kräfte, Stürme, Söhne*
- **Plural mit -er:** Beispiel: *Kinder, Geister*
- **Plural mit -en:** Beispiel: *Taten, Frauen, Strahlen*
- **Plural mit -s:** Beispiel: *Loks, Radios, Wracks*
- **Plural ohne Endung:** Beispiel: *die Feuer*

Aufgabe 43 Bilde im Text die korrekten Pluralformen.

Im alten Rom waren die (Tempelfeuer) ______________ der Göttin Vesta geweiht und von den „vestalischen ______________“ (Jungfrau) gehütet. Auch in den jüdischen (Tempel) ________________ durfte das Feuer im Altar niemals verlöschen. Dies klingt heute sehr geheimnisvoll, aber es hatte einen ganz praktischen Sinn, warum die (Feuer) ______________________ damals nicht verlöschen sollten: Das Anzünden des Feuers war mit Mühe und oft mit vielen (Versuch) _____________ verbunden, weil (Natureinfluss) ______________________ wie Regen oder Wind sich einmischen konnten. Also ließ man die (Flamme) ______________________ lieber gleich brennen und bewachte die heiligen (Stätte) ______________________ oder die anderen (Feuerstelle) ______________________________.
Doch wie erklärt man es, dass wir noch heute, im Zeitalter von (Elektroherd, Zentralheizung und Halogenlampe) __________________, __________________ und ________________________ mit der gleichen Sorgfalt darauf achten, dass zum Beispiel das olympische Feuer niemals erlischt?

> **Hinweis zum Stil**
>
> - Will man von Substantiven, die keinen Plural bilden können, doch eine Mehrzahl ausdrücken, kann man Komposita verwenden.
>
>   Beispiel: *Butter – Butter**sorten***
>   *Gold – Gold**arten***
>   *Zucker – Zucker**stücke***
>
> - Andere Substantive gibt es nur im Plural. Für den Singular muss man andere Wörter bzw. Lösungen finden.
>
>   Beispiel: *Leute – eine Person*
>   *Eltern – ein Elternteil*

Aufgabe 44 Finde im folgenden Text für die eingeklammerten Substantive geeignete Singular- bzw. Pluralausdrücke.

Wenn viele Leute sich in die Natur begeben, gibt es oft mehr als eine (Leute) __________, die ihre Zigaretten achtlos im Wald wegwirft. Diese Probleme gibt es in vielen Ferien, besonders schwerwiegend wird es jedoch in eine/m/r (Ferien) ______________, nämlich im Sommer. Auch Eltern verhalten sich häufig nicht als Vorbilder. Schon ein (Eltern) _____________, der/die sich falsch verhält, genügt, damit Kinder oder Jugendliche falsches Verhalten nachahmen. Unter zahlreichen Ausgaben für den Staat ist die Brandverhütung und -bekämpfung sicherlich kein geringe/r/s (Kosten) ____________.

Dass man dem Singular nicht einfach ansieht, wie der Plural gebildet wird, erkennst du an folgenden Beispielen: Obwohl die Wörter im Singular die gleiche Form haben, sind sie im Plural unterschiedlich.

Im Singular gleich lautende Wörter mit unterschiedlichem Plural

Singular	Plural	Bedeutungshinweis
der Band	*die Bände*	*Buch*
das Band	*die Bänder*	*… zum Binden*
die Bande	*die Bande*	*freundschaftliche Bindung*
	die Banden	*Verbrechergruppe*
der Flur	*die Flure*	*Gang*
die Flur	*die Fluren*	*Feld und Wiese*
der Kiefer	*die Kiefer*	*Schädelteil*
die Kiefer	*die Kiefern*	*Baum*
der Leiter	*die Leiter*	*Chef*
die Leiter	*die Leitern*	*… zum Steigen*
der Schild	*die Schilde*	*Schutz bei Rittern*
das Schild	*die Schilder*	*Hinweistafel*
die Steuer	*die Steuern*	*z. B. Lohnsteuer*
das Steuer	*die Steuer*	*… zum Lenken*
der Tor	*die Toren*	*dummer Mensch*
das Tor	*die Tore*	*… beim Fußball*

Aufgabe 45 Setze in dem folgenden Lückentext die richtigen Pluralformen ein.

Viele ________, ________, ________ und ________ sind in Trockenzeiten feuergefährdet. ________, ________ und ________ sind besonders oft betroffen von ________. Zahllose ________ weisen die ________ immer wieder auf die ________ eines sorglosen Umgangs mit ________ und überhaupt mit offenem Feuer in ________ hin. Aber auch wenn manche ________ durch ________ gekennzeichnet oder durch Markierungs-________ abgesperrt sind, gibt es immer regelrechte ________, die sich nicht daran halten. Man könnte ganze ________ in ________ damit füllen, wie man sich richtig verhalten soll. Aber die meisten Einsatz-________ bei den ________ können von zahllosen ________ berichten. Viele ________ werden leider dafür benötigt, um die entstandenen ________ zu löschen.

Wald, Feld, Flur, Naturpark, Tanne
Fichte, Kiefer
Feuerschaden, Schild
Spaziergänger, Gefahr
Zigarette
Wald
Gebiet, Schild
Band
Tor
Band, Bibliothek
Leiter, Feuerwehr
Verstoß, Steuer
Feuer

3.3 Der Kasus des Substantivs

Substantive können sich in ihrer Form verändern, je nachdem, in welchem **Kasus** (Fall) sie stehen: *das Kind, des Kindes, dem Kind* usw. Jedes Substantiv kann in allen Kasus vorkommen.

Der Kasus[2]

1. Durch die Kasusformen können verschiedene **Funktionen und grammatische Rollen** markiert werden. Die vier Kasus im Deutschen antworten auf die Fragen:
   - **Nominativ** (1. Fall): **Wer/was?** – *die Forscherin, der Forscher / das Buch*
   - **Genitiv** (2. Fall): **Wessen?** – *der Forscherin, des Forschers / des Buch(e)s*
   - **Dativ** (3. Fall): **Wem?** – *der Forscherin, dem Forscher / dem Buch*
   - **Akkusativ** (4. Fall): **Wen/was?** – *die Forscherin, den Forscher / das Buch*

2. Durch die Kennzeichnung der Kasus kann **Eindeutigkeit im Textverständnis** erzielt werden, indem im Nominativ stehende Subjekte deutlich von im Genitiv, Dativ oder Akkusativ stehenden Objekten unterschieden werden können.

   Beispiel: ~~Zuschauer nennt Polizei Brandstifter!~~ (ohne Angabe des Kasus)
   Diese Schlagzeile kann unterschiedliche Bedeutungen haben:
   Der Zuschauer nennt der Polizei den Brandstifter!
   Der Zuschauer nennt die Polizei (:) „Brandstifter!" (nicht sinnvoll, aber möglich)
   Der Zuschauer nennt die Polizei dem Brandstifter! (im Sinne von: Er verrät etwas)
   Einen Zuschauer (!) nennt die Polizei einen „Brandstifter"! (umgekehrter mögl. Sinn)

3. Außerdem ist es durch die Verwendung von Kasus möglich, **Sätze umzustellen, ohne dass Verständnisprobleme entstehen**. Es wird eindeutig festgelegt, welches Substantiv das Subjekt und welches ein Objekt ist.

   Beispiel: *Forscher kritisiert Bericht* (Schlagzeile)
   Der Forscher kritisiert den Bericht. (Nominativ: *der Forscher;* Akkusativ: *den Bericht*)
   Den Bericht kritisiert der Forscher. (Akkusativ: *den Bericht;* Nominativ: *der Forscher*)
   umgekehrt: *Bericht kritisiert Forscher*
   Der Bericht kritisiert den Forscher. (Akkusativ: *den Forscher;* Nominativ: *der Bericht*)
   Den Forscher kritisiert der Bericht. (Nominativ: *der Bericht;* Akkusativ: *den Forscher*)

4. Eine andere Funktion, speziell des Genitivs, ist die **Bezeichnung einer Zugehörigkeit**.

   Beispiel: *Dies ist ein Buch. Es gehört Peter.*
   Dies ist Peters Buch. (Genitiv bewirkt Zugehörigkeit)

---

2 Weitere wichtige Funktionen, die mit den Kasus im Zusammenhang stehen, lernst du im Kapitel „Satzteile" (siehe S. 136 ff.) kennen.

Bildung der Kasusformen

- Die **sächlichen Substantive** haben nur im Genitiv ein *-(e)s*, sonst sind sie endungslos.
- Die **weiblichen Substantive** sind im Singular alle endungslos.
- Die **männlichen Substantive:**
  a) Eine Gruppe ist in allen Kasus endungslos bis auf den Genitiv Singular mit *-(e)s*. Im Dativ kann ein *-e* auftreten.
  b) Die zweite Gruppe ist nur im Nominativ endungslos. Die anderen Kasus enden auf *-en*.
  c) Eine weitere Gruppe hat *-n*-Endungen und fügt im Genitiv ein zusätzliches *-s* an. Im Nominativ schwanken die Wörter zwischen endungslosen Formen (auf *-e*) und angehängtem *-n* (gehobene Sprache). In der Gruppe sind nur wenige Substantive, die man sich merken sollte: *Funke, Friede, Gedanke, Glaube, Haufen, Name, Same(n), Wille, Buchstabe* (ohne *-n* im Nominativ).

Die Kasusformen von Substantiven im Singular (vereinfacht)

	Maskulinum	Femininum	Neutrum
Nominativ	a) *der Mann* b) *der Mensch* c) *der Funke(n)*	*die Frau*	*das Kind*
Genitiv	a) *des Mannes* b) *des Menschen* c) *des Funkens*	*der Frau*	*des Kindes*
Dativ	a) *dem Mann(e)* b) *dem Menschen* c) *dem Funken*	*der Frau*	*dem Kind*
Akkusativ	a) *den Mann* b) *den Menschen* c) *den Funken*	*die Frau*	*das Kind*

Die Kasusformen von Substantiven im Plural (vereinfacht)

	-e-Plural	-e-Plural mit Umlaut	-e(n)-Plural	-er-Plural	-s-Plural	Plural ohne Endung
Nominativ	*die Tage*	*die Äste*	*die Menschen*	*die Götter* *die Geister*	*die Parks*	*die Feuer*
Genitiv	*der Tage*	*der Äste*	*der Menschen*	*der Götter* *der Geister*	*der Parks*	*der Feuer*
Dativ	*den Tagen*	*den Ästen*	*den Menschen*	*den Göttern* *den Geistern*	*den Parks*	*den Feuern*
Akkusativ	*die Tage*	*die Äste*	*die Menschen*	*die Götter* *die Geister*	*die Parks*	*die Feuer*

Aufgabe 46 Setze die Substantive in Klammern in die richtige Kasus- und Numerusform.

Die (Flamme) __________ im (Übungshaus) __________ sind echt: Wer nicht aufpasst, holt sich (Verbrennung) __________. Es steht immer wieder in (Flamme) __________ und brennt doch nie ab: (Deutschland) __________ modernstes Übungshaus für (Feuerwehreinsatz) __________. Hier wird der (Ernstfall) __________ geprobt – fast so realistisch wie in der Wirklichkeit. Obwohl keine (Anfänger) __________ in der (Runde) __________ sind und die Maximaltemperatur von 600 (Grad) __________ noch deutlich unter der Hitze eines echten (Brand) __________ liegt, strapaziert die Arbeit mit den (Schlauch) __________ und (Stahlrohr) __________ enorm.

Das Übungshaus in Bruchsal nahe Karlsruhe ist (Deutschland) __________ größte und modernste Anlage dieser (Art) __________. Seit dem (Frühjahr) __________ 1998 steht sie den (Mitglied) __________ der Feuerwehr zur (Verfügung) __________. Fünfzehn weitere (Brandstelle) __________ hat das zweistöckige Backsteingebäude in seinem (Inneres) __________. Sie können separat oder gemeinsam gezündet werden. Vom kleinen (Kochtopfbrand) __________ bis zum flammenden (Inferno) __________ lassen sich die verschiedensten (Situation) __________ simulieren.

Chaotisch darf es niemals zugehen bei (Einsatz) __________, mahnen die (Ausbilder) __________.

Hinweis zum Stil

- Häufige Fehler im Umgang mit den Kasus betreffen den Genitiv. In der Umgangssprache hat sich z. B. ein **falscher Dativ nach *wegen*** eingeschlichen.

  Beispiel: *Ermittlungen wegen ~~altem Hackfleisch.~~*
  ... wegen alten Hackfleischs. (korrekte Form)

- Ebenso tritt in der Umgangssprache der **Dativ oft an die Stelle des Genitivs**, wenn es um **Besitzverhältnisse** geht.

  Beispiel: *~~Wem sein~~ Hut ist das? – Das ist ~~dem~~ Paul ~~sein~~ Hut.*
  Wessen Hut ist das? – Das ist Pauls Hut. (einzig **richtige** Formen)

- Bei den **männlichen und sächlichen Substantiven schwankt** oft auch **das Endungs-e im Genitiv und Dativ**. Formen **mit *-e*** gelten dabei als **höherer Stil**.

  Beispiel: *des Tag(e)s, des Buch(e)s, dem Mann(e), dem Kind(e)*

- Bei **männlichen Substantiven**, die im **Dativ und Akkusativ auf *-(e)n* enden**, wird die Endung in der Umgangssprache oft **fälschlicherweise ausgelassen**.

  Beispiel: *Ich war ~~beim Herr~~ Meier. Das interessiert ~~keinen Mensch~~.*
  Ich war bei Herrn Meier. Das interessiert keinen Menschen. (korrekte Formen)

Aufgabe 47 Setze im Folgenden die jeweils richtigen Kasus (auch den passenden Numerus) und ihre Formen ein.

Was veranlasst __________ (Mensch) Feuer zu legen?

Innerhalb ________________ (wenige Tage) schlugen im November 1999 zwei __________ (Brandstifter) in München zu. Vier __________ (Mensch) starben in den Flammen. Ein andermal, im ____________ (Jahr) 2001, wurde in Luzern eine Frau auf __________ (frische Tat) ertappt, der ____________ (Brand) gerade noch verhindert. In ____________ (ihre Wohnung) fanden die __________ (Beamter) __________ (Ordner), in dem die Frau alle ____________ (Pressebericht) über ihre früheren __________ (Brandstiftung) abgeheftet hatte. Was sind das für ____________ (Mensch), die heimlich ____________ (Feuer) legen? ____________ (Kriminalist) unterscheiden zwei ______________ (Tätertyp), die aufgrund ________________ (ihr Verhalten) unterschieden werden können. Entweder will ______________ (Täter) ________________ (Schaden) anrichten oder er ist feuersüchtig und es geht ihm in ______________ (erste Linie) um ________________ (Flammenspektakel). Meistens aber werden ________________ (Übeltäter) gefasst und wegen ____________________ (Brandstiftung) verurteilt.

3.4 Die Begleiter des Substantivs

Bei den bisherigen Beispielen handelt es sich meistens nicht um allein stehende Substantive, sondern oft steht ein Begleiter davor. Zu den Begleitern zählen der **bestimmte** *(der, die, das)* und der **unbestimmte Artikel** *(einer, eine, eines)*, der **Demonstrativbegleiter** *(dieser, diese, dieses)*, der **Possessivbegleiter**[3] *(mein, deine* usw.) sowie **Mengenangaben** *(mancher, einige* usw.).
Im Folgenden wird behandelt, welche Wörter bzw. Wortarten vor dem Substantiv stehen können oder müssen, in welcher Reihenfolge bzw. Kombination sie stehen und welche Funktionen sie haben. Manchmal können Substantive auch alleine stehen.
Einfach gesagt, sind Begleiter all die Wörter, **die keine Adjektive sind** und die **vor dem Substantiv** und **nach Präpositionen** stehen können.

Die Begleiter: Begriffsbestimmung

1. Die Begleiter kennzeichnen das **Genus** eines Substantivs. Nur bei bestimmten Gruppen von Substantiven ist das Genus an der Endung erkennbar (z. B. *-eur, -euse*).
   Beispiel: *ein Ast, die Kraft, dieses Feuer*
2. Die Begleiter verweisen auf den **Kasus** eines Substantivs. Im Gegensatz zum Lateinischen, wo die Kasusmerkmale in den Wortendungen enthalten sind, gibt es im Deutschen nur vereinzelt Kasusendungen. Diese sind aber so „verkümmert", dass sie allein nicht alle Fälle eindeutig kennzeichnen. Die Kasusbestimmung wird deshalb durch Begleiter unterstützt.
   Beispiel: *die Funde, des Menschen*, vor *unserer Haustür, einen Sprung*
3. Die Begleiter kennzeichnen den **Numerus** eines Substantivs. In allen Fällen, in denen der Plural schon an einer Substantivendung erkennbar ist, sind Begleiter zur Markierung des Numerus zwar nicht nötig, aber möglich. Begleiter sind dann notwendig, wenn es sich um Substantive ohne Pluralendung handelt.
   Beispiel: *die Feuer, einige Wissenschaftler, manche Lebewesen*
4. Begleiter können den Unterschied zwischen etwas neu Erwähntem und daher noch **Unbestimmtem** (Substantiv mit dem unbestimmten Artikel) und etwas Bekanntem und daher **Bestimmtem** (Substantiv mit dem bestimmten Artikel) deutlich machen.
   Beispiel: *An einem Sommermorgen saß ein Schneiderlein auf seinem Tisch. Da kam eine Bauersfrau, die rief: [...] Das klang dem Schneiderlein lieblich in den Ohren.*
5. Begleiter haben für den Textzusammenhang eine wichtige Funktion, indem sie bestimmte **Zusammenhänge** zwischen Sätzen bzw. Begriffen besonders **betonen**.
   Beispiel: *... ist die älteste Feuerstelle. Die Menschen, die an dieser Feuerstelle lebten ...*
6. In **festen Redewendungen** kann ein Begleiter auch fehlen.
   Beispiel: *Es herrscht Hochbetrieb.*

3 Häufig begegnet man auch den Begriffen Demonstrativ- bzw. Possessiv**pronomen**, die allerdings nicht ganz korrekt sind: Pronomen (siehe S. 75) stehen **anstelle von** Substantiven, Begleiter stehen **davor**.

Aufgabe 48 Setze im Text, wenn nötig, passende Begleiter ein.

Kaum ________ Feuerwehr zündelt mehr auf ________ eigene Faust, um ________ eigenen Leute an ________ Feuer zu gewöhnen. Das verbietet ________ Umweltschutz. In Bruchsal herrscht deshalb immer ________ Hochbetrieb. 2000 Männer und Frauen werden hier ausgebildet. „Alles künstlich, aber hervorragend gemacht“, beurteilt ________ Feuerwehrmann Richard König ________ Übungshaus. „Freilich, in ________ echten Feuer ist ________ Stress größer.“

Hier erfährst du Genaueres über Funktionen und Formen der einzelnen Begleiter.

Die einzelnen Begleiter

1. Der **unbestimmte Artikel** zeigt, dass ein Substantiv etwas Unbekanntes oder Unbestimmtes bezeichnet. Unbestimmte Artikel gibt es nur im **Singular**. Im Plural wird Unbestimmtheit durch das Fehlen eines Begleiters ausgedrückt.
   Beispiel: *ein Haus, ein Mensch* (Singular mit unbestimmtem Artikel)
   Bäume (Plural ohne Begleiter)
2. Der **bestimmte Artikel**
   - verdeutlicht, dass das folgende Substantiv etwas **Bekanntes/Bestimmtes** bezeichnet.
     Beispiel: *das Haus, die Person*
   - kann die **Einzigartigkeit** eines Sachverhaltes hervorheben.
     Beispiel: *Die Leistung der Ur-Menschen* (nicht irgendeine Leistung)
   - betont die **allgemeine Bedeutung** eines Substantivs (als bekannter Begriff)
     Beispiel: *die Zähmung des Feuers* (das Feuer als eine allgemein bekannte Erscheinung, es geht nicht um irgendein Feuer, nicht irgendeine Zähmung)
3. Der **Demonstrativbegleiter** bestimmt ein Substantiv noch genauer als der bestimmte Artikel. *Das Feuer* (als allgemeine Erscheinung) ist zum Beispiel als weniger bestimmte Formulierung anzusehen im Vergleich zu: *(genau) dieses Feuer* (Demonstrativbegleiter). Der Demonstrativbegleiter weist ausdrücklich auf etwas hin.
   Beispiel: *dieses Haus, jenes Feuer, derjenige Schüler*
4. Der **Possessivbegleiter** bestimmt ein Substantiv (bzw. den betreffenden Sachverhalt) näher durch Präzisierung des **Besitzes**.
   Beispiel: *unser Haus, eure Leiter, mein Feuerwehrauto*

Bildungsformen der Begleiter

Die Bildungsformen der Begleiter sind insgesamt leicht zu merken: Die Endungen stimmen fast immer mit den **Endungen der jeweiligen bestimmten Artikel** überein.

Vergleiche dazu die folgenden Tabellen.

Formen der Begleiter: Maskulinum Singular

	unbestimmt	bestimmt	demonstrativ	possessiv	sonstige
Nominativ	*ein*	*der*	*dieser*	*mein*	*mancher*
Genitiv	*eines*	*des*	*dieses*	*meines*	*manches*
Dativ	*einem*	*dem*	*diesem*	*meinem*	*manchem*
Akkusativ	*einen*	*den*	*diesen*	*meinen*	*manchen*

Formen der Begleiter: Femininum Singular

	unbestimmt	bestimmt	demonstrativ	possessiv	sonstige
Nominativ	*eine*	*die*	*diese*	*meine*	*manche*
Genitiv	*einer*	*der*	*dieser*	*meiner*	*mancher*
Dativ	*einer*	*der*	*dieser*	*meiner*	*mancher*
Akkusativ	*eine*	*die*	*diese*	*meine*	*manche*

Formen der Begleiter: Neutrum Singular

	unbestimmt	bestimmt	demonstrativ	possessiv	sonstige
Nominativ	*ein*	*das*	*dieses*	*mein*	*manches*
Genitiv	*eines*	*des*	*dieses*	*meines*	*manches (-en)*
Dativ	*einem*	*dem*	*diesem*	*meinem*	*manchem*
Akkusativ	*ein*	*das*	*dieses*	*meines*	*manches*

Formen der Begleiter: Plural, alle Genera

	unbestimmt	bestimmt	demonstrativ	possessiv	sonstige
Nominativ	–	*die*	*diese*	*meine*	*manche*
Genitiv	–	*der*	*dieser*	*meiner*	*mancher*
Dativ	–	*den*	*diesen*	*meinen*	*manchen*
Akkusativ	–	*die*	*diese*	*meine*	*manche*

Aufgabe 49 Setze im folgenden Text die vom Textzusammenhang und vom Sinn her erforderlichen bestimmten oder unbestimmten Begleiter ein.

Es ist ________ 18. April 1906, und ________ Uhren in ________ San Francisco zeigen genau 5.12 Uhr in ________ Frühe. Da zerreißt plötzlich ________ unheimlicher, heulender Ton ________ Stille. ________ Erde schwankt, krümmt sich in ________ heftigen Wellenbewegungen. ________ mächtige Spalten tun sich in ________ Boden auf, ________ ganze Gebäudekomplexe springen aus ________ Fundamenten, wie ________ Zeugen später berichten. ________ Kuppel ________ California-Theaters durchschlägt ________ Dach ________ benachbarten Feuerwache und tötet ________ Chefingenieur ________ städtischen Feuerwehr – ________ unheilvolles Vorzeichen für das, was noch kommen wird. 65 Sekunden reichen aus, um ________ Pazifik-Metropole zu ruinieren. ________ Beben der Stärke 8,3 schüttelt ________ Stadt „wie ________ Terrier ________ Ratte“. Dann, sekundenlang, ________ unheimliche Ruhe.

________ dichter Staub hängt wie ________ Nebel in ________ Straßen. ________ ersten Menschen stürzen in ________ Schlafanzügen aus ________ Häusern, ________ Frauen mit ________ Babys in ________ Arm, fassungslos in ________ Angesicht ________ Ruinenfelder. Doch ________ eigentliche Horror sollte erst beginnen und ________ vier endlose Tage dauern: ________ der schrecklichsten Feuersbrünste in ________ Geschichte. Damals schrieben ________ Zeitungen: „Es war nicht ________ Erdbeben, sondern ________ Feuer, welches ________ alte San Francisco zerstörte.“

________ Feuersbrunst hatte ________ Rettungskräfte völlig überfordert. Durch ________ brutalen Erschütterungen waren ________ Öfen umgestürzt und ________ Kamine geborsten, ________ Gasleitungen gebrochen. Noch schlimmer: ________ Wasserleitungen und ________ Hydranten wurden zerstört, was ________ Löschversuche vielerorts unmöglich machte. An mehr als ________ 50 Stellen gleichzeitig waren ________ Brände ausgebrochen und hatten sich mit ________ enormer Geschwindigkeit durch ________ hölzernen Häuser ________ Market-Districts gefressen.

________ Armee schickte schon bald ________ Einheiten zu ________ Unterstützung ________ Feuerwehr. Auf ________ Fläche von mehr als ________ zwölf Quadratkilometern wurde alles eingeäschert.

Mehr als ________ 3000 Menschen starben in ________ Apriltagen ________ Jahres 1906, ________ Viertelmillion war obdachlos geworden, ________ 30 000 Gebäude wurden zerstört.

> **Hinweis zum Stil**
>
> Substantive mit Begleitern können, auch wenn sie korrekt formuliert sind, möglicherweise **umständlich** klingen oder **unklar** sein.
>
> Beispiel: *Im Alter von 25 Jahren verstarb seine Mutter.* (Wer war 25 Jahre alt, er oder sie?)
> **Klarer wäre:** *Als er 25 Jahre alt war, …*
> **oder:** *Als seine Mutter 25 Jahre alt war, …*

Aufgabe 50 Ersetze umständliche Substantiv-Formulierungen durch andere Möglichkeiten (z. B. Nebensätze) und umständliche Nebensätze, falls möglich, durch substantivische Formulierungen.

Luftkampf gegen das Flammenmeer

Sie sind die Helden unter den Fliegern wegen ihrer heißen und gefährlichen Mission beim Löschen vieler Waldbrände. Bei Waldbränden in Kalifornien würde ohne den unermüdlichen Einsatz der Löschflieger das Feuer wegen seiner durch den Wind verursachten raschen Ausbreitung schnell die Städte erreichen. Ein Löschen, das mit Schläuchen vorgenommen würde, ist unmöglich: Große Waldbrände werden mit gezielten Wasserabwürfen daran gehindert, dass sie sich ausbreiten.

Während nur zehn Sekunden vergehen, stürzen 27 000 Liter Wasser zu Boden und 16 000 Quadratmeter Wald werden beregnet, während sich nur ein Abwurf ereignet.

Die Flugzeuge tanken ihr Wasser, indem sie tief fliegen. Dies ist ein schwieriges Manöver mit der Voraussetzung der Eingespieltheit der Mannschaft. Während wenige Sekunden vergehen, füllen sich die Tanks mit tausenden Litern Wasser zwecks Benutzung für den nächsten Einsatz. Bei nicht allzu großer Entfernung eines Brandes von einem See lässt sich dies alle 15 Minuten wiederholen. Dennoch lässt sich kaum ein Waldbrand allein, indem er nur aus der Luft bekämpft wird, löschen. Ohne die Wasserflugzeuge aber wären viele Brände schon vor dem Anrücken der Bodentruppen außer Kontrolle.

Die vorausgehenden Abschnitte haben die Begleiter als einzelne Wörter bei Substantiven behandelt. In Verbindung mit Präpositionen und Adjektiven sind Begleiter an einen festen Platz gebunden.
Die folgende Tabelle zeigt, **welche Wortarten** vor einem Substantiv stehen können, in welcher **Anzahl** sie dabei auftreten dürfen und in welcher **Reihenfolge** sie stehen müssen.
Vor die Begleiter können nur noch **Präpositionen** treten, (*prä-* bedeutet „vor“, *-position* bedeutet „Stellung“, „Platz“). Sie werden genauer bei den unveränderlichen Wortarten (siehe S. 115) behandelt.

1 Präposition (kann auch fehlen)	**1 Begleiter** (kann auch fehlen)	**beliebig viele Adjektiv(e)** (können auch fehlen)	**Substantiv**
	ein / das	*prasselnde(s)*	Feuer
	dieses / manches	*große, verheerende*	Feuer
gegen			Feuer
wegen	*des / eines*	*kleinen*	Feuers
trotz	*dieses*	*gefährlichen*	Feuers
bei	*manchen*	*riesigen*	Feuern

Du siehst: Vor dem Substantiv gibt es eine gewisse Ordnung – unabhängig davon, wo das Substantiv selbst im Satz steht oder wie es umgestellt werden kann (vgl. hierzu im Kapitel „Satzteile“, S. 131). **Diese Ordnung erlaubt keine Umstellungen!** Äußerungen, die Wortfolgen enthalten wie ~~*großen Baum dem auf*~~ oder ~~*auf Baum großem*~~, sind nicht zulässig.
Ausnahmen: Einige Mengenangaben, wie z. B. *manche,* können nicht hinter einem Artikel stehen. Zahlwörter und das Wort *viele* dagegen können dahinter stehen: *die zwei Brüder, die vielen Schwestern.* Eine Sonderregel mit *und* lässt es zu, dass mit *und* mehrere Begleiter verbunden werden können: *Es ist meine und deine und ihre Mutter.*
Präpositionen können mit ihren Begleitern verschmelzen: *bei dem* wird zu *beim.*

3.5 Das Pronomen als Ersatz eines Substantivs

Substantive und ihre Begleiter können durch **Pronomen** (im eigentlichen Sinn) ersetzt werden. Unter Pronomen versteht man Wörter, die für ein Nomen bzw. anstatt eines Nomens bzw. Substantivs stehen. Man nennt sie deshalb auch Fürwörter.

Die Pronomen: Begriffsbestimmung

1. Pronomen können **Substantive mit sämtlichen Begleitern ersetzen**. Vor einem Pronomen gibt es also normalerweise keinen Begleiter.

   Beispiel: *Der afrikanische Mensch benutzte das Feuer. – Er benutzte* ***es.***

2. Pronomen müssen in **Genus** und **Numerus** mit dem Substantiv, das sie ersetzen, übereinstimmen, aber **nicht im Kasus**.

   Beispiel: *Das Haus wurde ein Raub der Flammen.* ***Sie*** *verzehrten alles.*

Die Pronomen im Einzelnen

1. Die **Personalpronomen** (persönliche Fürwörter) stehen für Personen oder ersetzen Substantive oder Namen.
   Die Personalpronomen *ich* und *du* bzw. die Höflichkeitsanrede *Sie* ersetzen keine Namen oder Substantive, sondern stehen immer, wenn eine Person von sich spricht oder jemanden anredet.

   Beispiel: *Die Urmenschen kannten das Feuer nicht seit jeher.* ***Sie*** *entdeckten* ***es*** *erst vor ca. 400 000 Jahren.* (Personalpronomen: *sie, es*)

2. Auch **Demonstrativpronomen** (hinweisende Fürwörter) ersetzen Substantive und ihre Begleiter. Man kann unterscheiden zwischen den eigentlichen Demonstrativpronomen (*dieser, diese* usw.) und Demonstrativbegleitern, die mit den Formen des bestimmten Artikels identisch sind (*der (da), die, ...*)

   Beispiel: *Ist dieses Haus abgebrannt?* (Demonstrativbegleiter mit Substantiv)
   Ja, genau ***dieses/das*** *ist abgebrannt.* (Demonstrativpronomen *dieses/das*)

3. Echte **Possessivpronomen** (besitzanzeigende Fürworter) ersetzen Substantive und ihre Begleiter. Sie unterscheiden sich in den Formen deutlich von den Possessivbegleitern.

   Beispiel: *Ist das dein Feuerzeug?* (Possessivbegleiter)
   Ist das ***dein(e)s?*** (Possessivpronomen)

4. Die **Pronominaladverbien** ersetzen meist Substantive mit vorausgehender Präposition.

   Beispiel: *In dem Feuer bereiten sie Nahrung zu.* ***Darin*** *bereiten sie Nahrung zu.*

Die Pronomen im Einzelnen (Fortsetzung)

5. Bezieht sich ein Nebensatz auf ein bestimmtes Substantiv, kann der Bezug durch ein **Relativpronomen** hergestellt werden.

   Beispiel: *Das Feuer war wegen defekter Stromleitungen ausgebrochen. Das Feuer wütete mehrere Tage.*
   Das Feuer, ***das*** *wegen defekter Stromleitungen ausgebrochen war, wütete mehrere Tage.* (als Nebensatz: Relativsatz)

6. Das **Reflexivpronomen** (rückbezügliches Fürwort) gibt in Verbindung mit sogenannten reflexiven Verben an, dass sich eine Handlung auf den Urheber/das Subjekt bezieht.

   Beispiel: *Ich erinnere* ***mich.***

7. Die **Indefinitpronomen** (unbestimmte Fürwörter) stehen für Dinge oder Personen, die nicht genau genannt werden oder deren Anzahl unbestimmt bleibt. Man muss unterscheiden zwischen indefiniten Begleitern (*kein Geld, sämtliche Leute*) und echten indefiniten Pronomen (*man, keiner*). Manche Indefinitpronomen können sowohl als Begleiter als auch als Pronomen auftreten.

   Beispiel: *Das ist nichts Gutes. Das ist* ***nichts.***
   Ich kenne alle Spieler. Ich kenne ***alle.***

8. Die **Interrogativpronomen** (Fragepronomen) dienen dazu, nach einem noch nicht bekannten Substantiv (genauer: Satzteil) zu fragen. In der Antwort ersetzt ein Substantiv (mit Begleitern) das Interrogativpronomen.

   Beispiel: ***Wer*** *entdeckte das Feuer? Frühmenschen in Afrika entdeckten das Feuer.*

Formen der Personalpronomen

		Nominativ	Genitiv	Dativ	Akkusativ
Singular	1. Person	*ich*	*meiner*	*mir*	*mich*
	2. Person	*du*	*deiner*	*dir*	*dich*
	3. Person	*er/sie/es*	*seiner/ihrer/seiner*	*ihm/ihr/ihm*	*ihn/sie/es*
Plural	1. Person	*wir*	*unserer*	*uns*	*uns*
	2. Person	*ihr*	*eurer*	*euch*	*euch*
	3. Person	*sie*	*ihrer*	*ihnen*	*sie*

Personalpronomen gibt es in der 1., 2. und 3. Person für alle Kasus im Singular und Plural.

Formen der Demonstrativpronomen

Nominativ	Genitiv	Dativ	Akkusativ
der/dieser	*dessen/dieses*	*dem/diesem*	*den/diesen*
die/diese	*derer/dieser*	*der/dieser*	*die/diese*
das/dieses	*dessen/dieses*	*dem/diesem*	*das/dieses*
die/diese (Plural)	*deren/dieser* (Plural)	*denen/diesen* (Plural)	*die/diese* (Plural)

Die Formen (bzw. Endungen) der Demonstrativpronomen sind (außer im Genitiv bzw. Dativ) identisch mit den entsprechenden Artikeln bzw. Begleitern.

Formen der Pronomen

- Formen der **Possessivpronomen:** siehe Beispiele für 1. Person. Der Genitiv wird so gut wie nicht gebraucht. Die Formen der anderen Personen werden entsprechend gebildet.

  Beispiel: *mein, -es, -em, -en* (mask.), *meine, -er, -er, -e* (fem.), *mein, -es, -em, mein* (neutr.), *meine, - er, -en, -e* (Plural aller drei Genera)

- Formen der **Pronominaladverbien:** Die Formen der **Pronominaladverbien** sind vielfältig. Sie bestehen oft aus einem adverbialen Bestandteil (meist **da-, hier-, wo-**), der mit einer Präposition verschmolzen wird.

  Beispiel: *da* (Adverb) + *in* (Präposition) → *darin*
  dabei, dazu, darum, dagegen, darauf, hierbei, hierzu, wogegen, wodurch

- Formen der **Relativpronomen:** Es gibt grundsätzlich zwei Bildungsweisen:

  Beispiel: *der, dessen, dem, den* (mask.), *die, deren/derer, der, die* (fem.), *das, dessen, dem das* (neutr.), *die, deren/derer, denen, die* (Plural aller drei Genera)
  welcher, -em, -en (mask.), *welche, -er, -e* (fem.), *welches, -em, -es* (neutr.), *welche, -en, -e* (Plural aller drei Genera)

- Formen der **Reflexivpronomen:** Man unterscheidet zwischen Reflexivpronomen im Dativ und im Akkusativ.

  Beispiel: *ich gönne mir* (wem?) *etwas, sie gönnt sich etwas* (Reflexivpronomen im Dativ)
  ich erinnere mich (wen?), *er setzt sich* (Reflexivpronomen im Akkusativ)

Formen der Indefinitpronomen

Nominativ	Genitiv	Dativ	Akkusativ
sämtliche, viele, alle	*sämtlicher, vieler, aller*	*sämtlichen, vielen, allen*	*sämtliche, viele, alle*
jemand, keiner, niemand	*jemandes, keines, niemandes*	*jemandem, keinem, niemandem*	*jemanden, keinen, niemanden*

Die meisten Indefinitpronomen werden dekliniert.

Formen der Interrogativpronomen

Es gibt Fragepronomen,

- die nach **Personen** fragen.
  Beispiel: *Wer?, Wessen?, Wem?, Wen?* (auch mit Präposition: *Für wen?, Mit wem?* usw.)
- die nach **Sachen** fragen.
  Beispiel: *Was? (Wessen?, Wem?)*
- die nach **näheren Umständen** (Ort, Zeit, Grund, Zweck, Art und Weise usw.) fragen.
  Beispiel: *Wo?, Wohin?, Woher?, Wie lange?, Seit wann?, Warum?, Weshalb?, Wozu?, Wie?, Womit?* usw.

Aufgabe 51 Markiere im folgenden Text die (echten) Pronomen grün. Markiere das Substantiv, das sie ersetzen, rot.

In Rom war das Tempelfeuer der Göttin Vesta geweiht und es wurde rund um die Uhr von den „vestalischen Jungfrauen" gehütet. Und auch in den jüdischen Tempeln durfte es im Altar niemals verlöschen. Der ursprüngliche Sinn dieser weit verbreiteten Vorschrift leuchtet ein, denn sie stammt aus einer Zeit, da das Entfachen eines Feuers noch eine sehr beschwerliche Angelegenheit war. Es war ganz einfach praktisch, es brennen zu lassen.
Doch wie erklärt man die Tatsache, dass wir noch heute darauf achten, dass zum Beispiel das olympische Feuer niemals erlischt? Der Zauber des Feuers scheint zeitlos zu sein, und er lässt sich mit den Mitteln des Verstandes weder erklären noch brechen.

Aufgabe 52 Ersetze im folgenden Text die roten Substantive (mit Begleiter) durch ein passendes Pronomen.

Feuer spricht vor allem die Sinne an: Man kann Feuer sehen, man kann die Flammen riechen, hören, die Flammen schmecken, fühlen. Das Flammenmeer frisst und züngelt, das Flammenmeer leckt, duckt sich und bäumt sich wieder auf. Den Menschen des Mittelalters war dieses geheimnisvolle Wesen nicht geheuer. Man hielt genau dieses Wesen für lebendig, versuchte es mit Opfergaben zu füttern und zu besänftigen. Das Feuer schützt und zerstört, erweckt Ehrfurcht und Furcht zugleich: Das Feuer hat zwei Gesichter. Dem Feuer können mit Bestimmtheit die beiden entgegengesetzten Wertungen zugesprochen werden: Feuer ist gut und zugleich böse.

Hinweis zum Stil

Pronomen **verhindern Eintönigkeit und ermöglichen kurze Formulierungen**, indem sie die Wiederholung von Substantiven mit ihren Begleitern vermeiden. Beim Verwenden von Pronomen müssen bestimmte Regeln beachtet werden.

- Pronomen stehen fast **nie am Textanfang**. Das zu ersetzende Substantiv muss ja vorausgegangen sein, um ersetzt werden zu können (vgl. die Beispiele in Aufgabe 52). Es gibt nur wenige **Ausnahmen:** Das unpersönlichen Pronomen ***es***, Rätsel, bei denen das Substantiv bzw. dessen Inhalt absichtlich nicht geklärt werden sollen, und Texte, bei denen gleich nach Verwendung des Pronomens deutlich wird, worum es sich handelt.

  Beispiel: *Es ist 12 Uhr.* (unpersönl. Pronomen)
  Es ist groß und viereckig, es besteht aus … (Rätsel)
  Es schützt und zerstört: Das Feuer hat zwei Gesichter. (erklärender Text)

- Pronomen müssen **eindeutig in ihrem Bezug** sein, sonst sollte man eine andere Formulierung wählen.

  Beispiel: *Die Bewerberin stellt sich der Feuerwehrchefin vor.* ~~*Sie ist elegant gekleidet.*~~
  (Wer von beiden ist elegant gekleidet?)
  Eindeutige Formulierungen: *Die Bewerberin, welche elegant gekleidet ist, stellt sich …*
  oder: *… der Feuerwehrchefin, die elegant gekleidet ist, vor.*

4 Die inhaltlichen Funktionen des Substantivs

Im Folgenden geht es nicht mehr darum, wie man Formen von Substantiven erkennen oder bilden bzw. wie man Substantive mit anderen Wörtern oder Wortarten kombinieren kann. Es geht vielmehr um grundsätzliche Einsichten in die **Aufgabe** von Substantiven: etwas zu **benennen**. Dazu stehen Fragen im Vordergrund wie: Welche rein **inhaltlichen Beziehungen** gibt es zwischen verschiedenen Wörtern?
Begriffe stehen auch zu anderen Wörtern in Beziehung, die in einer Äußerung nicht enthalten sind. Ober- und Unterbegriffe eines bestimmten Bereichs, Bewertungen und Begriffe, die im weiteren Sinn damit zusammenhängen, bilden ein so genanntes **Wortfeld.** Wortfelder bestehen nicht nur aus Substantiven. Zu ihnen gehören auch Verben, Adjektive und Adverbien.
Wortfelder umfassen Sachverhalte, die zu einem zentralen Begriff in Beziehung stehen: Zum Wortfeld „Feuer" gehören z. B. Begriffe der **Wortfamilie** „Feuer" wie „feurig" oder „feuerrot" (eine Wortfamilie besteht aus Wörtern mit dem gleichen Wortstamm). Aber auch „Brand" und „Flamme" gehören hierher.

4.1 Konkreta und Abstrakta

Eine wichtige Unterscheidung ist die zwischen konkret und abstrakt. Etwas Konkretes kann mit den Sinnen erfasst werden, etwas Abstraktes nicht. Manchmal kann man sich streiten, ob etwas konkret oder abstrakt ist. Früher glaubten die Menschen beispielsweise fest daran, dass die Hölle ein ganz konkreter Ort sei, an dem Feuer lodern. Heute benutzt man den Ausdruck eher im abstrakten Sinn für „etwas Schlimmes".

Das Substantiv: Konkreta und Abstrakta

1. Substantive können konkrete Dinge bezeichnen, d. h. mit den Sinnen oder mithilfe von Geräten wahrnehmbare Gegenstände. Man nennt man sie dann **Konkreta**.

   Beispiel: *Ofen, Heizung, Lampe, Fackel, Kerze, Verbrennungsmotor, Feuerwehr*

2. Substantive können auch abstrakte Sachverhalte bezeichnen, d. h. Sachverhalte, die nur in der Vorstellung existieren, oder deren Beziehungen zueinander. Diese Substantive bezeichnet man als **Abstrakta**.

   Beispiel: *Energie, Liebe, Tapferkeit, Gefahr*

Wortfeld Feuer

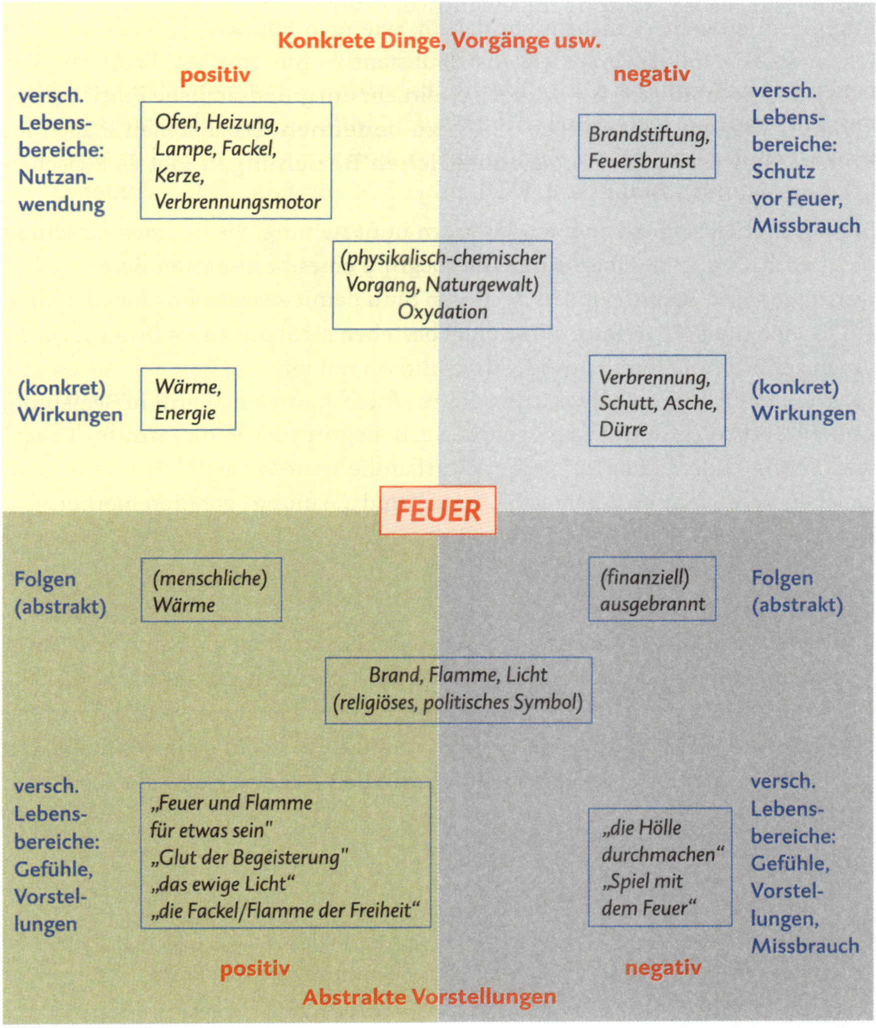

Man könnte dieses Wortfeld beliebig erweitern, indem man z. B. noch mehr Begriffe mit einbeziehen würde, die weniger direkt, aber nachvollziehbar, mit dem zentralen Begriff „Feuer“ zusammenhängen. Dies ist z. B. schon bei *Schutt und Asche* oder *Dürre* der Fall oder bei *Brennstoffe* und *Löschmaterialien*.

Aufgabe 53 Versuche die folgenden Substantive und Wortzusammensetzungen, die mit dem Begriff „Feuer“ zusammenhängen, in das Wortfeld (vgl. vorige Seite) einzuordnen.

Feueralarm, Herdfeuer, Glut, Inferno, Lagerfeuer, Feuertaufe, Scheiterhaufen, Entzündung, Osterfeuer, Brennstoff, Grillfeuer, Stichflamme, Feuerwalze, Feuersturm, Rauch, Zündung, Höllenfeuer, Feuerzeug, Funken, Erkenntnisfunke, Brandherd, Küchenherd, Feuerwerk, Flammenmeer.

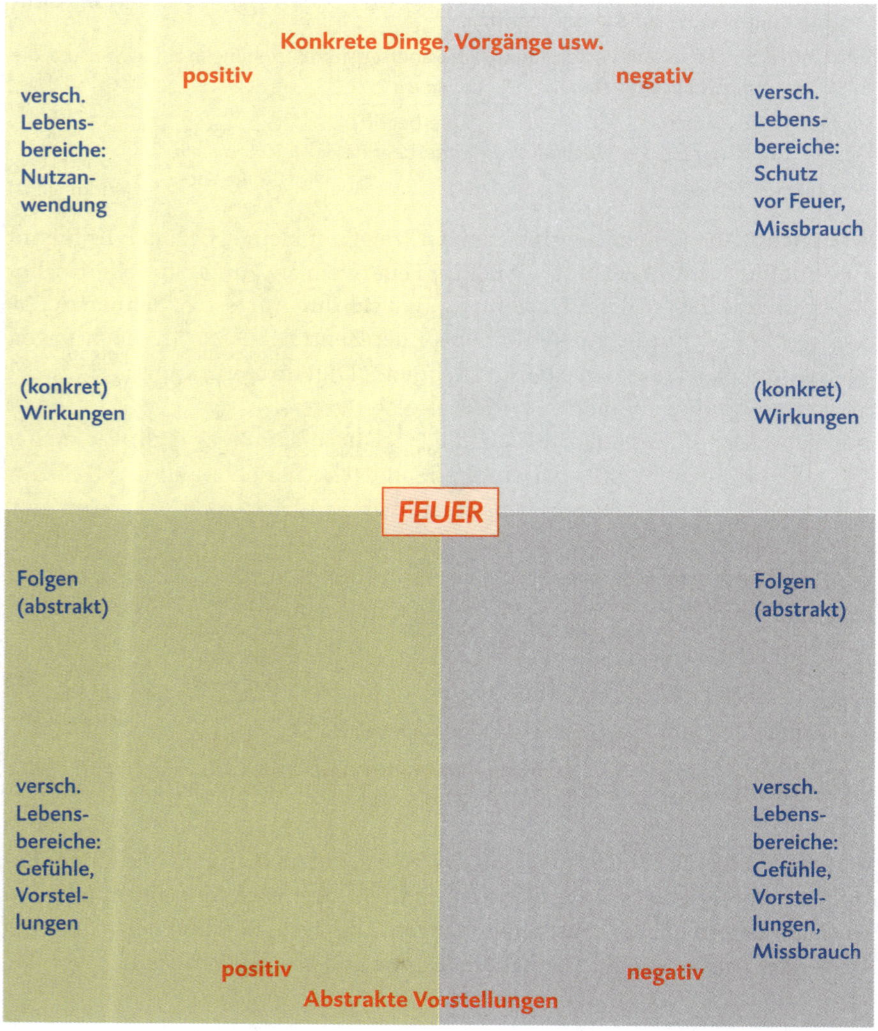

4.2 Benennung von Dingen: Ober- und Unterbegriffe

Wörter bzw. Begriffe stehen auch zueinander in bestimmten Beziehungen. Eine mögliche Beziehung ist die Ober- bzw. Unterordnung. Der allgemeinere Oberbegriff (z. B. Schutzbekleidung) kann genauere Unterbegriffe (z. B. Helm) zusammenfassen. Der Unterbegriff muss alle Merkmale des Oberbegriffs aufweisen und zusätzliche, eigene Merkmale haben.

Das Substantiv: Ober- und Unterbegriffe

Substantive können jeweils verschiedene (Verwandtschafts-)Beziehungen aufweisen: u. a. die von **Ober- und Unterbegriffen**.

Beispiel: *Feuerwehrauto* (Oberbegriff)
Drehleiterfahrzeug, Löschfahrzeug (Unterbegriffe)

Wie wichtig die Benennungsfunktion ist, zeigt ein kleines Beispiel: Es brennt, und eine alte Dame ruft aufgeregt bei der Feuerwehr an. Hinter ihr lodern schon die Flammen, doch in der Aufregung vergisst sie, ihre Adresse zu nennen. Als sie auflegen will, kann der junge Beamte in der Zentrale sie gerade noch fragen: „Wie kommen wir denn überhaupt zu ihnen?" Die Anruferin stutzt: „Ja – haben Sie denn nicht diese schnellen roten Autos?"
Abgesehen davon, dass die alte Frau die Frage nach dem Weg nicht verstanden hat, fällt auf, dass ihr offenbar eine ganz einfache Bezeichnung nicht einfällt: „Feuerwehrauto"! In vielen Lebenssituationen ist es praktisch oder sogar notwendig, das „treffende Wort" zu finden.
Im vorliegenden Fall ist es möglich, etwas so zu umschreiben, dass man erraten kann, worum es geht. Die Umschreibung nutzt man vor allem in Definitionen und Begriffserklärungen.

Verhältnis von Ober- und Unterbegriffen: Definitionen

Das Verhältnis von Ober- und Unterbegriffen kann man z. B. beim Formulieren von **Definitionen, Wort- und Sacherklärungen** nutzen.

- **Erklärung durch Zusammenfassung:**
  Beispiel: *Drehleiter- und Löschfahrzeuge sind Feuerwehrautos.*
- **Erklärung/Definition eines Einzelbegriffs:**
  Beispiel: *Löschfahrzeuge sind Feuerwehrautos, welche dazu dienen …*

Aufgabe 54 Welche Begriffe werden im Folgenden definiert?

Ein Gerät, das zur Rettung von Personen dient und das von einer sogenannten Haltemannschaft aufgespannt wird, sodass Personen aus großer Höhe darauf springen können, ist ______________________________.
Ein Fahrzeug, das zum Wegräumen größerer (Gebäude-, Trümmer-)Teile dient (dazu ist es mit einer Kranvorrichtung ausgestattet), ist ______________.
Eine (die) Person, welche einen Einsatz der Feuerwehr leitet, d. h. andere Personen an ihren Einsatzort dirigiert, den Einsatz der Geräte bestimmt, die Vorgehensweise insgesamt festlegt, ist ______________________.

Aufgabe 55 Definiere selbst die folgenden Begriffe mithilfe der Abbildung.

Strahlrohr
Hydrant
Schlauchkupplung
Hakenleiter
Gerätewagen
Haltemannschaft

Wenn man sich die Bezeichnungen zur Abbildung „Feuerwehr" ansieht, dann stellt man fest , dass man sie unterteilen kann z. B. in Personen, Fahrzeuge und Geräte. Du siehst: Es handelt sich hier um Unterbegriffe des Bereichs „Feuerwehr", sie sind aber gleichzeitig Oberbegriffe in Bezug auf alle Einzelheiten. Eine solche Einteilung ist hilfreich. Damit gibt man bei der Erklärung von Begriffen nicht nur grob an, um was es geht, sondern man leistet schon nähere Erklärungshilfen. Diese können noch dadurch ergänzt werden, wozu etwas genau dient, was jemand genau tut usw.

4.3 Bedeutungsgleichheit und -gegensätzlichkeit

Es gibt verschiedene Bezeichnungen, die sich auf gleiche bzw. sehr ähnliche Gegenstände beziehen können, z. B. *der Tankwagen, das Tankfahrzeug*. Diese Bezeichnungen nennt man **Synonyme**.
Bezeichnungen, die sich auf Gegensätzliches beziehen, wie *Feuer* und *Wasser*, nennt man **Antonyme** (Vorsilbe lat. *anti-*: „gegen").

Das Substantiv: Bedeutungsgleichheit und -gegensätzlichkeit

Manche Substantive weisen **Bedeutungsgleichheit** (Synonymie) und manche **Bedeutungsgegensätzlichkeit** (Antonymie) auf.

Beispiel: *Tankwagen – Tankfahrzeug* (Synonyme)
Feuer – Wasser (Antonyme)

Aufgabe 56 Finde im folgenden Text für die roten Wörter jeweils ein Synonym. Wähle dabei unter folgenden Wörtern aus: **Fluggesellschaft, Aufwand, Führerstand, Unglück, Flugzeugführer, Richtlinien, Herkunft, Vorgehensweise, Strom, Brand**

Wenn es im **Cockpit** brennt, ist eine **Katastrophe** nah. Dabei gibt es wirksame Mittel zur Rettung und Vorbeugung – doch selbst große **Airlines** scheuen die **Kosten** dafür. Wenn **Piloten** Rauch unbekannter **Ursache** bemerken, haben sie klare **Anweisungen**. Vorschriftsmäßig greifen sie zum Rauchschalter, um die drei Hauptstromkreise nacheinander ab- und wieder anzuschalten. So können sie die **Rauchquelle** isolieren. Werden die betroffenen Kabelstränge stromlos, erhält das Feuer keine weitere Energie in Form von **elektrischer Spannung** und erlischt. Soweit die Theorie. In der Praxis klappt diese **Methode** leider nicht immer.

Aufgabe 57 Setze in die Lücken jeweils das passende Antonym ein.

Nach dem Erdbeben von San Francisco im Jahr 1906 waren **Arme** und ____________ gleichermaßen betroffen. Nach dem Beben begann der eigentliche Horror. Brände wüteten vier **Tage** und ____________. Obwohl die Behörden geradezu **Himmel** und ____________ in Bewegung setzten, gab es kaum Möglichkeiten, diese Feuersbrunst unter Kontrolle zu bekommen.
Die wohl verheerendsten Feuersbrünste der Menschheitsgeschichte waren die Großfeuer, die sich in der freien Natur zwischen Juli 1997 und September 1998 ereigneten. Weltweit, auf der **Nord-** und auf der ___ halbkugel loderte es überall.

4.4 Mehrdeutigkeit und Bildhaftigkeit

Begriffe sind nicht immer eindeutig. Ein Begriff kann mehrere Inhalte haben. Missverständnisse oder beabsichtigte Wortspielereien und Witze beruhen oft auf der **Mehrdeutigkeit eines Wortes** wie im folgenden Fall:

Die meisten Wörter haben mehrere Bedeutungen. Du findest sie in Wörterbüchern oft als nummerierte Bedeutungsangaben. Diese Eigenschaft von Wörtern nennt man **Polysemie** (Mehrdeutigkeit).
Mit der Mehrdeutigkeit hängt es zusammen, dass etwas Abstraktes durch etwas Konkretes bezeichnet werden kann. Die Redewendung *Feuer und Flamme sein* bedeutet zum Beispiel nicht, dass jemand tatsächlich brennt. Sie sagt aus, dass jemand von etwas begeistert ist. Hier werden Eigenschaften des Feuers, das „verzehrt“, „leuchtet“, und „heiß ist“, auf eine Person übertragen, welche von etwas/jemandem angezogen wird, fasziniert ist. Konkretum und Abstraktum stehen hier in **bildhafter Beziehung als Metaphern** zueinander.

Das Substantiv: Mehrdeutigkeit und Bildhaftigkeit

1. Substantive können **mehr- bzw. vieldeutig** sein (Polysemie).

   Beispiel: ***Brand*** *kann bedeuten:*
   1. *großes, vernichtendes Feuer*
   2. *Absterben von Gewebszellen* (medizinischer Fachausdruck)
   3. *starker Durst* (umgangssprachlich)

2. Konkreta und Abstrakta können auch zueinander in **bildhafter Beziehung** stehen (z. B. in Metaphern).

   Beispiel: *Feuer und Flamme für etwas sein*

Aufgabe 58 Versuche die folgenden Aussagen mithilfe bildhafter Ausdrücke lebendiger zu formulieren. Benutze dabei die folgenden sprachlichen „Bilder“.

menschliche Wärme … / finanziell abgebrannt sein / Feuer und Flamme für etwas sein / die Glut der Begeisterung / die Fackel der Freiheit hochhalten / die Hölle durchmachen / Spiel mit dem Feuer

Dieses Geldgeschäft ist mir zu riskant.

____

Dieser armen Person fehlt es an Zuwendung.

____

Ich habe absolut kein Geld mehr.

____

Leute, die diese Krankheit haben, müssen sehr viel leiden.

____

Diesen überbezahlten Spielern fehlt die Motivation.

____

Als er dieses Auto sah, war er sehr begeistert.

____

Auch in Diktaturen gibt es immer wieder Leute, die die Freiheit betonen.

____

Wortarten: Adjektive

Im Zusammenhang mit den Substantiven hast du erfahren, dass Adjektive bei den Substantiven stehen können. Sie haben mit ihnen eine wichtige Gemeinsamkeit: Adjektive richten sich in Kasus, Numerus und Genus nach dem Substantiv, zu dem sie gehören. Aber Adjektive sind nicht nur von ihrer Form her mit ihnen verbunden. Auch inhaltlich bestehen Beziehungen, denn Adjektive beschreiben in den meisten Fällen Substantive näher.

Das Adjektiv

1. Adjektive beschreiben im Allgemeinen **Eigenschaften** von Personen, Lebewesen, Dingen, Sachverhalten usw. Sie antworten auf die Frage: **Wie** ist jemand/etwas?

   Beispiel: *Sie ist lustig. Das Wetter ist schlecht.*

2. Adjektive treten grundsätzlich in drei Positionen im Satz auf:
   - vor Substantiven als sogenanntes **Adjektivattribut**[4].
     Beispiel: *ein fröhlicher Mensch, die fröhlichen Leute*
   - nach den Verben *sein* und *werden* als sogenanntes **prädikatives Adjektiv**[5].
     Das Adjektiv ist dann Bestandteil des Prädikats und nicht veränderbar in Kasus, Genus und Numerus.
     Beispiel: *Er/sie/es ist (wird) müde. Sie sind (werden) müde.*
   - im **adverbialen Gebrauch**. Sie sind nicht veränderbar in Kasus, Genus und Numerus.
     Beispiel: *hemmungslos weinen, stundenlang warten*

3. Im Allgemeinen können Adjektive **gesteigert** werden. So kann man verschiedene Abstufungen des Adjektivinhalts darstellen. Dies gilt für die beiden oben genannten Positionen.

   Beispiel: *er ist schnell/schneller/am schnellsten* (prädikatives Adjektiv)
   die schnelle/schnellere/schnellste Frau (Adjektivattribut)

Bei der näheren Beschäftigung mit den Adjektiven kannst du deine grammatischen Kenntnisse und sprachlich-stilistischen Fertigkeiten weiterentwickeln. Adjektive findest du z. B. in Personenbeschreibungen, wenn Eigenschaften von Personen, ihr Aussehen und Stimmungen beschrieben werden sollen. Vergleiche dazu den folgenden Textauszug aus dem Jugendbuch *Lady Punk*.

---

4 Zum Begriff „Attribut" vergleiche das Kapitel „Satzteile", S. 166.
5 Zum Begriff „Prädikat" vergleiche das Kapitel „Satzteile", S. 147.

Dagmar Chidolue: Lady Punk

Terrys grellgelbes T-Shirt, die verschwitzte Frau K. und vieles mehr …

Terry ist fünfzehn und sieht aus wie siebzehndreiviertel. Sie ist ein Biest und ganz schön verrückt, crazy. Lady Punk. Terry hat alles, was man sich wünschen kann, alles, was man mit Geld kaufen kann, und davon hat sie genug. In diesem Sommer will Terry wissen, was es mit der Liebe auf sich hat. Sie hat sich viel vorgenommen. Doch es kommt alles anders. Keiner versteht Terry mehr. Nicht Lieschen, ihre Großmutter, die ihr doch alle Wünsche von den Augen abliest, und auch nicht Marcel, mit dem eigentlich so viel passieren sollte …

Terry konnte stundenlang aus dem Fenster sehen […] oder auf der Parkbank hocken und sich vom warmen Wind streicheln lassen. […] Sie fand sich gut und wichtig und all das.

Dieser Zustand hielt längstens ein paar Stunden und trat höchstens ein paarmal im Jahr ein. In der übrigen Zeit, und die dauerte weiß Gott lang, hatte Terry diese Wut. Dann zog sie sich das grellgelbe T-Shirt an und malte sich die Nägel schwarz. Sie lief den ganzen Nachmittag durch die Stadt […] und wenn jemand sie zu auffällig anstarrte, streckte sie die Zunge raus. Gegen Abend ging es dann besser. Wenn sie zurückkam, war sie nur noch ein fünfzehnjähriges Mädchen im gelben T-Shirt und mit einem Riesenhunger nach etwas, von dem sie wusste, dass sie es nie bekommen würde.

Dieser Sommer war einer der heißesten, an die sich Terry erinnern konnte. […] Es war so schwül, wie man es sonst nur im Juli erwartete […]. Der Jahrhundertsommer hielt die Stadt besetzt, hatte die kleinsten Mauerritzen ausgelutscht, sodass die Straßen wie mit kleinen Staubwolken überweht waren und die Häuser alle einen gräulichen Schimmer hatten.

[…] Terry sah vom dritten Stock hinüber zur Deutschen Oper, die im Sommer auch ausgestorben war […]. Ein schwarzer Köter trottete schläfrig an den Hauswänden entlang. Kopf und Schwanz waren gesenkt. Von oben sah er aus wie ein trauriger Hund, bis er plötzlich stehen blieb, kehrtmachte und eilig den eben gekommenen Weg zurücklief, als ob er etwas vergessen hätte. […]

Terry fand, die Großmutter sah aus wie ein Porzellanpüppchen auf einer Spieluhr, wie ein zerbrechliches Spielzeug also, etwas altmodisch und etwas kitschig, aber sehr elegant, und obwohl Terry eine starke Vorliebe für grobe Stoffe und auffallende Farben hatte, sah sie sich selber als Großmutter immer wie Lieschen aussehend. […]

[Im Treppenhaus begegnet Terry Frau Krosanke, der Reinemachefrau.] Obwohl sie täglich mehr als eine Stunde mit der Bahn zu ihnen unterwegs war, schien sie für die Arbeit dankbar zu sein.

Frau Krosanke kam schon verschwitzt in Charlottenburg an. […] Sie strahlte einen intensiven Zwiebelgeruch aus. Es kam Terry vor, als ob Frau Krosanke ein wandelnder Kochherd war. Kam man in ihre Nähe, spürte man ihre Körperwärme wie die erhitzte Luft eines elektrischen Heizofens.

Obwohl Lieschen regelmäßig von dem Schweißgeruch übel wurde, verschacherte sie Frau Krosanke auch an Terrys Mutter. Es war Zeit gewesen. Die Wohnung hatte einen chaotischen Zustand erreicht, und in der teuren Einbauküche hatten sich die Küchenschaben eingenistet. […]

Als Frau Krosanke kam, bestellte sie zuerst den Kammerjäger, der Terrys Wohnung total vernebelte und alle Insekten vertilgte. […] Der Geruch der Chemikalien lag noch Wochen in den Räumen. Schließlich gab er nach, wurde schwächer und schwächer, und Frau Krosankes Zwiebelgeruch erfüllte stetig beide Wohnungen.

Lieschen riss als Erstes die Fenster auf und fächelte sich frische Luft zu, sobald Frau Krosanke gegangen war. Und obwohl sich Terrys Mutter mehr und mehr über Frau Krosankes Geruch aufregte, sagten sie ihr kein Wort darüber.

Dagmar Chidolue: Lady Punk. © 1992 Beltz Verlag Weinheim und Basel, Programm Beltz & Gelberg, Weinheim, S. 5–11

5 Formen des Adjektivs

5.1 Die Flexion des Adjektivs

Terry ist ein fünfzehnjähriges Mädchen mit einer eleganten Großmutter.
Du siehst, die Adjektive, die die beiden Personen beschreiben, haben verschiedene Endungen. Sie bilden also verschiedene Formen, sie werden flektiert. Im Folgenden erfährst du Näheres über die **Flexionsformen** des Adjektivs und ihren Gebrauch.

Das Adjektiv und seine Flexion

1. Das Adjektiv passt sich dem **Genus, Kasus und Numerus des zugehörigen Substantivs** an, wenn es vor dem Substantiv steht.
   Beispiel: *ein guter Freund, einer guten Freundin, den guten Mädchen*
2. Die **Partizipien** bestimmter Verben können **wie Adjektive gebraucht** werden. Sie richten sich ebenfalls nach dem Substantiv, vor dem sie stehen.
   Beispiel: *die auffallenden Farben, ein wandelnder Kochherd* (Partizip I)
   der gesenkte Kopf, die angemalten Nägel (Partizip II)

Die Formen des Adjektivs unterscheiden sich dadurch, ob vor dem Adjektiv ein Begleiter steht und um welchen Begleiter es sich dabei handelt. In den folgenden Tabellen wirst du sehen, dass sich die Formen bei **Adjektiven ohne Begleiter, mit unbestimmtem Artikel** und **mit Possessivpronomen** kaum unterscheiden.
Adjektive, vor denen der **bestimmte Artikel** steht oder auch ein **Demonstrativ- oder Interrogativpronomen**, bilden andere Formen.

Die Flexion von Adjektiven **ohne Begleiter** im Singular

	Maskulinum	Femininum	Neutrum
Nominativ	*warmer Wind*	*grelle Kleidung*	*heißes Wetter*
Genitiv	*warmen Windes*	*greller Kleidung*	*heißen Wetters*
Dativ	*warmem Wind*	*greller Kleidung*	*heißem Wetter*
Akkusativ	*warmen Wind*	*grelle Kleidung*	*heißes Wetter*

Die Flexion von Adjektiven **mit unbestimmtem Artikel/Possessivpronomen** im Singular

	Maskulinum	Femininum	Neutrum
Nominativ	*ein/mein warmer Wind*	*eine/meine grelle Kleidung*	*ein/mein heißes Wetter*
Genitiv	*eines/meines warmen Windes*	*einer/meiner grellen Kleidung*	*eines/meines heißen Wetters*
Dativ	*einem/meinem warmen Wind*	*einer/meiner grellen Kleidung*	*einem/meinem heißen Wetter*
Akkusativ	*einen/meinen warmen Wind*	*eine/meine grelle Kleidung*	*ein/mein heißes Wetter*

Die Flexion von Adjektiven **mit bestimmtem Artikel/Demonstrativ- und Interrogativpronomen** im Singular

	Maskulinum	Femininum	Neutrum
Nominativ	*der/dieser/welcher warme Wind*	*die/diese/welche grelle Kleidung*	*das/dieses/welches heiße Wetter*
Genitiv	*des/dieses/welches warmen Windes*	*der/dieser/welcher grellen Kleidung*	*des/dieses/welches heißen Wetters*
Dativ	*dem/diesem/welchem warmen Wind*	*der/dieser/welcher grellen Kleidung*	*dem/diesem/welchem heißen Wetter*
Akkusativ	*den/diesen/welchen warmen Wind*	*die/diese/welche grelle Kleidung*	*das/dieses/welches heiße Wetter*

Im **Plural** gibt es bei den Adjektiven zwei Bildungsgruppen. Zur ersten gehören Adjektive **ohne Artikel**. Ihnen entsprechen Adjektive mit unbestimmtem Artikel im Singular. Adjektive **mit bestimmtem Artikel, Demonstrativ-, Possessiv- und Interrogativpronomen** gehören zur zweiten Bildungsgruppe. Beide Gruppen haben **in allen Genera** jeweils **gleiche Kasusformen**.

Die Flexion von Adjektiven **ohne Artikel** und **mit Begleiter** im Plural

	ohne Artikel (alle Genera)	mit Begleiter (alle Genera)
Nominativ	*neue Stoffe, Farben, Shirts*	*die/diese/meine/welche neuen Stoffe, Farben, Shirts*
Genitiv	*neuer Stoffe, Farben, Shirts*	*der/dieser/meiner/welcher neuen Stoffe, Farben, Shirts*
Dativ	*neuen Stoffen, Farben, Shirts*	*den/diesen/meinen/welchen neuen Stoffe, Farben, Shirts*
Akkusativ	*neue Stoffe, Farben, Shirts*	*die/diese/meine/welche neuen Stoffe, Farben, Shirts*

Aufgabe 59 Setze im folgenden Text die richtigen Adjektiv- (und Partizip-)formen ein. Beachte dabei, ob ein (bestimmter/unbest.) Artikel vorgegeben ist oder nicht.

Terry befand sich in ihrer __________ (eigen) Wohnung. Es war ein __________ (gut) Gefühl. In der Küche und im Bad ließ sie die Wasserhähne laufen. Zunächst kam nur eine __________ (rot) Soße heraus, dann klärte es sich, und __________ (klar) Wasser schoss in die Bassins. Im Badezimmer stand ein __________ (emailliert) Wasserboiler, der mit Kohle zu heizen war. Terry öffnete die etwas __________ (rostig) Klappe unterhalb des __________ (alt) Wasserbehälters. Da war noch eine Spur __________ (alt) Asche zu sehen. Das Schlafzimmer war ziemlich __________ (ausgefüllt) mit einem __________ (mächtig) Doppelbett und einem __________ (weiß) Kleiderschrank. In der __________ (hintere) Ecke stand ein __________ (weiß) Kachelofen. Mit den __________ (vorhanden) Möbeln im Wohnzimmer war nicht viel los. Ein __________ (schwarz glänzend) Schrank war mit __________ (kitschig) Sammeltassen vollgestopft. Zwischen zwei Feldbetten mit __________ (grau) Filzdecken stand ein __________ (quadratisch) Holztischchen, auf dem sich ein Telefon befand. Es war __________ (schwarz) und __________ (groß) und sah __________ (vorsintflutlich) aus. Es war alles in der Wohnung, was man zum Leben haben musste. Terry öffnete die Tür zum __________ (klein) Balkon. Aus der Küche holte sie sich einen der __________ (weiß lackiert) Stühle, die vor einem Tisch mit __________ (geblümt) Wachstuch standen. Sie stellte den Stuhl nah an die __________ (zementiert) Brüstung des Balkons. Es ging ihr wirklich __________ (gut).

Adjektive können auf verschiedene Weise gebildet werden. In den folgenden Kästen erhältst du eine Übersicht zu den **Bildungsmöglichkeiten**.

Bildung von Adjektiven: Ableitung

Ähnlich wie bei den Substantiven gibt es **Ableitungssilben**, die Adjektive aus anderen Wortarten herleiten können. Die häufigsten Ableitungen sind die Endungssilben *-abel, -ant, -är, -bar, -ell, -ern, -haft, -ibel, -ig, -isch,-lich, -mäßig, -ös, -sam*.

Beispiel: *profitabel, eklatant, konträr, wunderbar, sensationell, steinern, ekelhaft, kompatibel, lustig, launisch, erstaunlich, ebenmäßig, porös, arbeitsam*

Bildung von Adjektiven: Zusammensetzung

Adjektive können aus den folgenden Wortarten **zusammengesetzt** sein:

- **Adjektiv** und **Adjektiv**
  Beispiel: *ein blaugrüner Rock*
- **Zahlwort** und **Adjektiv**
  Beispiel: *zweifarbige Schuhe*
- **Substantiv** und **Adjektiv**
  Beispiel: *das stundenlange Warten*
- **Verb** und **Adjektiv**
  Beispiel: *eine liebenswerte Großmutter*
- **Adverb** und **Adjektiv**
  Beispiel: *die gegenüberliegende Bank*

Bei der Anpassung der zusammengesetzten Adjektive an Substantive ist darauf zu achten, dass nur der **zweite Bestandteil an das Substantiv angepasst** wird.

Beispiel: *des langweiligen Tages*
nicht: *des ~~langenweiligen~~ Tages*

Aufgabe 60 Bilde aus den Worten in Klammern mithilfe geeigneter Ableitungsendungen oder durch Zusammensetzung passende Adjektive.

Im Flur der Praxis stand Dr. Gutbrod vor einer Frau, die hemmungslos (ohne Hemmung) weinte. Terry tat so, als ob Dr. Gutbrod für sie Luft wäre. Sie schaute __________ (mit Hochmut) über ihn hinweg, aber sie wollte sich alles __________ (ohne Lücken) merken.
Durch die __________ (verglast mit Blei) Flügel der Eingangstür konnte Terry auf die Straße sehen. Wegen der abgetönten Glasscheiben sah es draußen __________ (wie blau) und kühl aus.
Terry B. ging ihren __________ (am Morgen) Weg zum Zentrum der Stadt.
Sie hatte schon vor zwei Monaten das Rauchen aufgegeben. Zwei Jahre lang hatte sie wie ein Schlot gepafft, Kette, und Lieschen hatte ihr __________ (mit Nachdruck) ins Gewissen reden wollen, aber es war __________ (ohne Erfolg) gewesen. Terry hatte sogar versucht, ihre __________ (Tag) Ration zu verdoppeln. Sie paffte die Wohnung so voll, dass Frau Krosankes __________ (Last) Zwiebelgeruch kaum mehr zum Zuge kam.
Terry konnte das __________ (Langeweile) Rauchen schon längst nicht mehr ausstehen, aber sie machte weiter, damit die Mutter nicht auf die Idee kam, Terry würde auch nur ein Quäntchen auf ihre Worte geben.
Zur selben Zeit hatte Terry ihre Erfahrungen in Sachen Liebe gemacht und war zu dem Entschluss gekommen, dass sich Liebe nicht lohnt und dass sich jeder nur selbst lieben kann. Ihre eigene Familie bewies das nur. Sie hatte Thomas Wiesner im McDonald's getroffen, und keiner konnte ihr vorwerfen, __________ (ohne Achtsamkeit) gewesen zu sein, sie hatte ihn __________ (mit Sorgfalt) ausgesucht und alles in die Wege geleitet.

5.2 Der attributive und prädikative Gebrauch von Adjektiven

Der Eingangstext aus *Lady Punk* vermittelt eine Reihe von Eindrücken. Er beschreibt Farben, Gerüche, Stimmungen, Temperaturen, Größen, persönliche Eindrücke und vieles mehr. Dabei spielen Adjektive eine wichtige Rolle:

attributive Adjektive	prädikative Adjektive
das ***grellgelbe*** T-Shirt vom ***warmen*** Wind *die* ***kleinsten*** Mauerritzen ***frische*** Luft	Es (*das* Wetter) *war* ***schwül.*** Die Großmutter (*war*) ***altmodisch.***

Die blau gedruckten Adjektive kann man nach ihrer Position im Satz in zwei Gruppen einteilen. Auf der linken Tabellenseite findest du **attributive Adjektive**. Sie stehen als Attribute, d. h. „Hinzufügungen" nach dem Artikel, wenn einer vorhanden ist, und vor dem betreffenden Substantiv[6]. Das Substantiv beschreiben sie näher. Auf der rechten Seite handelt es sich um **prädikative Adjektive**. Sie stehen nach den Verben *sein* oder *werden* und charakterisieren ebenfalls das vorangegangene Substantiv näher.
Du fragst dich vielleicht, warum es zwei Möglichkeiten der Stellung gibt. Sie haben eine unterschiedliche Wirkung. Darüber erfährst du hier mehr.

Das Adjektiv und seine Funktionen

1. Ein Adjektiv kann als **Attribut** oder im **Prädikat** verwendet werden. In beiden Fällen antwortet das Adjektiv auf die Frage: *Wie ist jemand/etwas?* Dann gibt es z. B. eine **Eigenschaft, einen Charakterzug, eine Beschaffenheit** an.

   Beispiel: *das grellgelbe T-Shirt* (als Attribut)
   Das T-Shirt ist grellgelb. (im Prädikat)

2. Ob man ein Adjektiv als Attribut oder im Prädikat gebraucht, hängt von seinem **Gewicht in der Gesamtaussage** ab. In Beispiel a liegt die Hauptinformation in dem Adjektiv. In Beispiel b wird zwar zunächst dasselbe über das Wetter gesagt (nämlich, dass es schwül ist), aber die folgende Information ist mindestens ebenso wichtig.

   Beispiel: a) *Das Wetter war schwül.*
   b) *Das schwüle Wetter ging ihr auf die Nerven.*

6 vgl. auch im Kapitel „Substantive" (S. 74) die Tabelle zu den Positionen von Wörtern vor Substantiven.

Durch die unterschiedlichen Positionen des Adjektivs, auch durch seine verschiedenen Formen, kann man erkennen, zu welchem Substantiv ein Adjektiv eine Aussage macht. Vergleiche das Beispiel:

Der Zwiebelgeruch war **stetig** *in* **beiden** *Wohnungen.*

Hier scheinen auf den ersten Blick zwei Adjektive vor einem Substantiv zu stehen. Bei genauerem Hinsehen zeigt sich, dass nur **beiden** in seiner Endung an *Wohnungen* angepasst ist. Also steht **beiden** als attributives Adjektiv vor dem Substantiv *Wohnungen*. Das Wort **stetig** stimmt nicht mit *Wohnungen* überein. Es ist prädikativ gebraucht und gehört zum Substantiv *Zwiebelgeruch*.

Gebrauch von Adjektiven

- **attributiver Gebrauch**
  Du hast bereits gelernt, dass Adjektive, die vor dem Substantiv stehen, also attributiv gebraucht werden, **nach Genus, Kasus und Numerus an das zugehörige Substantiv angepasst** werden.
  Beispiel: *der aufgeregten Terry*
- **prädikativer Gebrauch**
  Wenn Adjektive prädikativ gebraucht werden, verändern sie ihre Form nicht. Sie sind **endungslos**.
  Beispiel: *Terry war aufgeregt.*

Aufgabe 61 Forme die folgenden Beispiele mit attributiven und prädikativen Adjektiven jeweils so um, dass die leere Spalte ergänzt wird.

attributiver Gebrauch	**prädikativer Gebrauch**
ihre schwarzen Nägel	Ihre Nägel waren schwarz.
der schläfrige Köter	Der Köter ist schläfrig.
______________	Frau K. war verschwitzt.
der gräuliche Schimmer	______________
______________	Das Fenster war offen.
______________	Die Großmutter war etwas altmodisch.
die erhitzte Luft	______________
______________	Thomas' Hände waren neugierig.
______________	Seine Mühe war umsonst (!).

5.3 Die Steigerung des Adjektivs

Wir wissen: Adjektive beschreiben Eigenschaften. Eigenschaften wie *klein* oder *groß* können in verschiedenen Steigerungsgraden auftreten. Vergleiche zeigen dies am deutlichsten. Ein Auto ist z. B. *größer* als ein anderes. Ein drittes ist noch größer und damit das *größte* der drei. Wenn man Personen oder Gegenstände nach ihren Eigenschaften vergleicht, kann man also gesteigerte Adjektive verwenden.

Das Adjektiv und seine Steigerungsformen

1. Die Grundform des Adjektivs wird auch **Positiv** genannt. In dieser Form kommen Adjektive am häufigsten vor.

   Beispiel: *lustig, stark, gut*

2. Der **Komparativ** zeigt den ersten Steigerungsgrad eines Adjektivs an. Er wird meistens für Vergleiche verwendet.

   Beispiel: *Morgens ging es Terry oft noch nicht gut … gegen Abend ging es ihr dann besser (als vorher).*

3. Der **Superlativ** bezeichnet den höchstmöglichen Steigerungsgrad einer Eigenschaft.

   Beispiel: *am besten, die lustigste Frisur*

Steigerungen sind ein **Merkmal der Wortart Adjektiv**. Von Substantiven, Verben oder Adverbien gibt es bis auf einzelne Ausnahmen keine Steigerungsformen. Es gibt folgende grundsätzliche Möglichkeiten, die Steigerungsformen zu bilden.

Die Bildung der Steigerungsformen des Adjektivs

- Der **Komparativ** wird durch das Anhängen von ***-er*** an die Grundform des Adjektivs gebildet. Bei einigen Adjektiven wird der Vokal des Positivs zum **Umlaut**.

  Im **attributiven Gebrauch** hat der Komparativ die Steigerung ***-er***, gefolgt von der normalen Adjektivendung.

  Beispiel: *Er ist der elegantere Mann.*
  Der längere Stab liegt hier.

  Im **prädikativen Gebrauch** hat der Komparativ die Steigerung ***-er***, meist gefolgt vom Wort *als*.

  Beispiel: *Sie ist noch eleganter (**als** er).*
  *Dieser Stab ist länger **als** der andere.*

- Der **Superlativ** wird durch Anhängen von **-(e)st(en)** an die Grundform des Adjektivs gebildet.

  Im **attributiven Gebrauch** bildet man den Superlativ mit der Steigerung **-(e)st** und der entsprechenden Adjektivendung.

  Beispiel: *Er ist der eleganteste Mann.*
  Der längste Stab liegt da links.

  Im **prädikativen Gebrauch** bildet man den Superlativ mit ***am*** und der Steigerung **-(e)sten**.

  Beispiel: *Sie ist **am** elegantesten.*
  *Der Stab ist **am** längsten.*

- Einige Adjektive haben **unregelmäßige Steigerungsformen**.

  Beispiel: *gut – besser – am besten*
  viel – mehr – am meisten

	Positiv	Komparativ	Superlativ
Steigerungs-endungen	*elegant* *lieb*	*eleganter* *lieber*	*am elegantesten* *am liebsten*
Umlaut + Steigerungs-endungen	*lange* *kurz*	*länger* *kürzer*	*am längsten* *am kürzesten*
unregelmäßig	*gut* *viel*	*besser* *mehr*	*am besten* *am meisten*

Achte bei Zusammensetzungen darauf, dass nur der adjektivische Teil gesteigert wird! Man sagt beispielsweise *die länger andauernden Ferien* und nicht ~~*die langandauernderen*~~, genauso *die am längsten andauernden Ferien* und nicht ~~*die langandauerndsten*~~.

Aufgabe 62 Setze im folgenden Text für die Wörter in Klammern eine sinngemäß passende Steigerungsform des Adjektivs (Komparativ oder Superlativ) ein.

Thomas schob sein Moped und Terry ging neben ihm her. Sie sprachen zuerst über die (neu) ____________________ Hits, und weil jeder jedem zustimmte, war das Thema (schnell) ____________________ abgehakt, als sie es sich wünschten. Dann redeten sie über die Schule. Thomas war erst kürzlich nach Berlin gezogen. Es war seine erste Woche in der Schule, und er war nervös, weil er noch nicht viele kannte, aber jetzt kannte er Terry, und es ging ihm schon viel (gut) ____________________. Er legte seine rechte Hand um Terrys Schulter, dann um ihre Taille. Thomas ließ seine Hand (tief) ____________________ sinken. (Gut) ____________________ konnte man nicht sehen, dass sie zusammengehörten. Das Gefühl war (schön) ____________________.

Hinweis zum Stil

Nicht alle Adjektive lassen sich steigern.

- **Farbadjektive** können zum Beispiel nicht gesteigert werden. Allerdings wird davon manchmal bewusst abgewichen. Du findest Farbsteigerungen in übertragener Bedeutung, wenn es eigentlich nicht um die Farbe geht. Gesteigerte (Farb-)Adjektive finden wir auch in der Werbung als bewusstes Stilmittel.

  Beispiel: *sein schwärzester Tag, das weißeste Weiß*

  Ansonsten muss man sich, wenn es um Farben geht, mit **Umschreibungen** behelfen.

  Beispiel: *ein intensiveres/satteres/grelleres Gelb*

- Manche Adjektive lassen sich **vom Sinn her nicht steigern**. Man kann z. B. nicht mehr als *tot* sein.

  Beispiel: *tot, schwanger, optimal* (*optimal* bedeutet: *am besten*, obwohl man oft falsche Formen wie ~~optimaler~~, ~~am optimalsten~~ hört.)

Aufgabe 63 Setze im Text geeignete Steigerungsformen für die Adjektive in Klammern bzw. für die farbigen Adjektive ein. Benutze u. a. die folgenden Möglichkeiten und passe sie an, wenn es keine regelmäßige Steigerungsform gibt: *häufiger*, *kürzer*, *grellere Farbe*, *am besten*, *lockerer*.

Manchmal ist Terry zufrieden mit sich und der Welt, aber oft würde sie vieles noch viel (intensiv) ________________ tun. Zum Beispiel würde sie gern ihre lila Jeans noch viel __________________ tragen. Eigentlich genügen ihr die täglichen Treffen mit Freunden nicht, sie möchte sie gern viel __________________ sehen. (Optimal) ____________________________ wäre es, ständig mit ihnen zusammen zu sein.

Beim Herumstreunen in einer verlassenen Gegend trifft sie einen Jungen mit einer abgeschnittenen Kordhose. Eine ________________ Kordhose hat sie noch nie gesehen.

Sie begeben sich in ein Abbruchhaus, in welchem ein Einrichtungsgegenstand (lose) ______________ als der andere herumhängt. Auch die alte Treppe in dem Haus hat die (abgelaufen) ______________ Stufen, die Terry je gesehen hat. Sie denkt zurück an den Tag mit Tom, und es wird ihr dabei ganz (warm) ______________. Sie hatte es sich zwar eigentlich (schön) ______________ vorgestellt, aber ein kleines bisschen schön war es ja doch.

6 Inhalte des Adjektivs

Die Beherrschung der Formen des Adjektivs hilft, Fehler zu vermeiden, allerdings nicht Fehler wie diese: ~~*Die Farbe ist täglich*~~ oder ~~*der rotgestreifte Zwiebelgeruch*~~. Hier handelt es sich offenbar um inhaltliche Unstimmigkeiten, da die Inhalte der Adjektive nicht zu den Substantiven passen. Eigentlich benötigt man keine Regeln, um solche Sätze zu vermeiden.
Im folgenden Abschnitt soll es daher auch nicht um genaue Verwendungsregeln von Adjektiven gehen wie im Kapitel 5. Im Zentrum dieses Kapitels steht der **abwechslungsreiche und treffende Gebrauch** von Adjektiven.

Das Adjektiv und seine inhaltlichen Funktionen

1. Adjektive können das Substantiv, bei dem sie stehen (genauer gesagt: den Gegenstand/Sachverhalt/die Person, der/die mit dem Substantiv gemeint ist), **näher beschreiben** oder auch **bewerten**.

   Beispiel: *ein dickes Buch, ein gutes Buch*

2. Adjektive beschreiben u. a. Folgendes:
   - **Mengen** Beispiel: *ganz – halb, viel – wenig*
   - **seelische, gesundheitliche Zustände** Beispiel: *heiter – traurig, gesund – krank*
   - **Gestalt (von Lebewesen)** Beispiel: *dick – dünn, groß – klein*
   - **räumliche Ausdehnung, Größe** Beispiel: *hoch – tief, nah – fern*
   - **zeitliche Gesichtspunkte** Beispiel: *früh – spät, schnell – langsam*
   - **Sinneseindrücke und Farben** Beispiel: *schwarz – weiß, eckig – rund, heiß – kalt*
   - **Einschätzungen/Bewertungen (Personen, Dinge)** Beispiel: *richtig – falsch, gut – böse*

Aufgabe 64 Ergänze die Liste der Adjektive in den verschiedenen Bereichen (Mengen, seelische Zustände usw.), indem du für jeden Bereich noch mindestens zwei Gegensatzpaare findest.

Aufgabe 65 Zu welchen Adjektiven im folgenden Textauszug kann man ein gegensätzliches Adjektiv finden?

Es war so schwül, wie man es sonst nur im Juli erwartete, und Lieschen (die Großmutter) behauptete, dass es ein heißer Jahrhundertsommer werden würde. Sie zog schon zu Ostern ein leichtes, beiges Seidenkostüm an und gehäkelte Seidenhandschuhe.
Terry fand, die Großmutter sah aus wie ein Porzellanpüppchen auf einer Spieluhr, wie ein zerbrechliches Spielzeug also, etwas altmodisch und etwas kitschig, aber sehr elegant, und obwohl Terry eine starke Vorliebe für grobe Stoffe und auffallende Farben hatte, sah sie sich selber als Großmutter wie Lieschen aussehend.

Hinweis zum Stil

Kenntnisse über die Adjektive und über die Arten von Adjektiven **unterstützen die Suche nach dem „richtigen Wort"**. Mit ihrer Hilfe kann man den häufigen Gebrauch von „Allerweltsadjektiven" wie *gut* oder *schlecht* vermeiden.

- Treffende Adjektive findet man leichter, wenn man sich bewusst macht, dass Adjektive sehr häufig in **Gegensatzpaaren** vorkommen. So kann man von einem Adjektiv auf sein Gegenteil schließen und hat ein weiteres – oft passendes – Eigenschaftswort zur Hand.

  Beispiel: *aufrecht – gebückt*

- Hilfreich bei der Suche nach passenden Adjektiven ist auch die Erkenntnis, dass Adjektive oft für **mehrere Sinnesbereiche** gelten.

  Beispiel: *scharfer Senf (Geschmack), scharfer Geruch (Geruchssinn), scharfe Kanten (Tastsinn)* (Nicht nur unsere Romanfigur Terry wird das Wort *scharf* auch zur Beschreibung von Personen verwenden …)

Die folgende Tabelle zeigt zwei Beispiele dafür, wie Adjektive im Zusammenhang verschiedener **Sinnesbereiche** gebraucht werden können. Das Ausgangsadjektiv bedeutet in den unterschiedlichen Bezügen immer etwas anderes. Ein gemeinsamer Bedeutungskern bleibt in den einzelnen Beispielen aber enthalten. Bei *scharf* könnte der gemeinsame Bedeutungsanteil mit „intensiv", „heftig" umschrieben werden.

Adjektive und Sinnesbereiche: bildhafter bzw. übertragener Gebrauch

	abstrakt	Tasten Fühlen	Sehen	Hören	Riechen	Schme-cken	sons-tiges
scharf	scharfe Kritik	scharfes Messer	scharfes Auge ??	scharfer Klang ??	scharfer Geruch	scharfer Senf	scharfe Kurve
bitter	bittere Erfahrung	–	bittere Mund-falten??	bitteres Weinen??	bitterer Geruch	bittere Schoko-lade	–

Aufgabe 66 Ergänze die Tabelle, indem du für die folgenden Adjektive Ausdrücke findest, die sich einem (Sinnes-)Bereich zuordnen lassen: *spitz, hohl, grell, stumpf, rau, hart*. Finde selbst weitere übertragbare Adjektive!

	abstrakt	Tasten Fühlen	Sehen	Hören	Riechen	Schme-cken	sons-tiges
spitz							
hohl							

Aufgabe 67 Probiere aus, welche der folgenden Substantive zu welchen Adjektiven passen: Ergibt sich eine klare oder eine übertragene Bedeutung (z. B. *Hans ist kantig.*), oder ergibt sich kein Sinn?

Terry
Ihr Herz
Ihr Minirock
Dieser Sommer
Die Vorgärten
Die Stadt
Der Hund
Der Anruf
Das Telefon
Das Treppenhaus
Ein Übelkeitsgefühl

war

böse
wichtig
schwarz
grellgelb
fünfzehnjährig
übrig
gehäkelt
kitschig
elegant
unvermeidlich
sanft

Wortarten: Unveränderliche Wortarten

Als unveränderliche Wortarten (auch: unflektierbare Wortarten) werden im Folgenden so genannte **Partikeln** und **Interjektionen** zusammengefasst. Besonders die Partikeln werden im Zusammenhang mit anderen Wortarten ausführlich behandelt. Deswegen ist das Kapitel dazu recht kurz.

Unveränderliche Wortarten

1. **Partikeln**[7] sind unveränderliche Wortarten wie **Adverb, Präposition** und **Konjunktion**.

   Beispiel: *oft, umsonst* (Adverb)
   vor dem Treffen, bei Alex (Präposition)
   Alex merkt nicht, dass er nichts kapiert. (Konjunktion)

2. Als **Interjektionen** bezeichnet man im weitesten Sinne Ausrufe, Ein-Wort-Kommentare und ähnliche Kurzäußerungen, welche oft als ganze Äußerung gemeint und meistens nicht in einen Satz eingefügt sind.

   Beispiel: *„Na? Alles klar?"*

Viele unveränderliche Wortarten finden sich in wörtlicher Rede. Lies dazu den folgenden Textausschnitt aus dem Jugendbuch *Alles easy oder was?* von Christian Bieniek.

Alex kapiert nichts …

In Lohausen steige ich aus der Bahn. Eigentlich gefällt mir dieser Stadtteil von Düsseldorf ganz gut: viel Grün, schöne Villen, ein toller Park. Allerdings kann man sich hier nur richtig wohl fühlen, wenn man taub ist. Direkt nebenan ist nämlich der Flughafen. Alle paar Minuten donnert eine Riesenmaschine so niedrig über Lohausen hinweg, dass man sogar das Krawattenmuster der Piloten erkennen kann.

Für Mitte April ist es ein richtig warmer Tag. Ich gehe mit offenem Anorak die Straße entlang. Ein Mann im Trenchcoat und mit einer Aktentasche in der Hand kommt mir entgegen und starrt mich mit großen Augen an. Blicke dieser Art kennen sicher alle Mädchen, die so gut aussehen wie ich. Ja, ich bin wirklich nicht gerade hässlich. Das hört sich an, als sei ich eingebildet, und wahrscheinlich bin ich das auch. Ein ganz kleines bisschen jedenfalls.

7 Der Begriff „Partikeln" wird doppelt gefasst. In manchen Grammatiken wird er nur für unveränderliche Wörter, die vor allem in der gesprochenen Sprache vorkommen, verwendet. Die damit bezeichneten Wörter können eine Aussage abtönen (Modalpartikeln) oder einstufen (Gradpartikeln).

Als das Haus von Alex in Sicht kommt, gehe ich etwas langsamer und atme tief durch. Wie wird Alex gleich reagieren, wenn er hört, dass es aus ist zwischen uns? Vielleicht wird er vor Wut in eine CD beißen. Oder unter die Bettdecke kriechen und stundenlang heulen. Oder in die Küche gehen und sich einen Jogurt aus dem Kühlschrank holen. Bei Jungs weiß man das nie so genau.

Ich drücke auf die Klingel und kurz darauf steht Alex im Trainingsanzug vor mir. Er ist etwas größer als ich und hat kurze schwarze Haare und braune Augen. Und mehr Muskeln als der Rettungsschwimmer, in den ich in den Herbstferien auf Ibiza verknallt war.

Alex begrüßt mich wie immer: „Na? Alles klar?“ Wenn ich Ja sage, fängt er an zu grinsen. Wenn ich Nein sage, grinst er genauso. Das Dumme ist, dass man gegen sein Grinsen einfach nichts machen kann. Es ist ansteckender als Röteln.

„Hast du vorhin in Chemie ein Reagenzglas verschluckt? Oder warum sagst du nichts?“

Ich wollte eigentlich ernst bleiben, doch trotz dieser festen Absicht muss ich jetzt lächeln. Und schon hat Alex die Arme um mich geschlungen und küsst mich, bis mir schwindlig wird. Ich bin so weg, dass sich das Flugzeug über uns für mich so anhört wie das Summen eines Schmetterlings.

„Boeing 727!“, schreit Alex, ohne nach oben zu gucken. Er erkennt alle Flugzeugtypen am Motorengeräusch.

Wir gehen in sein Zimmer, das fast so groß ist wie unsere ganze Wohnung. Die Eltern von Alex sind reicher als meine. Sein Vater ist Bauunternehmer und seine Mutter Innenarchitektin. Meine Mutter ist Krankenschwester und mein Vater Nachtportier in einem Hotel in Bremen. Jedenfalls war er das noch vor einem Monat, als wir zum letzten Mal telefoniert haben. Inzwischen hat er bestimmt mal wieder die Stelle gewechselt; er hält es nirgendwo besonders lange aus. Ich hab mal versucht mit Alex über ihn zu reden. Doch schon nach drei Sätzen merkte ich, dass ihm mein Vater so egal ist wie die Farbe meiner Schnürsenkel.

Wann sag ich ihm endlich, dass er sich eine andere Freundin suchen muss? Im Augenblick kann ich nicht reden, weil meine Lippen mit was anderem beschäftigt sind. Wir sitzen nämlich auf Alex’ Bett und küssen uns schon wieder. So hatte ich mir meinen heutigen Besuch eigentlich nicht vorgestellt. Ich bin wirklich bescheuert!

„Airbus 310!“, brüllt Alex plötzlich und will dann weiterküssen. Ich stoße ihn wegen seines blöden Verhaltens weg. „Wann merkst du endlich, dass mir deine blöden Flugzeuge scheißegal sind?“

Er schaut mich ein paar Sekunden lang irritiert an und setzt dann seine Geheimwaffe ein, sein Lächeln. Um nicht wieder schwach zu werden, sehe ich schnell woanders hin, und zwar zum Basketballkorb über der Tür. Alex versteht meinen Blick völlig falsch. Er springt vom Bett, nimmt seinen Basketball vom Regal und wirft ihn mir zu. Ich stöhne auf.

„Ich weiß, warum du heute nicht so gut drauf bist“, meint er grinsend. „Ich fühl mich auch immer total daneben, wenn ich meine Tage habe.“

„Sehr witzig!“

Er schnappt sich den Basketball und zieht seine große Show vor mir ab. […] Ich muss so herzhaft gähnen, dass ich fast einen Krampf im Unterkiefer bekomme. […]

Kurz entschlossen erkläre ich: „Ich muss dir was sagen, Alex.“

„Wieso machst du so ein Gesicht? Ah, verstehe! Du hast Hunger auf Chips.“

Er greift in seinen Schreibtisch und wirft mir eine Chipstüte zu.

„Kannst du dich nicht mal hinsetzen und mir zuhören?“

Er stellt einen Stuhl vor mich hin und setzt sich drauf. „Okay, ich höre.“

„Warum bist du eigentlich mit mir zusammen?“, fange ich ohne Umschweife an.

„Hä? Was ist das denn für 'ne dämliche Frage?“

„Warum bist du mit mir zusammen?“, wiederhole ich ganz langsam zum Mitschreiben.

Und siehe da, etwas völlig Ungewöhnliches passiert – Alex denkt nach. Er legt seine Stirn in tausend Falten, knirscht mit den Zähnen und knackt mit seinen Fingergelenken.

„Weil du – weil du nett bist“, meint er schließlich. „Weil du toll aussiehst. Und – weil du –“

„Ja?“

„Was soll denn der Scheiß?“, brummt er. […]

„Wir haben uns noch kein einziges Mal richtig ernsthaft über irgendwas unterhalten.“

Er guckt mich an, als hätte ich diesen Satz auf Polnisch gesagt. Weiß er wirklich nicht, wovon ich rede?

„Worüber sollen wir uns denn ernsthaft unterhalten?“, fragt er verwirrt.

„Letzte Woche wollte ich dir zum Beispiel erzählen, wie meine Mutter ihren neuen Freund –“

„Deine Mutter! Was hab ich denn mit deiner Mutter zu tun?“ […]

Ich könnte heulen, weil Alex einfach nichts kapiert. Mit großen Schritten marschiere ich zur Tür …

Christian Bieniek: Alles easy oder was? © 1995 by Arena Verlag, Würzburg. Auszug S. 9–13

7 Partikeln

Als Partikeln bezeichnet man unveränderliche Wortarten wie **Adverb, Präposition** und **Konjunktion**. Diese Wortarten verändern nicht ihre Form durch Deklination (wie Substantive, Adjektive, Pronomen, Begleiter) oder Konjugation (Verben).

Partikeln: Begriffsbestimmung und Funktion

1. Zu den Partikeln (Singular: die Partikel) zählt das **Adverb**. Genaueres zu Gebrauch und Funktionen von Adverbien findest du im Kapitel zum Adverbial (S. 158). Beachte: Adverb und Adverbial haben in vielen Fällen etwas miteinander zu tun, sind aber nicht dasselbe!

   Beispiel: *oft, vielleicht, davor*

2. Ebenfalls zu den Partikeln gehören die **Präpositionen**. Näheres zu Gebrauch und Funktionen von Präpositionen findest du im Kapitel zu den Substantiven (S. 74), da die Präpositionen meistens vor Substantiven stehen.

   Beispiel: *neben dem Haus, nach dem Zusammentreffen*

3. Auch **Konjunktionen** sind Partikeln. Zu dieser Wortart, ihrem Gebrauch und ihren Funktionen findest du Näheres bei den Nebensätzen (S. 175), da sie häufig von Konjunktionen eingeleitet werden.

   Beispiel: *Wenn ich Ja sage, fängt Alex an zu grinsen.*
   Das Dumme ist, dass man dagegen nichts machen kann.

7.1 Adverbien

Wörter wie *vielleicht, dort, nämlich, entgegen, bislang, oft, gern* usw. sind Adverbien. Sie können, wie Adjektive, **zu einem Verb oder einem Substantiv gehören** und es näher charakterisieren.

Adverbien: Begriffsbestimmung und Funktion

1. Adverbien können ein **Verb näher beschreiben**. Sie stehen an verschiedenen Positionen des Satzes.

   Beispiel: *Sie treffen sich oft. Meistens haben sie aber Streit.*

2. Veränderlichkeit bei Adverbien ist eine seltene Ausnahme. Sie verändern sich nur, wenn sie Komparative (Vergleichsformen) und Superlative (höchste Steigerungen) bilden können.

   Beispiel: *oft – öfter/des Öfteren/öfters – am öftesten*

3. Adverbien sind nicht immer einfach **von Adjektiven zu unterscheiden**. Das gilt meist dann, wenn Adjektive nicht bei Substantiven (als Adjektivattribute, S. 97) stehen, sondern im prädikativen Gebrauch ein Verb (bzw. einen Vorgang) näher beschreiben.

   Beispiel: *Oft haben sie Streit.* (Adverb)
   Häufig haben sie Streit. (Adjektiv)

   Eine Unterscheidung ist möglich, wenn mithilfe der **Umstellprobe** die Eigenschaft der **Unveränderlichkeit des Adverbs** zum Vorschein kommt. Du kannst das feststellen, indem du versuchst, das Adverb wie ein Attribut vor ein Substantiv zu stellen.

   Beispiel: *ihr häufiger Streit* (Adjektiv als Attribut, dem Substantiv angepasst)
   ihr ~~ofter~~ Streit (Anpassung nicht erlaubt; *oft* ist also ein Adverb)

Aufgabe 68 Setze in den Text inhaltlich passende Adjektive oder Adverbien ein. Aus jedem Paar kannst du ein Wort verwenden: **oft – häufig, vielleicht – eventuell, umsonst – vergeblich, entzwei – zerbrochen, zuerst – zunächst, einleitend – anfänglich, wieder – wiederholt, dann – folgend, egal – gleichgültig.**

Saskia dachte __________ lange Zeit, sie könnte sich mit Alex __________ besser vertragen. Ihre __________ Versuche, mit ihm zu reden, waren jedoch immer __________. Sie fühlt sich von seinem __________ Verhalten regelrecht genervt, und ihre Beziehung sieht sie als __________ an. Als Alex __________ beweist, dass er nichts von dem versteht, was sie ihm sagen will, steht Saskias Entschluss fest. Alex' __________ Reaktion beweist erneut, dass er nichts verstanden hat.

Adverbien: Funktion und Gebrauch

1. Adverbien können die **Funktion längerer adverbialer Bestimmungen übernehmen und diese ersetzen**. Sie sind kürzer als die adverbiale Bestimmung (vgl. dazu S. 111, 203).

   Beispiel: *Saskia steigt in Lohausen aus der Bahn.* (Adv. Bestimmung des Ortes)
   *Saskia steigt **dort/hier/da** aus der Bahn.* (Adverb des Ortes)
   Wie wird Alex in ein paar Minuten reagieren? (Adv. Bestimmung der Zeit)
   *Wie wird Alex **gleich** reagieren?* (Adverb der Zeit)
   Alex macht mit Vergnügen immer seine Witzchen. (modales Adverbial)
   *Alex macht **gern** seine Witzchen.* (Modaladverb)

   Alle adverbialen Bestimmungen können als Adverb vorkommen. Nicht jedes Adverb ist jedoch ein Adverbial (vgl. Adverb als Attribut, S. 111). Der Begriff Adverb meint eine Wortart, Adverbial dagegen eine Funktion, die auch vom Adverb übernommen werden kann.

2. Adverbien können zudem als **Pronominaladverbien** substantivische Ausdrücke ersetzen. Pronominaladverbien bestehen aus einem Adverb und einer Präposition (*da(r)-an*, *da(r)-auf* usw., *hier-bei*, *hier-für* usw., *wo-durch*, *wo-gegen* usw).

   Beispiel: *Alex dachte nur an Flugzeuge.* (substantivischer Ausdruck)
   Alex dachte nur daran. (Pronominaladverb)

Aufgabe 69 Ersetze bei den folgenden Beispielen die rot markierten Adverbialien durch ein passendes Adverb oder Pronominaladverb, z. B. *vielleicht, sicher, gewiss, danach, eigentlich, irgendwie, sicherlich, heute, gerade, jetzt, bald, zeitlebens, dabei, daraufhin, deshalb, folglich, dadurch, trotzdem, dennoch, sonst, da, dort, dafür, dagegen, daran.*

Im Grunde genommen gefällt Saskia ihr Stadtteil ganz gut. **An dem jetzigen Tag** ist es richtig warm. Ein Mann kommt ihr entgegen. **Während er das tut,** starrt er sie an. Sie weiß, dass sie gut aussieht. Und **weil sie gut aussieht,** wird sie oft angestarrt. Saskia denkt von sich, dass sie **mit einiger Sicherheit** etwas eingebildet ist. Sie ist auf dem Weg zu Alex' Wohnung. **In seiner Wohnung** wird sie mit ihm reden. **Wenn sie mit ihm reden wird,** wird er ihr **mit Sicherheit** wieder nicht zuhören. Sie drückt auf die Klingel, und kurz **nachdem sie das getan** hat, steht Alex vor ihr. Sie begrüßen sich, und Saskia will ernst bleiben. Aber **obwohl sie ernst bleiben wollte,** muss sie lächeln, weil Alex wieder sein Grinsen aufgesetzt hat. **Gegen dieses Grinsen** kann sie nur wenig ausrichten. Plötzlich brüllt Alex den Namen eines Flugzeugs, als er dessen Motorengeräusch hört. **Am Motorengeräusch** erkennt er alle Flugzeuge. Saskia möchte sich jedoch viel lieber mit Alex darüber unterhalten, dass sie ihn verlassen will. Und **weil sie das will,** hat sie sich vorgenommen, **in diesem Moment** nicht auf sein Grinsen oder sonstige Ablenkungsmanöver hereinzufallen.

Adverbien als Attribute: Gebrauch

Adverbien können als **Attribute bei Substantiven** auftreten. Wie andere Attribute antworten sie dann auf die Frage *Was für ein?/Welche, welcher, welches?*

Beispiel: *Unser Treffen gestern …*
„Dort das Flugzeug!", rief Alex.

Hinweis zum Stil

Adverbien sollte man in der **Schriftsprache** nur mit Vorsicht als Attribut gebrauchen. Sie werden häufiger in der mündlichen Sprache verwendet.

Beispiel: *„Sieh mal, der Typ da …"*

Will man jedoch Substantive genauer beschreiben, so gibt es eine Reihe von Möglichkeiten, wie man das Gemeinte anders und für die Schriftsprache besser ausdrücken kann:

- Statt eines Adverbs kann man häufig einen **Demonstrativbegleiter** verwenden.

  Beispiel: *diese/jene Geschichte …* (anstatt: *die Geschichte da*)

- Statt eines Adverbs kann man in vielen Fällen ein **sinnverwandtes** (bzw. fast gleich bedeutendes) **Adjektiv** verwenden.

  Beispiel: statt *auf:* *die offene Tür*
  statt *oft:* *das häufige Ereignis*
  statt *manchmal:* *das gelegentliche Ereignis*

- Statt eines Adverbs kann man ein **passendes Partizip** gebrauchen.

  Beispiel: statt *auf/ab/zu:* die *offen stehende/abmontierte/geschlossene Tür*

- Manche Adverbien können **mithilfe von Ableitungssilben** wie *-lich, -ig* zum Adjektiv werden und dann als **Adjektivattribute** vor dem Substantiv stehen.

  Beispiel: *die morgend**liche** Zeitung* (Adverb: *morgens*)
  *die hies**ige** Schule* (Adverb: *hier*)

- Adverbien können häufig durch **Nebensatzformulierungen** wiedergegeben werden. Diese sind länger, aber oft präziser.

  Beispiel: *Das Ereignis, das hier/morgens/jeden Morgen stattfand.*

Aufgabe 70 In den folgenden Fällen soll das Adverb, das in Klammern bei dem jeweiligen Substantiv steht, mit einem Adjektiv ausgedrückt werden.

Saskias ________________ (neulich) Gespräch mit Alex war enttäuschend. Diese ____________________ (zutiefst) Enttäuschung veranlasste sie, endgültig zu Alex zu gehen und ihm zu sagen, dass Schluss ist. Ihr war schon klar, dass sie bei Alex nicht ______________________ (auf) Türen einrennen würde, sondern dass er sich dagegen wehren würde. Die ______________ (sogleich) Reaktion Alex' bestätigte ihre Ahnungen. Seine ________________ (egal) Antworten auf ihre persönlichen Probleme waren ihr endgültig zuwider. Ihre nun wirklich ______________ (genug) Anläufe, noch etwas zu ändern, waren ein für allemal beendet. Diese ______________________ (entzwei) Freundschaft war nicht mehr zu retten, einen ____________________ (wieder) Versuch konnte es nicht mehr geben, denn jeder __________________ (dann) Versuch würde zu keinem besseren Resultat führen. Auch jetzt war schon gleich die ______________ (zuerst) Antwort Alex' eine reine Katastrophe, und an eine _____________ (vielleicht) Fortsetzung war nicht mehr zu denken.

Bildung von Adverbien

Mithilfe bestimmter Ableitungssilben kann man Adverbien aus anderen Wortarten bilden. Manchmal werden zwischen dem Ausgangswort und der Ableitungssilbe aus lautlichen Gründen noch Silben eingefügt.

talwärts
Substantiv + Ableitungssilbe

bekanntermaßen
Adjektiv mit *-er* + Ableitungssilbe

Beispiel: ***-wärts:*** *abwärts, westwärts*
-weise: *massenweise, stufenweise, schrittweise, häppchenweise, literweise*
-maßen: *bekanntermaßen, zugegebenermaßen, nachgewiesenermaßen*
-s: *abends, montags, eingangs, nachts*

Aufgabe 71 Bilde zu den roten Ausdrücken in Klammern passende Adverbien – falls möglich – mithilfe der angegebenen Ableitungssilben.

Alex und Saskia kommen sich erst nach Wiebkes Party **(Schritt)** näher. Alex ist **(bekannt)** ein Schwarm vieler Mädchen, und er braucht auch **(nachgewiesen)** wenig Zeit und Mühe, diese „rumzukriegen". Auch als er Saskia routinemäßig am Telefon fragt, ob sie Lust habe zum Spazierengehen, sagt sie sofort Ja, obwohl sie in solchen Situationen sonst immer Nein sagt.
Bei dem Treffen nach Wiebkes Party reden beide nur **(Andeutungen)** über dies und das. Das war der Anfang – und **(eigenartig)** auch schon das Ende. Denn danach geht es nur noch **(Stufen) (ab),** ohne dass sie sich jemals mehr zu sagen hätten. Saskia merkt mehr und mehr, dass man mit ihm kaum ernsthaft über etwas reden kann. **(Ehrlich)** gesteht sie, dass sie das zwar schnell gemerkt hat, aber es nicht merken wollte.

Hinweis zum Stil

Adverbien werden oft in der gesprochenen Sprache verwendet, weil sie kurz sind. Bei der Betonung von Wichtigem aber können sie zu knapp sein. Vermeide deshalb die Häufung von bedeutungsähnlichen oder sogar bedeutungsgleichen Wörtern.

Beispiel: *~~Das habe ich bereits schon gesagt~~.*

Hinweis zum Stil

Adverbien können längere Formulierungen ersetzen. So lässt sich die **Wiederholung langer Ausdrücke vermeiden**. Allerdings solltest du darauf achten, dass dein Text nicht durch zu viele Verkürzungen ungenau wird.

Aufgabe 72 Vermeide lange oder störende Wiederholungen (rot markiert) im folgenden Text, indem du geeignete Adverbien verwendest.

Komisch, wie schnell sich sowas ändert …

Vor der ersten Verabredung mit Alex hatte ich feuchte Hände und Herzklopfen und rutschte in der Straßenbahn so unruhig auf dem Sitz hin und her, dass mein Rock fast durchgescheuert wäre. Und jetzt, nur sechs Wochen nach der ersten Verabredung hänge ich total schlapp in der Bahn rum und freue mich auf Alex wie auf eine Blinddarmoperation.

Eigentlich wollte ich schon am Samstag mit ihm Schluss machen, doch am Samstag kam was dazwischen. Er lud mich ins Kino ein und spendierte nach dem Kino eine Pizza. Es wäre wegen dieser Pizza nicht besonders nett von mir gewesen, ihm beim Abschied zu sagen, dass ich nichts mehr von ihm wissen will. Außerdem ist der Abend eigentlich ganz lustig gewesen, weil Alex so müde war, dass er kaum den Mund aufkriegte.

Wir haben uns auf Wiebkes Fete kennen gelernt; Alex war zu Wiebkes Fete eingeladen, weil er über ein paar Ecken mit Wiebke verwandt ist. Als er hereinkam, verschluckten sich fast alle Mädchen an ihrer Cola. Und das lag daran, dass Alex nicht gerade aussieht wie der Glöckner von Notre-Dame. Bei der nächsten Wahl zum BRAVO-Boy hätte er wegen seines Aussehens bestimmt Chancen, unter die ersten drei zu kommen. Mir genügte ein kurzer Blick, um ihn in die Schublade „eingebildeter Schönling“ zu stecken; mit dieser Einschätzung war er für mich erledigt.

7.2 Präpositionen

Präpositionen stehen normalerweise vor bestimmten Wörtern, und zwar in der Regel **vor Substantiven und ihren Begleitern**[8]. Der Name der Wortart weist schon darauf hin: *prä* bedeutet „vor“; *Position* bedeutet „Platz“, „Stellung“. Da Präpositionen verschiedene Beziehungen bzw. Verhältnisse bezeichnen können, nennt man sie gelegentlich auch „Verhältniswörter“.

Präpositionen: Gebrauch und Funktion

1. Präpositionen verlangen vom folgenden Substantiv jeweils einen bestimmten **Kasus**.
   - Der Nominativ ist nicht möglich.
   - Den Genitiv verlangen die Präpositionen *wegen / trotz / dank / laut / anhand /anlässlich / anstelle / inmitten / kraft / mangels / ungeachtet / infolge / während / zwecks.*
   - Den Dativ verlangen die Präpositionen *bei / binnen / an° / auf° / hinter° / in° / neben / unter° / über° / vor° / zwischen.*
   - Den Akkusativ verlangen die Präposition *ohne* sowie die Präpositionen, die unter Dativ mit einem ° gekennzeichnet sind.
2. Manche Präpositionen lassen den Dativ und den Akkusativ zu. Es hängt vom Zusammenhang ab, ob der Dativ oder der Akkusativ stehen muss.

   Beispiel: *Er befindet sich hinter **dem** Haus.* (Dativ)
   *Sie läuft hinter **das** Haus.* (Akkusativ)
3. Präpositionen können – besonders in adverbialen Bestimmungen – bestimmte Beziehungen bezeichnen.
   - **Raumbeziehungen:** *in Lohausen, aus der Bahn, vor Alex' Tür*
   - **Zeitbeziehungen:** *vor dem Zusammentreffen mit Alex, nach dem Treffen*
   - **logische Beziehungen** verschiedenster Art: *wegen/trotz Alex' nerviger Art*
4. Besonders bei so genannten **präpositionalen Ergänzungen** (siehe S. 153) haben Präpositionen keine inhaltliche Funktion, sondern werden einfach von einem Verb verlangt. Im folgenden Beispiel hat die Präposition *auf* keinerlei räumliche Bedeutung. Sie steht da, weil es heißen muss: *sich freuen **auf** etwas.*

   Beispiel: *Früher freute sich Saskia auf das Zusammensein mit Alex.*

8 Siehe die Tabelle auf S. 116.

Position von Präpositionen

- Normalerweise stehen Präpositionen **vor** Substantiven und ihren Begleitern. Dabei können sie mit dem folgenden (bestimmten) Artikel verschmelzen.
  Beispiel: *von Düsseldorf, bei Alex' Eltern, am (an dem) Haus*
- Bei einigen Ausnahmen können Präpositionen **vor** und **nach** Substantiven stehen.
  Beispiel: *gegenüber dem Haus – dem Haus gegenüber*
  gemäß meinen Vorstellungen – meinen Vorstellungen gemäß
  wegen seines Benehmens – seines Benehmens wegen
  wider meinen Willen – meinem Willen zuwider
- Es gibt nur wenige Präpositionen, die immer **nach** dem Substantiv stehen.
  Beispiel: *der Rücksicht halber, dem Bericht zufolge, der Mutter zuliebe*

Aufgabe 73 Setze im folgenden Textauszug die passenden Präpositionen ein. Achte auch bei den betreffenden Substantiven auf die Endung.

Was mich ____________ Anfang nur wenig störte, ist Folgendes: Es gibt kaum ein ernstes Thema, __________ das ich ___________ Alex reden kann. Er wird bald 16 und sieht aus wie 20, aber er kommt mir oft vor wie ein zehnjähriges Kind. Comics, Popstars, Basketball, Videospiele, Modellflugzeuge – das ist seine Welt. Wenn ich mich mal __________ etwas anderes ___________ ihm unterhalten will, ___________ Beispiel ___________ unsere Eltern, unsere Zukunft oder unsere Gefühle ___________ einander, kriege ich nur flapsige Sprüche ___________ ihm zu hören. Als er ___________________ meinem Fensterbrett die Spardose entdeckte, _____________ der ich Geld _______________ ein Brunnenbauprojekt _______________ Westafrika sammle, machte er tagelang Witze darüber. So richtig ernsthaft kann man ____________ ihm nur ___________ Alfred E. Neumann, Michael Jordan und Aerosmith reden, das aber stundenlang. Allerdings gibt es ein Mittel, ____________ dem ich ihn dann unterbrechen kann: knutschen. Ich muss der Wahrheit ____________ gestehen, dass ich alles andere als allergisch ____________ dieses Mittel bin.

Aufgabe 74 Suche aus dem Eingangstext (S. 105) Beispiele für Präposition (+ Artikel) + Substantiv heraus. Sortiere sie nach dem Kasus, den die Präposition verlangt, und bilde eine Tabelle nach dem Muster unten. Beachte, dass nach manchen Präpositionen je nach Kontext der Dativ (z. B. Über **wem/was** befindet sich etwas?) oder der Akkusativ (z. B. Über **wen/was** redet er?) stehen kann:

Präp. mit Genitiv	Präp. mit Dativ	Präp. mit Akkusativ
Sie streiten sich während des Zusammentreffens.	Alex nimmt sich einen Jogurt aus dem Kühlschrank.	Er geht in die Küche.

Hinweis zum Stil

Anstelle von Präpositionen kann man andere Ausdrücke verwenden.

Beispiel:	*Nach der ersten Verabredung hänge ich schlapp in der Bahn rum.*	(mit Präp.)
	Danach hänge ich schlapp in der Bahn rum.	(Pronominal-adverb)
	Nachdem die erste Verabredung vorbei ist, hänge ich in der Bahn rum.	(Nebensatz mit Konj.)

Wichtig ist die Bemühung, sich so genau wie nötig zu äußern und Wiederholungen zu vermeiden. **Längere Formulierungen** sind meist genauer. Wenn der Zusammenhang klar ist, kann man mit dem **Pronominaladverb** aber Wiederholungen umgehen (vgl. Aufgabe 69).

7.3 Konjunktionen

Konjunktion bedeutet so viel wie „**Verbindung**". Konjunktionen sind Wörter, die Wörter, Satzteile oder Sätze miteinander verbinden:

Ein Mann im Trenchcoat und mit einer Aktentasche kommt mir entgegen.
Ich drücke auf die Klingel und kurz darauf steht Alex im Trainingsanzug vor mir.
Das Dumme ist, dass man gegen sein Grinsen einfach nichts machen kann.

Im Kapitel „Nebensätze" erfährst du, welche Arten von Nebensätzen durch welche Konjunktionen eingeleitet werden (siehe S. 175).

In dem vorliegenden Kapitel geht es vor allem um die **Leistung von Konjunktionen** in Sätzen und Texten: Was wird in Sätzen verbunden?
Wie wirkt ein Text
- ohne Konjunktionen, wenn Sätze unverbunden nebeneinander stehen?
- mit nebenordnenden Konjunktionen, wenn Hauptsätze (oder gleichrangige Nebensätze) miteinander verbunden werden?
- mit unterordnenden Konjunktionen, wenn Haupt- und Nebensätze miteinander verbunden werden?

Konjunktionen: Gebrauch und Funktionen im Satz

1. Nebenordnende Verbindung von Wörtern und Wortgruppen (im gleichen Satzteil)
   - *Alex hat schwarze Haare und braune Augen.*
   - *Saskia und Alex treffen sich.**
   - *Alex ist (entweder) mit Flugzeugen beschäftigt oder mit Basketball.*
   - *Alex beschäftigt sich mit Flugzeugen, Basketball und/oder MAD-Heften.***
   - *Sowohl Saskias Mutter als auch ihr Vater verstehen ihre Probleme kaum.**
   - *Nicht nur Saskias Mutter, (sondern) auch ihr Vater versteht ihre Probleme kaum.**

2. Verbindung von Satzteilen
   - *Alex benimmt sich wie ein Zehnjähriger.*
   - *Saskias Vater ist fast so gleichgültig wie ein Fremder.*
   - *Saskia kennt ihn als eigenwillig.*
   - *Saskia kennt Alex besser als andere.*

* Achte darauf, dass das Verb im Plural steht, wenn das **Subjekt** durch *und* bzw. *sowohl – als auch* erweitert wird. Bei *oder* ist der Gebrauch schwankend. Bei *nicht nur – sondern auch, entweder – oder* steht das Verb im Singular.
** Wenn mehr als zwei Bestandteile miteinander verbunden werden, wird vor dem letzten *und* bzw. *oder* eingefügt.

Aufgabe 75 Setze in dem folgenden Text die passenden Konjunktionen und die richtigen Verbformen ein. Folgende Konjunktionen stehen zur Auswahl:
als, wie, sowohl … als auch, nicht nur … sondern auch, und, oder

Alex redet gerne ________________ über Basketball ________________ über Aerosmith. Er kann sich darüber unterhalten ________________ ein richtiger Fachmann. Saskia sieht ihn jedoch eher ____________ ein eigenwilliges Kind an, welches sich ________________ mit ihr, ________________ mit anderen kaum ernsthaft unterhalten kann. Saskia ________________ alle anderen Mädchen auf Wiebkes Party (sein) ________________ bei Alex' Erscheinen verblüfft, weil er aussieht ________________ ein BRAVO-Boy. Nicht nur alle anderen, ________________ Saskia (werden) ______________ weich bei seinem Anblick. Wiebke, Saskia ________________ Katrin (verschlucken) ________________ fast ihre Cola, als er hereinkommt.

Konjunktionen: Gebrauch und Funktionen in Satzverbindungen

1. Konjunktionen können **Hauptsätze** miteinander verbinden.
   Beispiel: *Ich drücke auf die Klingel und kurz darauf steht Alex vor mir.*
2. Konjunktionen können **Haupt- und Nebensätze** miteinander verbinden.
   Beispiel: *Ich werde Schluss machen, falls Alex nichts merkt.*

Hauptsätze können auf verschiedene Weise miteinander verbunden werden, wie die folgende Zusammenstellung zeigt. Dabei können unterschiedliche Wirkungen erzielt werden.

Bildung von Zusammenhängen in Hauptsätzen

In vielen Texten stehen **(Haupt-)Sätze unverbunden** nebeneinander. Außer an zwei Stellen (hervorgehobenes ***und***) werden die folgenden Sätze des Textauszuges nicht durch Konjunktionen miteinander verbunden.

Beispiel: *Für Mitte April ist es ein richtig warmer Tag. Ich gehe mit offenem Anorak die Straße entlang. Ein Mann im Trenchcoat und mit einer Aktentasche in der Hand kommt mir entgegen und starrt mich mit großen Augen an. Blicke dieser Art kennen sicher alle Mädchen, die so gut aussehen wie ich. Ja, ich bin wirklich nicht gerade hässlich. Das hört sich an, als sei ich eingebildet, und wahrscheinlich bin ich das auch. Ein ganz kleines bisschen jedenfalls.*

Die **Wirkung von Konjunktionen** kannst du erkennen, wenn du die veränderte Textfassung (Konjunktionen hervorgehoben) damit vergleichst:

Beispiel: *Für Mitte April ist es ein richtig warmer Tag,* ***und*** *ich gehe mit offenem Anorak die Straße entlang. –* ***Und*** *schon kommt ein Mann im Trenchcoat … mir entgegen* ***und*** *starrt mich an.* ***Aber*** *Blicke dieser Art kennen sicher alle Mädchen, die so gut aussehen wie ich;* ***denn*** *ich bin wirklich nicht gerade hässlich. Das hört sich* ***jedoch*** *an, als sei ich eingebildet,* ***und*** *wahrscheinlich bin ich das auch,* ***und*** *zwar ein kleines bisschen.*

Du siehst schon an den ersten beiden Sätzen, dass ein einfaches **und** Zusammenhänge schafft, die anders nicht so deutlich werden (warmes Wetter – und deswegen offener Anorak) oder die sogar in Wirklichkeit gar nicht bestehen: Der Mann im Trenchcoat kommt ja nicht deswegen, weil Saskia die Straße entlanggeht.

Wenn Hauptsätze auf Hauptsätze bzw. Neben- auf Nebensätze folgen, spricht man von Nebenordnung (Beiordnung). Dafür steht eine Reihe von Bindewörtern zur Verfügung.

Beispiele für nebenordnende Konjunktionen

- **Nebenordnende** (beiordnende) **Konjunktionen** verbinden gleichberechtigte Wörter, Wortgruppen und (Teil-)Sätze. Es kann sich dabei um folgende Zusammenhänge handeln: **Hinzufügung, Gegensatz/Alternative, Einschränkung, Begründung**.

  Beispiel: *und, (so)wie, sowohl – als (auch)* (Hinzufügung)
  oder, entweder – oder (Gegensatz/Alternative)
  aber, nur, sondern, jedoch (Einschränkung)
  denn (Begründung)

  Ob es sich um Hauptsätze handelt, die verbunden werden, erkennt man daran, dass bei Hauptsätzen das Verb nicht am Ende steht (siehe S. 175).

- Die Konjunktionen *jedoch* (siehe Beispiel oben) und *aber* müssen nicht genau zwischen den Sätzen stehen, die sie verbinden.

  Beispiel: *Saskia will sich mit Alex unterhalten. Dieser reagiert aber nicht.*

Aufgabe 76 Stelle fest, welches Verhältnis die folgenden Satzpaare zueinander haben: Hinzufügung? Gegensatz/Alternative? Einschränkung? Begründung? – Setze entsprechend eine passende Konjunktion ein.

Saskia ist von Alex' Aussehen angetan. – Ihre Freundinnen sind es ebenfalls.

____

Sie sagt am Telefon sofort ja. – Sie will sich unbedingt mit ihm treffen.

____

Sie ist spontan begeistert von ihm. – Sie merkt bald, dass er eigentlich langweilig ist.

____

Er redet vom Basketball. – Er redet von Aerosmith.

____

Alex benimmt sich nicht wie ein Sechzehnjähriger. – Er benimmt sich wie ein Zehnjähriger.

____

Saskia sammelt für ein Afrikaprojekt. – Er macht darüber Witze.

____

Hinweis zum Stil

Ein Text wird klarer durch die Verwendung von Konjunktionen. Aber nicht immer ist es besser, Sätze durch Konjunktionen zu verbinden. Es kann übertrieben wirken und führt zur monotonen Wiederholung, z. B. von *und … und … und*.

Man kann zugunsten **einfacher, unverbundener Satzreihen** sagen:

- Zwischen vielen Sätzen besteht keine logische Beziehung.
- Oft sind die Beziehungen so deutlich, dass man gar keine Konjunktion braucht.
- Manchmal bestehen zwischen zwei Sätzen auch mehrere Beziehungen auf einmal, von denen man keine bevorzugen möchte. Solche Satzreihen eignen sich besonders für **einfache Erzählungen**, in welchen es vor allem um die Handlung geht und nicht die Erklärung jeder Einzelheit.

Aufgabe 77 Setze im folgenden Text dort, wo es sinnvoll ist, passende nebenordnende Konjunktionen ein. Vermeide dabei monotone Wiederholungen.

Eigentlich hat es wenig Sinn, Katrin etwas verschweigen zu wollen. Sie kennt mich besser als ich mich selbst. Katrin ist ein Teil von mir, so wie meine Hände, meine Füße oder meine Zahnspange. Wir sind uns vor ungefähr zwölf Jahren auf einem Spielplatz im Hofgarten erstmals begegnet. Sie schüttete mir einen Eimer Sand über den Kopf. Ich bedankte mich dafür, indem ich an ihren blonden Locken zog. Seitdem sind wir unzertrennlich.

Hauptsätze können unverbunden nebeneinander stehen. Werden allerdings **Nebensätze** an Hauptsätze angehängt oder darin eingefügt, dann sind feste Regeln zu beachten. „Einleitewörter", hier die Konjunktionen, spielen bei der Verwendung von Nebensätzen eine wichtige Rolle.

Bildung von Nebensätzen durch unterordnende Konjunktionen

Nebensätze erkennt man immer daran, dass das Verb an letzter Stelle steht:

Beispiel: *Ich gehe mit offenem Anorak die Straße entlang.* (Hauptsatz) *Es ist ein warmer Tag.* (Hauptsatz)

Ich gehe mit offenem Anorak die Straße entlang, (Hauptsatz) ***weil** es ein warmer Tag **ist**.* (Nebensatz)

Konjunktionalsätze sind eine Untergruppe von Nebensätzen, die durch Konjunktionen eingeleitet werden. Im Beispiel oben ist es die Konjunktion *weil.*

Die Reihung von Hauptsätzen (mit oder ohne nebenordnende Konjunktionen) unterscheidet sich von sogenannten **Satzgefügen**. Darunter versteht man das Einfügen („Einbetten") von Nebensätzen in Hauptsätze. Benutzt werden dazu die **unterordnenden Konjunktionen**.

Die wichtigsten unterordnenden Konjunktionen dienen in den Nebensätzen zur Angabe

- von **Zeitverhältnissen** (temporal) — Beispiel: *als, während, (jedesmal) wenn, nachdem, seit(dem), bevor, bis*
- von **Verhältnissen der Art u. Weise** (modal) — Beispiel: *als, wie, als ob, indem*
- von **Gründen** (kausal) — Beispiel: *weil, da, obwohl*
- eines **Zweckes** (final) — Beispiel: *damit*
- von **Bedingungen** (konditional) — Beispiel: *wenn, falls*
- einer **Folge** (konsekutiv) — Beispiel: *sodass*

Die Bestimmung von Temporal-, Modal-, Kausal-, Final-, Konditional- und Konsekutivsätzen findest du ausführlich erklärt im Kapitel zu den Nebensätzen bei den Adverbialsätzen, S. 175.

Weitere wichtige Konjunktionen vor finiten Verbformen sind *dass* und *ob*:

Beispiel: *Ich werde ihm sagen, dass er sich eine andere Freundin suchen muss.*
Ich weiß aber nicht, ob er das kapiert.

Konjunktionen vor einem Infinitiv können ebenfalls zur Angabe bestimmter inhaltlicher Funktionen dienen.

Beispiel: *Alex beschäftigt sich lieber mit Flugzeugen, anstatt mit Saskia zu reden.* (Gegensatz)
Saskia will nicht mit einem Freund zusammen sein, ohne sich mit ihm zu unterhalten. (Art und Weise)
Sie ist gekommen, um sich mit ihm zu unterhalten. (Zweck)

Auch bei Infinitivkonjunktionen gibt es Fälle ohne genau bestimmbare inhaltliche Funktion:

Beispiel: *Saskia versucht(,) mit Alex zu reden.*

Aufgabe 78 Setze im Text eine passende unterordnende Konjunktion ein. Du hast folgende Konjunktionen zur Auswahl: **als (2x), dass (4x), nachdem, damit, sobald, weil**

Saskia redet mit Katrin über Alex, __________ sie sich von ihm getrennt hat: „Natürlich bin ich traurig darüber", gebe ich kleinlaut zu. „Gestern abend habe ich sogar geheult wegen dieses Blödmanns. Wieso ist er mir nicht hinterhergerannt, __________ ich gegangen bin? Ich dumme Kuh habe mir eingebildet, __________ ich ihm etwas bedeuten würde."

„Weißt du noch, letztes Jahr mit Clemens? Mindestens fünf Mal habe ich mit ihm Schluss gemacht. Aber richtig vorbei war es erst, __________ ich ihn beim Knutschen mit Christiane erwischt habe. Warum entpuppt sich denn jeder Junge als der totale Reinfall, __________ wir ihn ein paar Monate kennen?"

„So schlimm ist Alex nun auch wieder nicht", widerspreche ich sofort. „Er hat nur den Fehler, __________ man sich nicht vernünftig mit ihm unterhalten kann. Irgendwie glaube ich, __________ wir vielleicht zu viel verlangen von den Jungs, __________ sie aussehen sollen wie Models, uns keine Sekunde langweilen dürfen, unglaublich sensibel sein und einen IQ von mindestens 180 haben müssen. Meine Mutter sagt immer, __________ man nicht so hohe Ansprüche stellen darf, __________ dann hinterher die Enttäuschung nicht ganz so groß ist."

Es wurde gezeigt, dass man Hauptsätze z. B. mit *und* verbinden kann, sodass ein logischer Zusammenhang erkennbar wird. Noch deutlicher kommt der Zusammenhang zum Ausdruck, wenn eine unterordnende Konjunktion mit einem **Nebensatz** verwendet wird. Die unterordnenden Konjunktionen können noch genauer auf bestimmte **logische Bezüge** eingehen.

Verbindungsmöglichkeiten zwischen Sätzen: Satzreihen und Satzgefüge

Satzreihe (Hauptsatz + Hauptsatz)		Satzgefüge (Hauptsatz + Nebensatz) bzw. Nebensatz + Hauptsatz)
unverbundene Hauptsätze (ohne Konjunktion)	**verbundene Hauptsätze (durch nebenordnende Konjunktion)**	**verbundene Haupt- und Nebensätze (durch unterordnende Konjunktion)**
Das Haus kommt in Sichtweite. Ich gehe etwas langsamer.	*Das Haus kommt in Sichtweite* ***und*** *ich gehe etwas langsamer. Ich gehe etwas langsamer,* ***denn*** *das Haus kommt in Sichtweite.*	*Das Haus kommt in Sichtweite,* ***sodass*** *ich etwas langsamer gehe. Ich gehe etwas langsamer,* ***weil*** *das Haus in Sichtweite kommt.*
Saskia könnte heulen. Alex kapiert nichts.	*Saskia könnte heulen,* ***und/aber/denn*** *Alex kapiert nichts. (Saskia könnte heulen.* ***Trotzdem*** *kapiert Alex nichts.)*	***Während*** *Saskia heulen könnte, kapiert Alex nichts.* ***Obwohl*** *Saskia heulen könnte, kapiert Alex nichts. Saskia könnte heulen,* ***weil*** *Alex nichts kapiert.*
Saskia geht einfach weg. Alex muss es endlich kapieren.	*Saskia geht einfach,* ***und*** *Alex muss es endlich kapieren. Saskia geht einfach,* ***denn*** *Alex muss es endlich kapieren.*	*Saskia geht einfach,* ***sodass/damit*** *es Alex endlich kapiert.* ***Weil/Indem/Dadurch, dass*** *Saskia geht, muss es Alex endlich kapieren.* ***Wenn*** *Saskia einfach geht, muss Alex es endlich kapieren.*

Bei verbundenen Satzreihen (mittlere Spalte) werden die Beziehungen zwischen den Sätzen deutlicher als bei unverbundenen Sätzen (linke Spalte), aber nicht so genau wie in der rechten Spalte. Die Verbindung mit *und* ist doch recht vieldeutig bzw. ungenau, wenn man vergleicht (rechte Spalte), welche Möglichkeiten gemeint sein können.

Aufgabe 79 In der folgenden Tabelle findest du die gleichen drei Arten von Satzverbindungen wie in der Tabelle auf S. 125, aber es gibt immer nur in einer Spalte ein Beispiel. Ergänze die jeweils fehlenden Beispiele in den anderen Spalten. Versuche auch, innerhalb einer Spalte verschiedene Möglichkeiten zu finden.

Saskia erzählt …

unverbundene Hauptsätze (ohne Konjunktion)	verbundene Hauptsätze (durch nebenordnende Konjunktion)	verbundene Haupt- und Nebensätze (durch unterordnende Konjunktion)
Meine Mutter bezeichnet das Essen als „lecker". Das ist wohl leicht übertrieben.		
		Sie stellt mir ihre Freunde nur vor, wenn sie das Gefühl hat, dass es was Ernstes ist.
	Manchmal stellt sie mir einen Freund vor und am Tag später will sie nichts mehr von ihm wissen.	
Manchmal nervt mich an ihr ihre Geheimniskrämerei. Nicht nur über ihre Freunde möchte ich gerne mehr wissen.		
	Manchmal werde ich ihr zu neugierig, aber sie unterbricht mich dann prompt.	
		Sie ermahnt mich dann, dass ich nur ihre Tochter bin und nicht ihr Psychiater.
Ihr Interesse an meinen Angelegenheiten ist nicht gerade sehr groß. Meine Schule scheint ihr zum Beispiel ziemlich gleichgültig zu sein.		

Hinweis zum Stil

Die Verwendung nebenordnender Konjunktionen kann zu **genaueren Verbindungen** führen, allerdings ist auch hier (bei Wiederholungen) eine gewisse Eintönigkeit möglich. Ein guter Stil zeichnet sich dadurch aus, dass er so viel Genauigkeit wie nötig anstrebt und zum Ausdruck bringt. Ebenso solltest du eine allzu komplizierte wie auch eine störend monotone Ausdrucksweise vermeiden.

- Satzgefüge sind dann geeignet, wenn **genaue Beziehungen** ausgedrückt werden sollen.[9]
- In vielen Erzählungen muss es zwischendurch kurze Erklärungen geben, sodass sich häufig **Satzreihen und Satzgefüge abwechseln**.
- Je komplizierter Satzgefüge sind, desto **schwieriger** sind sie meistens zu verstehen.

Aufgabe 80 Im Folgenden findest du einen Textvorschlag. Probiere aus, an welchen Stellen man die Sätze unverbunden stehen lassen kann, wo man Hauptsätze miteinander verbinden könnte und wo man Satzgefüge bevorzugen sollte.

... Schluss mit Alex ... Die Nachmittage ziehen sich endlos lange hin. Ich traf mich (oft) mit ihm. Ich hatte mich so daran gewöhnt. Ich kann nichts mehr mit mir anfangen. Ich habe es verlernt. Querflöte, Ballett, Tennis, Schulchor – mit allem hab ich letztes Jahr aufgehört. Es wurde mir zu langweilig. Jetzt hänge ich hier rum. Ich kann nicht einschlafen. Ich kann nicht richtig wach bleiben. Ich warte: Die Zeit vergeht ... Ich freue mich schon auf die Schule. So weit ist es mit mir schon gekommen. Dagegen hilft nur eins: Ich muss mich so schnell wie möglich wieder verlieben. Aber in wen? Jungs starren mich im Schulhof an: Haben die noch nie ein Mädchen gesehen? Unter all diesen Jungs ist niemand, der mich besonders beeindruckt. Außer Saoud vielleicht, der 18-jährige Bruder von Halime, die in Physik neben mir sitzt. Er ist ein Techno-Freak, er hat einen witzigen Haarschnitt, er hat ganz schwarze Augen, er hat einen Ring in der Nase. Auf dem Schulhof habe ich manchmal das Gefühl: Ich werde von ihm beobachtet. Ich treffe ihn gelegentlich in der Stadt. Dann grüßt er immer unheimlich nett.

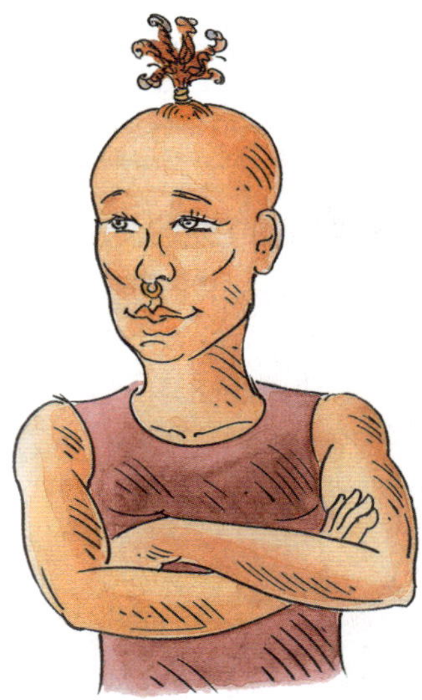

9 Bei den Satzteilen bzw. Nebensätzen siehst du, wie man solche Beziehungen auf verschiedene Arten ausdrücken kann; vgl. S. 131 und S. 175.

8 Interjektionen

Die Interjektionen (lat.: *„interjectio“*; dt.: Zwischenruf, Ausruf, Empfindungswort) sind, wie die Partikeln, unveränderliche Wörter. Im Gegensatz zu den Partikeln haben sie jedoch keine festgelegten Funktionen im Satz. Es handelt sich um Wörter, die fast immer **außerhalb des Satzes** stehen oder auch als isolierte **Ein-Wort-Äußerungen** aufzufassen sind.

Vorkommen und Gebrauch von Interjektionen

1. Interjektionen drücken **Empfindungen** auf direkte Weise aus. Wenn man Gefühle z. B. in einem Brief oder einer Postkarte aus dem Urlaub beschreibt, dann sind sie eigentlich schon vorbei – sonst könnte man nicht so ausführlich formulieren. In der Situation selbst ist ein spontaner Ausruf viel wahrscheinlicher:

   Beispiel: *„Ich gehe gerade an die frische Luft und fühle mich ausgesprochen wohl.“* (beschriebene Empfindung)
   „Aaaah!“ (Interjektion) *„Ist das eine Luft!“* (erklärender Satz dazu)

   Auch bestimmte Formen von **Aufforderungen** werden mithilfe von Interjektionen ausgedrückt. – Der genaue Inhalt solcher Aufforderungen ergibt sich entweder aus der Situation oder es folgt ein zusätzlicher, erläuternder Satz.

   Beispiel: *„He!“*, *„Pssst!“* (Interjektion) *„Seid mal still!“* (erklärender Satz)

2. Interjektionen kommen ausschließlich in **mündlichen Äußerungen** vor oder **in Texten, die mündliche Äußerungen nachahmen** (Dialogtexte), auch in Gedichten oder Liedern, in denen Empfindungen ausgedrückt werden.

   Beispiel: *„Oh, wie wohl ist mir …“*

3. Kennzeichen des Gebrauchs von Interjektionen im Alltag ist eine sehr **spontane Verwendung**, bei der Gefühle, Eindrücke, Kommentare usw., meist ohne zu überlegen, ausgedrückt werden.

Aufgabe 81 Welche Interjektionen werden wohl Saskia und Alex gebrauchen, um in ihren spontanen Unterhaltungen die folgenden Gefühle bzw. Gedanken auszudrücken?

Was sagst du da? Habe ich recht gehört?
Schon wieder Chips. Die ekeln mich an!
Sei bitte mal still, ich höre ein Geräusch.
Das finde ich ja hervorragend!

Kurze Übersicht über häufige Interjektionen

- Interjektionen können positive oder negative **Gefühle** und körperliche oder seelische **Empfindungen** ausdrücken.

  Beispiel: Schmerzen: *Aua! Au! Autsch!*
  Kälte: *Huuu...! Uaaaahhh! Brrrrr...!*
  Ekel: *Pfui! Bäh! Igitt! Iiiihh! Wäähh!*
  Angst: *Hu! Hhh...! Oahhh!*
  Verachtung, Ablehnung: *Bah! P(ö)hh! Ach (was)! Na!*
  Nachdenken, Zweifel: *Hmm..., naa..., tja..., hä..., hm!* (Räuspern)
  Erstaunen, Überraschung (auch skeptisch): *Oh! Ah! Oaah! Oioioi! Heieiei!*
  Freude, Bewunderung: *Aaah! Jjjah! Yippieh! Oooh!*
  Spott, Hohn: *Häääh! Hähä! Hi-ha-ho!* usw.

- Manche Interjektionen findet man nur noch in **veralteten Dialogen** oder **alten Liedern**.

  Beispiel: *Juchei, jucheh! Holdrio! Ojemine!,*
  andere sind gelegentlich „**aktuell**" oder „**im Trend**": *Boaah! Wow! Hey!*

- In vielen Situationen drücken Interjektionen eine schnelle **Aufforderung** aus.

  Beispiel: *He! Hallo! Ssst! – Psst! Scht! Schsch! – Ksch..., husch, ab! Hü! Dalli!* usw.

- Andere Interjektionen dienen der **Nachahmung menschlicher, tierischer oder anderer Laute** (Maschinen, Vorgänge).

  Beispiel: *Hatschi!* (Niesen); *(H)uuaahh!* (Gähnen); *Muh! Mäh! Wau! Miau!* usw.,
  Ticktack, täterä! Blubblubb! Plumps! usw.

Eine andere Form von Kurzäußerungen in Ein-Wort-Form sind Verbformen (Stamm), die man hauptsächlich in den **Sprechblasen von Comics** findet, aber auch in flapsigen Unterhaltungen.

Beispiel: *Schluchz! Seufz! Stöhn!*

Aufgabe 82 Stell dir doch einmal vor, Alex wäre es endlich gelungen, mit Saskia zusammen ein Basketballspiel zu besuchen, und beide würden die lautstarke Atmosphäre miterleben.
Beschreibe die Situation der beiden. Wie würde ein Basketball-Reporter diese Geschehnisse mit ein bis zwei Sätzen kommentieren?

Hinweis zum Stil

- Interjektionen können oft ein langes „Drumherumreden“ ersparen und sind besser verständlich. Ein kurzer Ausruf passt dann eher als eine gewählte Formulierung.

  Beispiel: Stelle dir einmal vor, ein Trainer am Spielfeldrand würde zu einem Spieler, der sich auf seine Aktionen konzentriert, sagen:
  „Ich finde es hervorragend, wie du deinen Gegner eben umspielt hast, wie du heute in Form bist und welche Tricks du drauf hast!“
  Sein Spieler würde das entweder nicht wahrnehmen oder er würde durch das Zuhören behindert. Also wird der Trainer wohl eine Interjektion benutzen, um seinen Spieler anzufeuern:
  „Jaaah!“/„Jjjjeahh!“ – oder: *„Super!“* – oder: *„Na also!“/„Na bitte!“*

- In manchen Situationen können Interjektionen, die im privaten Umgang üblich und auch angebracht sind, unhöflich oder einfach unpassend wirken.

  Beispiel: Bei einem Lehrergespräch oder einer Unterredung mit dem Direktor würde es z. B. ausgesprochen unvorteilhaft wirken, diesen mit den Worten zu begrüßen:
  „Na, das freut mich.“ (wirkt „kumpelhaft“),
  oder bei einer Unklarheit zu fragen: *„Hää?“* (wirkt plump-unhöflich),
  oder, falls der Direktor sagt, was für Anforderungen er stellt, so zu reagieren:
  „Och jooh …“ (wirkt überheblich-arrogant).

Hinweis zum Stil

Vor allem in **schriftlichen Beschreibungen** oder Informationstexten, in denen es auf Sachlichkeit und Genauigkeit ankommt, sollte man Interjektionen vermeiden.
In **Werbetexten** bzw. **-spots** machen Interjektionen (*Ah! Oh! Wow! Hmmm!*) „Stimmung“ und sind erlaubt, sie enthalten jedoch kaum wirkliche Information.
In gedruckten **Gebrauchsanweisungen**, welche den Produkten beiliegen und die deren Funktion präzise beschreiben sollen, wirken solche Ausdrücke wenig seriös.

Satzbau: Satzteile

Bisher hast du verschiedene Wortarten, ihre Formen und ihre Verwendung bzw. Funktionen kennengelernt.
Wie der gesamte Satz bestehen **Satzteile** natürlich aus Wörtern. Satzteile (auch **Satzglieder** genannt) sind bestimmte Gruppen von Wörtern, die in jedem Satz nach Gesetzen zusammenwirken, die man als **Satzbauregeln** bezeichnet.
Ebenso wichtig wie die Bezeichnungen für die Satzteile ist die Kenntnis der Verfahren, wie man Satzteile ermittelt: Du lernst hier den Umgang mit den sogenannten **grammatischen Proben** sowie den entsprechenden **Fragen**.

Begriffsbestimmung: Satzteile

1. Satzteile sind Bestandteile des Satzes. Sie bestehen aus Gruppen von Wörtern oder aus Einzelwörtern.
   Beispiel: *Die drei ??? | sind | unternehmungslustige Jungen.* (drei Gruppen)
2. Wortgruppen bzw. Wörter, die bei **Umstellungen eines Satzes** (bei denen der Sinn nicht verfälscht werden darf) **zusammenbleiben** müssen, sind Satzteile.
3. Im Allgemeinen unterscheidet man vier Arten von Satzteilen:
   - Prädikat
   - Subjekt
   - Objekte
   - Adverbial

   Hinzu kommt das Attribut, das jedoch eine Sonderstellung einnimmt, siehe S. 166.
4. Nach den einzelnen Satzteilen kann man spezielle Fragen stellen.
   Beispiel: *Peter ist flink und kräftig.* (Wer ist flink und kräftig? Subjekt)
   Die Jungen wohnen in Rocky Beach. (Wo wohnen die Jungen? Adverbial)

Indem du die Satzteile und ihre Beziehung zueinander kennenlernst, erfährst du gleichzeitig, wie ein sogenannter **Hauptsatz** im Deutschen „funktioniert“. Genaueres zum Unterschied zwischen Haupt- und Nebensätzen findest du unter „Nebensätze“ (S. 175).

Weil es um Fragen geht wie: Wer hat etwas getan? Wann ist es passiert? Warum?, wirst du anhand einer Detektivgeschichte durch das Kapitel „Satzteile“ geführt. Lies dir deshalb den folgenden Textausschnitt durch.

Alfred Hitchcock: Die drei ??? und die flüsternde Mumie

Die drei ??? sind drei unternehmungslustige Jungen, die ein Detektivbüro gegründet haben: Justus Jonas, Peter Shaw und Bob Andrews. Justus hat sich selbst zum Kopf des Ganzen ernannt. Bob führt die Akten und betreibt Recherchen. Peter, flink und kräftig, ist Justs' unschätzbarer Assistent im praktischen Einsatz.

Die Jungen wohnen in Rocky Beach, einer Kleinstadt an der amerikanischen Pazifikküste nicht weit von Hollywood. Hier in Südkalifornien sind die Entfernungen so groß, dass ein Wagen einfach notwendig ist. Noch darf sich keiner der drei ans Steuer setzen, aber dieses Problem wurde gelöst, als Justus in einem Preisausschreiben ein Auto mit Chauffeur zur freien Verfügung gewann. Dieser Wagen, ein Rolls-Royce mit Goldbeschlägen, gehört ihnen für beschränkte Zeit.

Die jungen Detektive haben ihr Büro in einem umgebauten Camping-Anhänger auf dem Hof einer Altmaterialhandlung. [...] Die „Zentrale“ besteht aus einem kleinen Büro, einem Labor und einer Dunkelkammer. Die Einrichtung haben sich die Jungen aus alten Lagerbeständen selbst gebastelt. Durch gewisse Geheimgänge, die nur für jugendliche Individuen passierbar sind, kann man ins Wageninnere gelangen.

Alfred Hitchcock: Die drei ??? und die flüsternde Mumie, Kosmos (dtv) 1998 [S. 7 f.]

Woher weiß man nun, wann es sich um einen Satzteil handelt? Hier hilft die **Umstellprobe:**

Die Umstellprobe: Verfahren zur Bestimmung von Satzteilen

1. Die Umstellprobe ist ein ganz einfaches Verfahren, das du oft anwendest: Du benutzt sie immer dann, wenn du (z. B. bei einem Aufsatz, aber auch in mündlichen Äußerungen) Sätze umstellst, eine bessere Reihenfolge der Wörter suchst usw.
2. Die Umstellprobe hilft dir herauszufinden,
   - welche Wörter oder Wortgruppen man als Satzteile ansehen muss und
   - wie viele Satzteile ein Satz hat.
3. Bei der Umstellprobe muss der Satz grammatisch korrekt bleiben und die Information, die er enthält, darf nicht verändert werden.

Beispiele für die Umstellprobe

Den folgenden Satz aus dem Text kann man mehrfach umstellen:
Dieser Wagen, ein Rolls-Royce mit Goldbeschlägen, gehört ihnen für beschränkte Zeit.

Beispiel: *Für beschränkte Zeit gehört ihnen dieser Wagen, ein Rolls-Royce mit Goldbeschlägen.*
Dieser Wagen, ein Rolls-Royce mit Goldbeschlägen, gehört für beschränkte Zeit ihnen.
Ihnen gehört für beschränkte Zeit dieser Wagen, ein Rolls-Royce mit Goldbeschlägen.
Ihnen gehört dieser Wagen, ein Rolls-Royce mit Goldbeschlägen, für beschränkte Zeit.

Falsch wären folgende Umstellungen, da sie keinen oder einen neuen Sinn ergeben:

Beispiel: ~~*Wagen dieser, Rolls mit Royce ein Goldbeschlägen, für gehört Zeit beschränkte ihnen.*~~
~~*Dieser Wagen gehört ihnen, ein Rolls-Royce, für beschränkte Zeit, mit Goldbeschlägen.*~~

Wenn man untersucht, welche Wortgruppen immer zusammenbleiben müssen, damit der Sinn des Ausgangssatzes nicht verfälscht wird, kommt man zu folgendem Ergebnis:

Beispiel: *Dieser Wagen, ein Rolls-R. mit Goldbeschlägen, / gehört / ihnen / für beschränkte Zeit*

Ohne die Bezeichnungen für die Satzteile zu kennen, kannst du bereits sagen, dass der untersuchte Satz aus **vier Satzteilen** besteht. Die Satzteile sind von ihrer Länge her höchst unterschiedlich.
Der zuerst aufgelistete Satzteil ist z. B. ein Substantiv mit Begleiter und einer angehängten zusätzlichen Bestimmung, die immer direkt nach dem Substantiv stehen muss: *dieser Wagen, ein Rolls-Royce mit Goldbeschlägen.* Hier findest du bestätigt, was du schon beim Substantiv und seinen Begleitern gelernt hast: Es herrscht eine feste Ordnung in der Reihenfolge innerhalb der Satzteile; diese Ordnung geht auch bei Satzumstellungen nicht verloren.
Der kürzeste Satzteil ist ein Pronomen (siehe S. 75, 155). Die längste Form von Satzteilen bilden Nebensätze (siehe S. 175).

Aufgabe 83 Probiere in den folgenden Beispielen alle möglichen Umstellungen aus und bestimme so die Anzahl der Satzteile. Die Bestandteile zusammengesetzter Verben zählen als ein Satzteil.

Justus ist der Kopf des Ganzen.
Bob führt die Akten.
Peter, flink und kräftig, ist Justus' unschätzbarer Assistent im praktischen Einsatz.
Die drei jungen Detektive haben ihr Büro in einem umgebauten Camping-Anhänger.
Durch gewisse Geheimgänge kann man ins Wageninnere gelangen.
Die Einrichtung haben sich die Jungen aus alten Lagerbeständen gebastelt.

Hinweis zum Stil

Beim Verfassen eigener Texte musst du erproben, welche Reihenfolge von Satzteilen deinen Text besser verständlich macht. Die folgenden Sätze (a) lesen sich z. B. wesentlich besser, wenn man Umstellungen (b) vornimmt:

Beispiel: a) *„Los, ihr Burschen, viel haben wir zu tun, und knapp wird die Zeit!" – Eher lang wurde die Zeit den drei Detektiven. Mit einer Untersuchung, auf die sie ganz gern verzichtet hätten, waren sie beschäftigt unter Tante Mathildas Leitung: Was drei Jungen an einem heißen Tag alles schaffen können, fanden sie heraus.*

Beispiel: b) *„Los, ihr Burschen, wir haben viel zu tun, und die Zeit wird knapp!" – Den drei Detektiven wurde die Zeit eher lang. Unter Tante Mathildas Leitung waren sie mit einer Untersuchung beschäftigt, auf die sie ganz gerne verzichtet hätten: Sie fanden heraus, was drei Jungen an einem heißen Tag alles schaffen können.*

Die Informationen sollten in der richtigen Reihenfolge angeordnet sein.

Aufgabe 84 Versuche den folgenden Text durch passende Umstellung von Satzteilen zu verbessern, sodass du ihn verständlicher machst (Reihenfolge der Informationen, Wichtigkeit usw.). Vermeide offenbar falsche und sinnentstellende Bezüge.

Einen ihrer häufigen Anfälle von Ordnungswut hatte Tante Mathilda heute. Unbarmherzig herangezogen wurden Justus und auch seine Freunde, wenn es dazu kam. Zur Zentrale zog es sie mit Macht während dieser Schufterei, und zur Aufklärung eines neuen Falls. Ihnen hatte der letzte Erfolg sehr das Vertrauen in ihre Fähigkeiten gestärkt.

Mit dem Postboten erst nahte die Erlösung. In den altertümlichen Briefkasten an der Tür ließ er einen Packen Briefe fallen. „Lieber Himmel!“, rief Mathilda Jonas. „Für Onkel Titus, der heute noch zur Post sollte, hab ich doch glatt den Einschreibebrief vergessen!“

Einen leicht zerknitterten Umschlag fischte sie aus ihrer geräumigen Tasche, gab ihn Justus und strich ihn glatt. „Gib ihn auf und fahr jetzt gleich zur Post. Geld hast du da. Sieh zu, dass er möglichst morgen früh zugestellt wird.“

„Wird gemacht, Tante Mathilda“, versprach der stämmige Junge. „Vertreten werden Peter und Bob mich solange. Beklagt haben sie sich schon darüber, dass sie nicht richtig zum Zuge kommen.“

Nachdem du ein Verfahren (die Umstellprobe) geübt hast, mit dem du feststellen kannst, welche Wörter zu einem Satzteil gehören, lernst du nun die einzelnen Satzteile kennen und die Methoden, mit denen du sie genau bestimmen kannst.

9 Das Subjekt

Grundsätzlich hat jeder korrekte Satz der deutschen Sprache ein Subjekt. Es gibt nur wenige Ausnahmen (vgl. S. 140).

Das Subjekt: Inhaltliche Funktionen

Das Subjekt **kann** enthalten,

1. wer handelt, etwas denkt, meint, sagt usw. (außer im Passiv, vergleiche unten).
   Beispiel: *Die drei ??? haben ein Detektivbüro gegründet.*
2. wer oder was in irgendeiner Weise etwas/jemand anderen beeinflusst, verändert usw.
   Beispiel: *Die Detektive behandeln interessante Fälle.*
3. was (unabhängig von Personen oder Lebewesen) vorgeht.
   Beispiel: *Das alltägliche Leben bietet ihnen wenig Abwechslung.*
4. wer oder was etwas ist, wird, bleibt usw.
   Beispiel: *Die Entfernungen sind in Kalifornien sehr groß.*
   Die Zentrale besteht aus einem Büro.

Allerdings sind solche inhaltlichen Bestimmungen nicht sehr genau. Außerdem sind sie oft **unzuverlässig** oder gar irreführend. Dies wird dir dann klar, wenn du weißt, wie man ein Subjekt korrekt bestimmt.

Diese Methoden helfen dir bei der **zuverlässigen Bestimmung des Subjekts:**

Methoden zur Bestimmung des Subjekts

- Fragemethode
- Kongruenzmethode
- Umformung ins Passiv

Bestimmung des Subjekts: Fragemethode

Die geläufigste Methode, um das Subjekt zu ermitteln, ist **die Frage *Wer?*** oder ***Was?***
Bezogen auf den Satz aus unserem Text fragt man:

Beispiel:	*Wer/was gehört ihnen für beschränkte Zeit?*	(Frage)
	dieser Wagen, ein Rolls-Royce mit Goldbeschlägen	(Antwort: Subjekt)

Da das Subjekt auf die Frage *Wer/was?* antwortet, steht das betreffende Substantiv im **Nominativ**. Wird das Substantiv durch ein Pronomen ersetzt, steht das Pronomen im Nominativ.

Beispiel:	*der Wagen, ein Rolls-Royce mit Goldbeschlägen*	(Substantiv im Nominativ)
	Anstatt *der Wagen, ein R. mit Goldbeschlägen* könnte man einsetzen: *er*	(Pronomen im Nominativ)

Achtung: Nicht jeder Nominativ ist ein Subjekt!

Aufgabe 85 Ermittle im folgenden Textauszug mithilfe der Wer/was-Frage das Subjekt jedes Satzes.

Die Jungs krochen in eine enge Rohröffnung. Der Luftschacht führte bis unmittelbar unter den Camping-Anhänger. Mr. Jonas hatte den Jungen den Anhänger zur freien Verfügung überlassen. Sie hatten ihn daraufhin als ihr Hauptquartier ausgebaut.
Eine Falltür öffnete sich nach oben. Sie zwängten sich hindurch und kamen in ein winziges Büro. Darin befanden sich ein Schreibtisch, Stühle, Schreibmaschine, Aktenschrank und ein Telefon. Auf dem Schreibtisch stand ein altmodisches Radiogerät. Justus hatte an den Lautsprecher ein leistungsfähiges Mikrofon angeschlossen. So konnten die Jungen alle ankommenden Telefongespräche gemeinsam verfolgen.

Bestimmung des Subjekts: Kongruenzprobe

Eine zusätzliche Methode ist die so genannte **Kongruenzprobe** (Kongruenz bedeutet hier „Übereinstimmung"). Diese gründet auf einer weiteren Regel, die lautet: **Subjekt und Verb stimmen im Numerus überein**. Wir gehen wieder von unserem Satz aus:

Beispiel: a) *Dieser Wagen, ein Rolls-Royce mit Goldbeschlägen, gehört ihnen für beschränkte Zeit.*

Da nehmen wir nun folgende Änderungen vor:

Beispiel: b) *Diese Wagen, Rolls-Royces mit Goldbeschlägen, gehören ihnen für beschränkte Zeit.*
c) *Dieser Wagen, ein Rolls-Royce mit Goldbeschlägen, gehört* **ihm** *für beschränkte Zeit.*
d) *Dieser Wagen, ein Rolls-Royce mit Goldbeschlägen, gehört ihnen für beschränkte Zeitabschnitte/Zeiten.*

Ergebnis: **Das Verb ändert sich nur (im Numerus), wenn sich das Subjekt ändert.** Werden andere Satzteile im Numerus geändert, hat dies keinen Einfluss auf das Verb. Also muss der im Satz b geänderte Satzteil das Subjekt sein.

Aufgabe 86 Ermittle in den folgenden Sätzen mithilfe der Kongruenzprobe das korrekte Subjekt: Wähle unter den Ausdrücken in Klammern denjenigen aus, der mit dem Verb im Numerus übereinstimmt.

(Peter/die Jungen) knipste die Lampe über dem Schreibtisch an. Dann setzten sich (er/die Jungen) und betrachteten die eingegangenen Briefe.
„Oi!", rief (die Jungen/Peter) aufgeregt. „(Der hier/diese Briefe hier) kommt aus Hitchcocks Büro! Den machen (ich/wir/du) gleich auf!"
(Bob/Bob und Justus/alle) war sehr gespannt. (Alfred Hitchcock/Weltberühmte Detektive) schrieb ihnen einen Brief? Dann bekamen (die Jungen/Bob/er) einen neuen Fall!

Bestimmung des Subjekts: Passiv-Umformung

Das folgende Satzbeispiel, das du schon aus Aufgabe 83 kennst, zeigt ein weiteres Verfahren, um das Subjekt festzustellen: die **Umformung ins Passiv**.

Beispiel: *Die Einrichtung haben sich die Jungen aus alten Lagerbeständen gebastelt.*

Bildet man hierzu das Passiv (vgl. S. 33), dann ergibt sich folgender Satz:

Beispiel: *Die Einrichtung wurde von den Jungen aus alten Lagerbeständen gebastelt.*

Das Subjekt aus dem oberen Satz wird im Passivsatz unten durch die Formulierung *von den Jungen* ersetzt.

Das Verfahren der Umformung ins Passiv ist nicht immer zuverlässig. Wie du im Kapitel „Verben" (S. 34) erfahren hast, muss der Urheber einer Handlung im Passiv nicht angegeben werden. Außerdem lassen einige Verben kein Passiv zu. Es belegt aber das, was am Anfang zu inhaltlichen Beschreibungen des Subjekts gesagt wurde: Das Subjekt bezeichnet nicht immer die handelnde Person, vor allem nicht im Passiv.

Aufgabe 87 Die roten Satzteile im folgenden Text sind keine Subjekte! Belege dies, indem du nacheinander die Kongruenzprobe, die Umformung ins Passiv und die Wer/was-Frage anwendest. Welches Verfahren ist am sichersten? Ermittle die richtigen Subjekte!

Die Berge von Hollywood durchschnitt eine schmale Schlucht. An ihre steilen Wände schmiegten sich ein paar große, teure Wohnhäuser. **Eine der teuren Villen** bewohnte Professor Yarborough. Er genoss einen guten Ruf als Ägyptologe.
Bäume und Sträucher umgaben das Gebäude. **Eine Terrasse** konnte man durch mehrere bis zum Boden reichende Fenster begehen. Bei Nachmittagssonne war es wegen der Glasfenster innen heiß und stickig. Statuen aus ägyptischen Gräbern standen nahe der Fensterwand. Eine Figur stellte Anubis dar, den altägyptischen Totengott. **Das gesamte Zimmer** füllten Metallmasken, die geheimnisvoll zu lächeln schienen.

Die Position des Subjekts

Aus der Umstellprobe geht bereits hervor: Da man Satzteile umstellen kann, kann das Subjekt an verschiedenen Stellen des Satzes stehen. Es steht zwar häufig am Satzanfang, aber das muss nicht so sein.

Beispiel: *Peter untersuchte den Brief nachdenklich. Nachdenklich untersuchte Peter den Brief.*

Aufgabe 88 Beantworte die folgenden Fragen, indem du die Antworten, also die Subjekte, im Text auf S. 132 suchst.

Wer hat sich selbst zum Kopf des Ganzen ernannt?
Wer führt die Akten?
Wer wohnt in Rocky Beach?
Wer darf sich ans Steuer setzen?
Wer hat ein Büro in einem umgebauten Camping-Anhänger?
Wer/was besteht aus einem kleinen Büro usw.?

Aufgabe 89 Ermittle im folgenden Textauszug das jeweilige Subjekt der einzelnen Sätze.

Der Postbote brachte ein paar Briefe für Titus, ihren Onkel – wahrscheinlich Anfragen nach bestimmten Artikeln. Seine Firma war weithin für eines bekannt: Alles Ungebräuchliche oder schwer Aufzutreibende ließ sich dort finden. Auch eine alte Orgel war am Lager. Abends ging Titus manchmal in den Hof und spielte Seemannslieder. Patrick und Kenneth, zwei muskelstarke Schwerarbeiter, gesellten sich dann zu ihm und sangen ganz ergriffen mit.

Sonderfall „Scheinsubjekte"

Manche Sätze haben kein richtiges Subjekt.

Beispiel: *Es regnet.*

Hier kann man nicht fragen: „Wer regnet?" Bei Verben wie *regnen, schneien, frieren* usw. wird kein Urheber bzw. Handelnder genannt; das *es* vertritt nur scheinbar ein Subjekt.

Hinweis zum Stil

Häufig werden Sätze mit dem Subjekt begonnen. Dies kann aber zu monotonen Texten führen. Es ist wirkungsvoller, die Satzteile umzustellen, wie im folgenden Fall:

Beispiel: *Viele Gebrauchtwarenhändler der Gegend hatten eine große Auswahl an ungewöhnlichen Dingen. Onkel Titus hatte aber von allen die größte Auswahl.*
Umgestellt: *Viele Gebrauchtwarenhändler der Gegend hatten eine große Auswahl an ungewöhnlichen Dingen. Die größte Auswahl von allen aber hatte Onkel Titus.*

Im Zusammenhang mit dem Passiv (S. 33, auch S. 34) hast du Möglichkeiten kennengelernt, den Urheber einer Handlung anders als durch das Subjekt zu kennzeichnen.
Dies ist nützlich, wenn man etwas besonders hervorheben will:

Beispiel: *Die drei Jungen bestimmten, wo es hingehen sollte, aber ein Chauffeur fuhr den Wagen.*

Mit einer Umstellung (im ersten Teilsatz) und einem Passiv (zweiter Teilsatz) wird deutlich hervorgehoben, was gemeint ist:

Beispiel: *Wo es hingehen sollte, bestimmten die drei Jungen, gefahren wurde der Wagen aber von einem Chauffeur.*

Hinweis zum Stil

Da das Subjekt häufig am Satzanfang steht, werden oft andere Satzteile, die am Anfang stehen, fälschlicherweise für das Subjekt gehalten.

Beispiel: *Die Post nahm Peter entgegen.*

Gemeint ist sicher nicht *Peter wird von der Post entgegengenommen*, sondern *Die Post wird von Peter entgegengenommen.*
Merke dir also: Bei der Gefahr von Missverständnissen, was das **Subjekt** ist, kann entweder ein **eindeutiges Passiv** helfen oder der **Satzzusammenhang**.

Beispiel: *Titus nahm das Geld (entgegen), die Post nahm Peter entgegen.*

Aufgabe 90 Verbessere den folgenden Text, indem du Umstellungen vornimmst oder das Passiv verwendest. Gelegentlich sind auch Pronomen nützlich.

Die Post nahm Peter entgegen. Zur Zentrale lief er mit Bob schnurstracks, um die Briefe zu öffnen. „Ein Auftraggeber kann das sein“, sagte Peter. Bis sie zu Justs Werkstatt kamen, schlängelten sie sich zwischen Stapeln von Altmaterial durch. Eine Drehbank, eine Bandsäge, eine kleine Abzugspresse und anderes nützliches Gerät enthielt diese (Werkstatt). Gelandet waren all diese Dinge schrottreif hier, und gebrauchsfähig gemacht hatte sie Justus mit seinen Freunden. Ein zwei Meter breites Dach und ein Bretterzaun schützten die Werkstatt. Bei Regen schützte man zusätzlich mit Plastikfolien die Werkstatt.

10 Das Prädikat

Das **Verb** spielt eine ganz besondere Rolle im Satz. Es bildet das Prädikat und damit das **Zentrum des Satzes**. Dadurch bestimmt es die anderen Satzteile.

Das Prädikat: Begriffsbestimmung und Funktion

1. Die Bezeichnung kommt vom lateinischen *praedicare* („aussagen"). Das Prädikat ist der Bestandteil des Satzes, der etwas über das Subjekt aussagt. Diese Aussage (oft auch als *Satzaussage* bezeichnet) ist eng mit der Wortart **Verb** verbunden.
2. Das Prädikat antwortet auf **Fragen wie: *Was ist/tut* das Subjekt?** Die Beziehung zum Subjekt hast du oben schon unter dem Begriff „Kongruenz" kennengelernt; d. h. das Verb stimmt im Numerus (und in der Person) mit dem Subjekt überein:

   Beispiel: ***Justus*** *gewinnt ein Auto.* ***Die Drei*** *haben ein Auto.*

3. Das Prädikat wird als der verbale **Aussagekern** des Satzes bezeichnet. Ihm kommt eine besondere Funktion im Satz zu: Das **Prädikat „bestimmt"**, welche **anderen Satzteile** zusätzlich zum Subjekt in einem Satz notwendig oder zulässig sind und welche nicht. Wie du bei der Behandlung der folgenden Satzteile siehst, kann man nicht einfach beliebige Satzteile in einem Satz unterbringen. Sie ergeben sich aus dem jeweiligen Prädikat.

In diesem Kapitel wird der Aussagesatz untersucht, weil er die am häufigsten vorkommende Satzart ist. Inwiefern die Feststellungen für andere Satzarten gelten oder abzuwandeln sind, erfährst du im Kapitel „Satzarten" auf S. 205.

Formen des Prädikats

- **Einteiliges Prädikat:** In dem Satz unten ist *wohnen* das Prädikat. Es steht als zweites Satzglied (hier: hinter dem Subjekt).

  Beispiel: *Die Jungen wohnen in Rocky Beach.*

- **Mehrteiliges Prädikat:** In folgenden Sätzen liegen mehrteilige Prädikate vor:

  Beispiel: *Noch darf sich keiner … ans Steuer setzen …*
  Die Einrichtung haben sich die Jungen … selber gebastelt …
  Wir wenden uns gleich der eigentlichen Geschichte zu …

  Je nach Konstruktion, Tempus (siehe die zusammengesetzten Tempora, S. 22–29) oder auch Verbzusammensetzung (Vorsilben wie *zu-*, *ab-* usw.) können der zweite und weitere Teile des Prädikats an einer späteren Stelle auftauchen.

- Für beide Arten von Prädikaten gilt die Regel: Die **Personalform des Verbs (finites Verb)** steht in Aussagesätzen grundsätzlich an **zweiter Satzgliedstelle**. Für Nebensätze, Satzfragen und Befehle gelten andere Regeln.

Aufgabe 91 In einigen der folgenden Sätze erscheint es auf den ersten Blick als ziemlich unwahrscheinlich, dass das Prädikat (rot) erst an zweiter Satzgliedstelle steht. Durch die Umstellprobe kannst du feststellen, ob auch eine größere Anzahl von Wörtern vor dem Prädikat als (nur) ein Satzteil zu betrachten ist.
Welche Sätze sind aufgrund der Stellung des Prädikats eindeutig keine Aussagesätze bzw. keine Hauptsätze?

Der hölzerne Mumienschrein
Noch andere Schätze aus den Grabkammern des alten Ägypterreichs **füllten** den Raum von Professor Yarborough. Metallmasken aus Gold, die geheimnisvoll zu lächeln schienen, **hingen** an den Wänden. Tontafeln, Goldschmuck und Skarabäen-Abbilder der als heilig verehrten Käfer **ruhten** in den Glasvitrinen. Frei im Raum bei den Fenstern **stand** ein hölzerner Mumiensarkophag. Es **war** ein ganz schlichter Schrein, dem weder Blattgold noch leuchtende Farben ein kostbares und luxuriöses Aussehen **verliehen. Hütete** er etwa ein verborgenes Geheimnis? Er **war** der ganze Stolz von Professor Yarborough, einem kleinen, etwas beleibten Mann mit Kinnbärtchen und goldgefasster Brille. In jüngeren Jahren **hatte** der Professor viele Expeditionen nach Ägypten **geleitet.** Auf seinen Reisen **hatte** er sehr viele verschollene Grabstätten **entdeckt.**

Hinweis zum Stil

In der deutschen Sprache können die Bestandteile eines mehrteiligen Prädikats sehr weit auseinander stehen:

Beispiel: *Diese Einrichtung haben sich die Jungen selbst in jahrelanger Arbeit, bei der sie auf viel Freizeit verzichteten und viele Opfer brachten, was ihnen nicht immer leicht fiel, wenn man ihr Taschengeld betrachtet, gebastelt.*

Diese Formulierung ist sehr „anstrengend“: Ein Sprecher oder, in schriftlicher Form, ein Schreiber muss darauf achten, den zweiten Teil des Prädikats nicht zu vergessen, wenn er mancherlei einschiebt. Ein Zuhörer oder Leser weiß oft nicht mehr, in welchem genauen Zusammenhang ein solches „nachklappendes“ Prädikat steht.
Bei einem guten Stil achtet man darauf, dass die Teile des Prädikats nicht zu weit auseinanderstehen. Das ist übersichtlicher und leichter verständlich:

Beispiel: *Diese Einrichtung haben sich die Jungen selbst in jahrelanger Arbeit gebastelt; dabei verzichteten sie auf viel Freizeit und brachten viele Opfer, was ihnen nicht immer leicht fiel, wenn man ihr Taschengeld betrachtet.*

Möglich wäre auch:

Beispiel: *... in jahrelanger Arbeit gebastelt, bei der sie auf viel Freizeit ...*

Aufgabe 92 Vermeide durch geeignete Umstellungen bzw. Umformulierungen, dass die mehrteiligen Prädikate (rot) in den Hauptsätzen zu weit auseinander stehen.

Die Jungen **mussten** jedoch nur ein Stück altes Eisengitter, das hinter der Druckerpresse verborgen war und das nur scheinbar den Eingang blockierte, zur Seite **schieben,** und schon war die Öffnung frei. Sie **krochen,** nachdem sie sich wie immer vergewissert hatten, dass niemand ihren Mechanismus beobachten konnte, **hinein.** Der Luftschacht **lief,** teils unterirdisch, teils unter ein paar absichtslos umherliegenden Eisenträgern versteckt, **auf** den Camping-Anhänger **zu.** Diesen **hatten** sie mit viel Mühe und Fleiß, nicht immer zur Begeisterung ihrer Tante, die sie für andere Arbeit brauchte, zu ihrem Hauptquartier, wie sie es nicht ohne Stolz nannten, **ausgebaut.** Mr. Jonas **hatte** den alten Wagen, weil er ihn nicht mehr verkaufen konnte, Justus und seinen Freunden **überlassen.** Sie **zwängten** sich durch eine Falltür nach oben in den entsprechend hergerichteten Wagen **durch** und **kamen** in einem winzigen Büro, in dem sich ein Schreibtisch (der bei einem Brand beschädigt worden war), Stühle, Schreibmaschinen, Aktenschrank und Telefon befanden, **an.** Justus **hatte** an den Lautsprecher eines altmodischen Radiogerätes ein Mikrofon, mit dem sie Telefongespräche gemeinsam verfolgen konnten, **angeschlossen.**

11 Vom Prädikat abhängige Satzteile

Bisher kennst du als Satzteile das Subjekt und das Prädikat. Sie stehen zueinander in enger Beziehung:

- Das Prädikat sagt etwas über das Subjekt aus.
- Die Personalform des Verbs passt sich in Person und Numerus dem Subjekt an.

Die Satzteile sind eindeutig von den Verben abhängig, weil die Verben die entsprechenden Satzteile verlangen.
Es ist jedoch kaum möglich, allen Satzteilen inhaltlich allgemein gültige Funktionen zuzuordnen.

Funktionen des Verbs und der abhängigen Satzteile

1. Überlegungen, weshalb Satzteile inhaltlich im Dativ oder Akkusativ stehen, sind wenig sinnvoll, da sie nicht zu einfachen, hilfreichen Regeln führen.
   Mithilfe der **Umstellprobe** kannst du bei den unten aufgeführten Beispielen sagen: Es handelt sich bei den unterstrichenen Wörtern um eigene Satzteile.

   Beispiel: *Ich helfe ihm.* (Dativ)
   Ich unterstütze ihn. (Akkusativ)

   Beispiel: *Ich sage ihr guten Tag.* (Dativ)
   Ich begrüße sie. (Akkusativ)

   Aus dem Kapitel „Wortarten" weißt du, dass es sich bei den unterstrichenen Pronomen in den Sätzen eins und drei um Dative handelt. Ebenso kannst du erkennen: In den Sätzen zwei und vier handelt es sich bei den unterstrichenen Pronomen um Satzteile, die im Akkusativ stehen.
   Man sieht: Wenn bei genau der gleichen Handlung (hier: Hilfe bzw. Begrüßung) ein Satzteil einmal im Dativ, einmal im Akkusativ steht, dann hat das mit der Art oder dem Inhalt der Handlung nichts zu tun. Der einzige Grund dafür ist das gewählte **Verb**, welches einen Dativ oder einen Akkusativ fordert.

2. **Das Verb bestimmt, welche Satzteile in welchem Kasus im Satz stehen müssen.**
   Die Satzteile „füllen" diese vom Verb geforderten (Satzteil-)Stellen entsprechend.

Die Suche nach den vom Verb geforderten Satzteilen kann manchmal wie die Arbeit eines Detektivs sein. Deine Spürnase ist hier genauso gefordert wie die der drei ???, die den Fall der flüsternden Mumie annehmen. Lies dazu den folgenden Textauszug genau durch.

Der Fluch des Ra-Orkon

Die drei Detektive werden in ihrem ersten Fall zu Professor Yarborough gerufen. In dessen Haus befindet sich eine ägyptische Mumie, die ihren Gastgeber durch offenkundiges Flüstern beunruhigt. [Der drei ??? und die flüsternde Mumie, S. 37 f.]

„Dieses Gebäude muss Professor Yarboroughs Haus sein", erklärte Justus. „Ich habe ihn angerufen, und er erwartet uns hier. Fahren Sie nur hinein, Morton. Auf diese Mumie bin ich sehr gespannt. Vielleicht spricht sie, solange wir dort sind!"

„Lieber nicht!", murmelte Peter. „Mit einer Mumie, die spricht, halte ich es nicht lang im selben Zimmer aus. Wenn ihr mich fragt: ich kann gut verstehen, dass der Professor ganz durcheinander ist."

Das konnte man in diesem Augenblick wirklich von Professor Yarborough behaupten. Er saß auf einem Liegestuhl auf der Terrasse und schlürfte eine heiße Bouillon; diese hatte ihm Wilkins soeben serviert. „Sagen Sie, Wilkins", fragte der Professor besorgt, „haben Sie gestern Abend wirklich aufgepasst, wie ich es Ihnen aufgetragen hatte?"

„Jawohl, Sir", antwortete der Butler. „Ich blieb bei Ra-Orkon im Zimmer, bis es ganz dunkel war. Einmal glaubte ich, etwas zu hören –"

„Ja, und? Weiter!"

„Aber dann musste ich annehmen, dass es Einbildung war, Sir."

Der Butler nahm die leere Tasse entgegen und reichte seinem Herrn eine Serviette. Professor Yarborough wischte sich den Mund ab.

„Irgend etwas ist nicht in Ordnung mit mir, Wilkins", sagte er. „Nachts wache ich plötzlich mit rasendem Herzklopfen auf. Dieses Rätsel – es treibt mich zum Wahnsinn."

[Wilkins macht den Vorschlag:] „Ich wollte nur sagen, Sir, dass ich mich schon gefragt habe: Sollten Sie nicht Ra-Orkon der ägyptischen Regierung zurückgeben?"

[Aber der Professor will davon nichts wissen. Nach dieser Unterhaltung kommen auch die drei jungen Detektive ...]

Der Butler ging zur Tür und kehrte mit drei Jungen auf die Terrasse zurück. Einer war stämmig und dunkelhaarig, einer groß und muskulös, einer schlank und bebrillt [...]. Der Professor runzelte die Stirn. Justus Jonas wusste, dass das Stirnrunzeln nichts Gutes bedeutete. Professor Yarborough hatte sich die Detektive älter vorgestellt. Just richtete sich auf und verlieh sich jenen energischen Zug um den Mund; sogleich sah er älter aus. Dann zog er gewandt eine Karte aus der Tasche. Der Professor nahm sie automatisch entgegen. Der Aufdruck lautete:

Die drei Detektive ???
Wir übernehmen jeden Fall

Der Professor stellte die Frage, die jeder stellte: „Was bedeuten denn die drei Fragezeichen? Das sieht ja wie ein Zweifel aus." Bob und Peter grinsten einander zu. Die Fragezeichen waren Justs Idee. Ein Fragezeichen war ihr geheimes Symbol. [...] „Das Fragezeichen", sagte Justus jetzt in bester Erwachsenenmanier, „gilt [...] als Symbol für eine unbeantwortete Frage, ein ungelöstes Rätsel, ein unerforschtes Geheimnis. Deshalb haben wir es als Firmenzeichen gewählt." [...]

Schließlich nickte der Professor. „Alfred Hitchcock hat euch zu mir geschickt. Ich vertraue seinem Urteil. [...] Auch ein Privatdetektiv kann sich dieses Falles nicht annehmen. [...] Ja, ich glaube, nur ihr könnt mir helfen."

11.1 Das Prädikatsnomen und das Prädikatsadjektiv

Besonders eng zum Verb gehören das Prädikatsnomen und das Prädikatsadjektiv im Satz. Sie können in die Gruppe der Prädikate mit eingeordnet werden.

Das Prädikatsnomen: Begriffsbestimmung

1. Prädikatsnomen (auch: Prädikativ) gehören eng zur Gruppe der Prädikate.

   Beispiel: *Die Fragezeichen waren* ***Justs Idee.*** (Gleichsetzungsnominativ)

   Das Subjekt ist unterstrichen. Mithilfe der Kongruenzprobe erkennt man, dass der Rest zur Prädikatgruppe gehören muss. Es gibt dabei noch ein Satzglied, welches auf die Frage *Wer?* oder *Was?* antwortet, welches also ebenfalls im Nominativ steht. Man spricht hier vom **Gleichsetzungsnominativ**, da er etwas mit dem Subjekt gleichsetzt.

2. Im nächsten Beispiel wird eine Eigenschaft des Subjekts (Subjekt unterstrichen) durch ein Adjektiv ausgedrückt, welches nach dem Verb steht.

   Beispiel: *Einer war* ***dunkelhaarig.*** (Prädikatsadjektiv)

   Man spricht hier von einem **Prädikatsadjektiv**.

3. Eine ähnliche Verwendung findet man beim so genannten **Gleichsetzungsakkusativ**.

   Beispiel: *Justus Jonas wusste, dass das Stirnrunzeln* ***nichts Gutes*** *bedeutete.*
   (Frage: Wen/Was bedeutete es?)

   Häufig kann man einen solchen Gleichsetzungsakkusativ in einen Gleichsetzungsnominativ umformen und umgekehrt:

   Beispiel: *Ich nenne ihn* ***einen begabten Detektiv.*** (Gleichsetzungsakkusativ)
   Ich sage: Er ist ***ein begabter Detektiv.*** (Gleichsetzungsnominativ)

4. Unter einem **Prädikatsnomen** kann man also verstehen:
   - den Gleichsetzungsnominativ,
   - das Gleichsetzungsadjektiv (auch: Prädikatsadjektiv) und
   - den Gleichsetzungsakkusativ.

Bildung von Prädikatsnomen und Prädikatsadjektiv

- Folgende Verben lassen den Gleichsetzungsnominativ zu: *sein, bleiben, werden, heißen.*

  Beispiel: *Die Mumie ist ein geheimnisvolles Wesen.*

- Diese Verben verlangen den Gleichsetzungsakkusativ: *bedeuten, nennen, schimpfen, betrachten als* (mit Präposition).

  Beispiel: *Der Butler nennt die Mumie einen gefährlichen Feind.*

Aufgabe 93 Beantworte folgende Fragen zum Text (S. 132 und S. 146). Du findest dadurch Prädikatsnomen/Prädikatsadjektive.

Was muss das Gebäude sein?
Was sind die drei ??? ?
Was ist Peter?
Wie sind die Entfernungen in Südkalifornien?
Wie war es bei Ra-Orkon im Zimmer?

Aufgabe 94 Forme im folgenden Text die Gleichsetzungsnominative in Gleichsetzungsakkusative um (bzw. umgekehrt).

Der Einführungstext nennt die drei ??? „drei unternehmungslustige Jungen".
Justus sagt, dass Peter sein unschätzbarer Assistent sei.
Die Jungen nennen ein kleines Büro ihre „Zentrale".
Sie meinen: „Wir sind unzertrennliche Freunde!"
Ihr Rolls-Royce ist für sie der größte Glücksfall.

Hinweis zum Stil

Vermeide in längeren Texten zu eintönige Gleichsetzungen! Außer den genannten Verben *sein, nennen, bedeuten* gibt es eine Reihe anderer **Möglichkeiten**, um **Gleichsetzungen** oder ähnliche Beziehungen auszudrücken.

Beispiel: *betrachten als, bestehen aus, entsprechen, aussehen (wie), (er)scheinen, bleiben, heißen (den Namen...haben), vergleichbar sein mit* usw.

Aufgabe 95 Drücke die folgenden Beziehungen zwischen Satzteilen mithilfe geeigneter Prädikate aus. Achte bei Substantiven auf den richtigen Kasus. Einzusetzende Verben: **aussehen, empfinden, betrachten, sein (3x), bestehen**

Die Glastüren ____________ offen. Die Jungen ____________ Anblick der Mumie nicht als angenehm. Die Jungen ____________ Aufgabe als ganz normale Tätigkeit eines Detektivs. Die Mumie ____________ über Jahrtausende vollständig erhalten. Sie ____________ wie Ra-Orkon. Die Hülle ____________ aus Leinen und ____________ stellenweise aufgeschnitten, sodass man Ra-Orkons Gesicht erkennen konnte.

11.2 Das Genitivobjekt (Genitivergänzung)

Das Genitivobjekt kommt nicht häufig und eigentlich nur in sehr gehobener Sprache vor. Umgangssprachlich verwendet man es eher selten.

Das Genitivobjekt: Begriffsbestimmung

1. Nach dem Genitivobjekt fragt man mit *Wessen?* (+ Verb des Satzes).

   Beispiel: *Ein Privatdetektiv kann sich dieses Falles nicht annehmen.*
   (Frage: Wessen kann sich ein Privatdetektiv (nicht) annehmen?)

2. Das Genitivobjekt ist sehr selten und verschwindet mehr und mehr in der Umgangssprache. Bei folgenden Verben ist es (noch) im Gebrauch:

   Beispiel: *Die drei Freunde erinnern sich eines ähnlichen Vorfalls.*
   Es bedarf zur Lösung des Falles weiterer Nachforschungen.
   Die Trauernden gedenken der Opfer.

3. Verwechsle nicht das **Genitivobjekt** mit dem **Genitivattribut!** Übungen dazu findest du auf S. 170.

   Beispiel: *Es bedarf weiterer Untersuchungen.* (Genitivobjekt: Wessen bedarf es?)
   Die Untersuchung ***des Falles*** *dauerte lang.* (Genitivattribut: Was für eine Untersuchung dauerte lange?)

Gebrauch des Genitivobjekts

Nur wenige Verben ziehen den Genitiv nach sich.

Beispiel: *sich annehmen, sich erinnern, bedürfen, gedenken.*

Aufgabe 96 Setze in dem folgenden Text anstelle der drei Punkte eines der genannten Verben ein, die ein Genitivobjekt verlangen. Setze anstelle der Klammern ein Genitivattribut zum vorausgehenden Substantiv ein. Setze dazu die Ausdrücke in Klammern in den Genitiv.

Professor Yarborough ... vieler erfolgreicher und schwieriger Expeditionen. Aber die Fähigkeiten (Professor) waren hier nicht gefragt. Nur besonders intelligente Detektive können sich dieses Falles ... Es war klar: Zur Lösung ... es besonderer Fähigkeiten. Das Selbstvertrauen (Jungen) war jedoch groß genug, das Rätsel des Ra-Orkon wie selbstverständlich anzupacken. Der Professor stellte in seiner sorgfältigen Sprache fest: „Ich finde es hervorragend, dass ihr euch des Falles ...“ Über die Gesichter (drei Detektive) flog ein leichtes Grinsen, und sie konnten es kaum erwarten, die Lösung (Rätsel) zu finden.

Hinweis zum Stil

Anstelle der Genitivobjekte treten (nicht nur in der Umgangssprache) mehr und mehr so genannte **Präpositionalobjekte**.

Beispiel: *Die drei Freunde erinnern sich an einen ähnlichen Vorfall.* (Präpositionalobjekt)
Die drei Freunde erinnern sich eines ähnlichen Vorfalls. (Genitivobjekt)

Aufgabe 97 Formuliere folgenden Dialog zwischen Professor Yarborough und den drei Detektiven aus. Da der Professor sich immer sehr gewählt ausdrückt, verwendet er Genitivobjekte. Die Jungs formulieren ihre Antworten anders.

Yarborough: Habt ihr (Probleme/sich vergewissern)?
Detektive: Klar, wir haben (alles/sich erkundigen)!
Yarborough: Seid ihr euch auch klar, dass es (besondere Sicherheitsmaßnahmen/bedürfen)?
Detektive: Ja, Sir, wir wissen natürlich, dass (besondere Sorgfalt/nötig sein)!
Yarborough: Ich (sich entsinnen/manche Misserfolge von Detektiven), die hier nicht passieren dürfen.
Detektive: Auch wir (sich erinnern/diese Fälle) aus der Zeitung, aber Sie können sicher sein, dass uns das nicht passieren wird.
Yarborough: Ihr (eure Sache/sich absolut sicher sein)?
Detektive: Natürlich, wir können (viele Fälle/sich erinnern), die wir erfolgreich abgeschlossen haben.

11.3 Das Dativobjekt (Dativergänzung)

Weitaus häufiger als das Genitivobjekt ist das Dativobjekt.

Das Dativobjekt: Begriffsbestimmung

1. Nach dem Dativobjekt fragt man mit *Wem?* (+ Verb des Satzes).

   Beispiel: *Er reichte seinem Herrn eine Serviette.*
   (Frage: Wem reichte Wilkins eine Serviette?)

2. In manchen Grammatiken gibt es die Bezeichnung **indirektes Objekt** für das Dativobjekt.

Formen und Funktion des Dativobjekts

- Das Dativobjekt kann aus einem **Substantiv** (+ Begleiter) bestehen:

  Beispiel: *Er reichte seinem Herrn eine Serviette.*

  Es kann auch ein **Pronomen** sein.

  Beispiel: *Er reichte ihm eine Serviette.*

  Das Dativobjekt kann aus einem **Nebensatz** bestehen.

  Beispiel: *Justus hilft, wem er helfen kann.*

  Zu den so genannten Objektsätzen vgl. S. 183.

- Das Dativobjekt bezeichnet fast immer eine **Person** (**wem** man etwas gibt, **wem** man etwas schreibt usw.), seltener eine Sache.

  Beispiel: *Ich füge dem Buch eine Seite hinzu.*

Aufgabe 98 Suche aus dem Text (S. 146) die Dativobjekte, die auf die folgenden Fragen antworten:

Wem hatte Wilkins die Bouillon serviert?
Wem sollte man Ra-Orkon zurückgeben?
Wem verlieh Just einen energischen Zug um den Mund?
Wem vertraut der Professor?
Wem können die drei Jungen helfen?
Wem reichte Wilkins eine Serviette?

11.4 Das Akkusativobjekt (Akkusativergänzung)

Das Akkusativobjekt ist das am häufigsten vorkommende Objekt. Seine Verwendung in der gesprochenen und geschriebenen Sprache ist sehr vielfältig.

Das Akkusativobjekt: Begriffsbestimmung

1. Nach dem Akkusativobjekt fragt man mit *Wen?* oder *Was?* (+ Verb des Satzes).

   Beispiel: *Professor Yarborough erwartet uns.*
   (Frage: Wen erwartet Professor Yarborough?)
   Er schlürfte eine heiße Bouillon.
   (Frage: Was schlürfte er ?)

2. Das Akkusativobjekt steht bei Verben, die den Akkusativ fordern (transitive, d. h. zielende Verben). In manchen Grammatiken findest du auch die Bezeichnung **direktes Objekt**.

Formen des Akkusativobjekts

- Das Akkusativobjekt kann aus einem **Substantiv** (+ Begleiter) bestehen.

  Beispiel: *Wilkins reichte ihm eine Serviette.*

  Es kann auch ein **Pronomen** sein.

  Beispiel: *Er reichte sie seinem Herrn.*

  Akkusativobjekte können auch aus einem **Nebensatz** bestehen.

  Beispiel: *Ich weiß, dass ihr das Rätsel lösen könnt.*

- Das Akkusativobjekt kann Personen, Sachen, Abstraktes usw. bezeichnen.

Aufgabe 99 Suche aus dem Text (S. 146) die Akkusativobjekte, die auf die folgenden Fragen antworten:

Wen hat Justus („ich“) angerufen?
Was hatte Wilkins ihm (Prof. Yarborough) soeben serviert?
Was nahm der Butler entgegen?
Was reichte Wilkins seinem Herrn?
Was wischte sich Professor Yarborough ab?
Wen treibt dieses Rätsel zum Wahnsinn?

Aufgabe 100 Stelle bei den folgenden Beispielen die korrekte Frage nach dem Akkusativobjekt. Bestimme im weiteren Text (S. 146) die vorhandenen Akkusativobjekte, indem du danach fragst.

„Sie sollten Ra-Orkon besser der ägyptischen Regierung zurückgeben.“ Aber der Professor wollte nichts davon wissen. Als die drei Jungen hereinkamen, runzelte er die Stirn. Er hatte sich die drei Detektive älter vorgestellt. Justus merkte das. Er stand auf und verlieh sich einen energischen Zug um den Mund. Dann zog er gewandt eine Karte aus der Tasche.

11.5 Das Präpositionalobjekt (Präpositionalergänzung)

Diese Art von Objekten ist sehr vielfältig, und schon allein deshalb sind Präpositionalobjekte nicht immer einfach zu bestimmen. Die bisherigen Fragen *Wer/was? Wessen? Wem? Wen/was?* reichen dazu nicht aus.

Das Präpositionalobjekt: Begriffsbestimmung

1. Für die Bestimmung des Präpositionalobjekts muss man immer mit der Präposition fragen, die das Verb verlangt.

   Beispiel: *Die „Zentrale“ besteht aus einem kleinen Büro.*
   (Frage: **Aus** was (wor**aus**) besteht die „Zentrale“?)
   Auf diese Mumie bin ich sehr gespannt.
   (Frage: **Auf** was (wor**auf**) bin ich sehr gespannt?)

   Die Verben heißen: *bestehen* ***aus*** (etwas), *gespannt sein* ***auf*** (etwas/jemanden). Daraus werden die Fragen gebildet. Dies ist sehr wichtig für die Unterscheidung von der adverbialen Bestimmung, bei der Präpositionen ebenfalls eine Rolle spielen.

2. Manchmal lässt ein Verb auch mehrere Präpositionen zu.

   Beispiel: *Die Detektive freuen sich* ***auf*** *den Fall.* (Die Arbeit steht noch bevor.)
   (Frage: Wor**auf** freuen sie sich?)
   Die Detektive freuen sich ***über*** *den Auftrag.* (Dieser ist schon vorbei.)
   (Frage: Wor**über** freuen sie sich?)

   Hier liegen zwei klar unterscheidbare Bedeutungen vor; und wie oben ist die Präposition nicht beliebig (Näheres siehe bei der adverbialen Bestimmung, S. 165).

Formen des Präpositionalobjekts

Alle Präpositionen können in Präpositionalobjekten vorkommen, wenn sie von den Verben „verlangt“ werden. Solche Präpositionen stehen in Wörterbüchern immer bei den jeweiligen Verben, wie z. B. *antworten auf* (eine Frage), *bitten um* (etwas), *danken für* (etwas), *fragen nach* (etwas/jemandem), *sich ärgern über* (etwas/jemanden) usw.

Beispiel: *Die Detektive bitten **um** etwas Geduld.*
*Sie ärgern sich **über** Verzögerungen.*

Es ist nicht sinnvoll, hier alle Verben aufzuführen, die auf die gleiche Weise eine bestimmte Präposition verlangen, denn sie sind sehr zahlreich. Wichtig ist, dass du dir die Methode merkst, wie man mit der zum Verb ganz speziell gehörenden Präposition fragen muss.

Aufgabe 101 Setze in die leeren Felder die gesuchten Verben ein. Die Präpositionen helfen dir dabei. Gesucht sind andere Ausdrücke für (1) erstaunen, (2) etwas nach einer Frage sagen, (3) Acht geben, (4) etwas wissen wollen, (5) sich in Acht nehmen, (6) etwas sehr wünschen, (7) sich anstrengen, (8) Angst haben, (9) etwas Gutes erwarten.

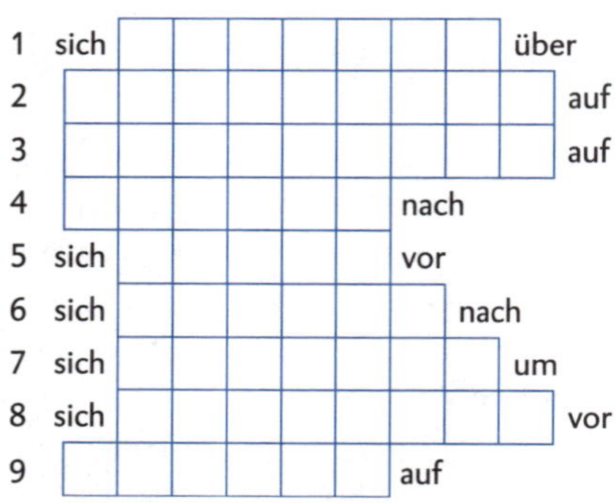

11.6 Zusammenfassung: Abhängigkeit der Satzglieder vom Verb

Bisher wurden die Satzglieder der Reihe nach und einzeln behandelt. Dies darf nicht darüber hinwegtäuschen, dass bei einem Verb natürlich mehrere Satzglieder stehen können oder auch müssen. Die folgende Tabelle gibt davon einen Eindruck. Eingeklammert sind Satzteile, die möglich, aber nicht unbedingt erforderlich sind:

Subjekt	Prädikat	Prädikatsnomen	Dativobjekt	Akkusativobjekt	Präpositionalobjekt
Die drei Detektive	*sind*	*neugierig*			*(auf den Fall).*
Sie	*befragen*			*den Professor*	*(nach Einzelheiten).*
Justus, Bob und Peter	*fragen*			*ihn*	*(nach weiteren Details).*
Justus, Bob und Peter	*fragen*			*(ihn)*	*nach weiteren Details.*
Der Professor	*antwortet*		*ihnen*		*(auf Fragen).*
Der Professor	*antwortet*		*(ihnen)*		*auf Fragen.*
Wilkins	*reicht*		*dem Professor*	*die Serviette.*	

Lässt man die nicht eingeklammerten Satzteile weg, ergeben sich unkorrekte Sätze. Bei vielen Verben ist immer ein Objekt wichtiger als das andere. Bei dem Prädikat *fragen* muss entweder ein Präpositional- oder ein Akkusativobjekt stehen. Ganz ohne Objekt ist die Satzbildung nur in bestimmten Verwendungen möglich, z. B. wenn die Rolle des Fragens *(Ich frage – Sie antworten nur!)* betont wird (vgl. auch *antworten*).

Hinweis zum Stil

Das Verb bestimmt, welche Arten von Ergänzungen infrage kommen. Daran lässt sich nichts ändern. Allerdings kannst du deinen Text verbessern, wenn du Folgendes beachtest. Du kannst eine eintönige Ausdrucksweise vermeiden, indem du

- nicht immer dieselben Verben benutzt,
- die bei dem gewählten Verb notwendigen Satzteile variierst: als Substantiv, als Pronomen oder auch als (Neben-)Satz,
- einen abwechslungsreichen Satzbau verwendest. Beispielsweise sollte das Subjekt nicht immer am Satzanfang stehen.

Aufgabe 102 Fasse mit dem folgenden Wortmaterial die bisherigen Ereignisse in Rocky Beach zusammen. Es kommt dabei nicht auf eine genaue Nacherzählung an, sondern nur auf den Handlungsfaden. Du kannst gern Ereignisse hinzuerfinden. Die Verben musst du benutzen. Die anderen vorgeschlagenen Satzteile stehen dir zur freien Auswahl.

Handelnde / Subjekt (Vorschläge)	**Tätigkeiten / Verben**	**mögliche Ergänzungen (Vorschläge)**
Die drei Detektive (Justus, Peter, Bob) Der Professor (Professor Yarborough) Der Diener (Wilkins)	gründen betreiben bewohnen sich erfreuen (+ Genitivobjekt) benutzen gehen zu übernehmen sich vorstellen empfehlen Angst haben glauben an bestehen auf fordern	Detektivbüro Recherchen Kleinstadt am Pazifik Büro Luxuswagen kostenloser Chauffeur Haus des Professors schwieriger Fall A. Hitchcock Mumie Fluch wissenschaftliche Methoden/ Beweise Aufklärung

12 Vom Prädikat unabhängige und grammatisch nicht notwendige Teile eines Satzes

Bisher hast du die Satzteile kennengelernt, die vom Verb verlangt bzw. zugelassen wurden. Daneben gibt es auch Satzteile, die Sätzen nahezu beliebig hinzugefügt werden können. Sie sind im Gegensatz zu den bisher behandelten Objekten **nicht vom Verb abhängig**.
Es geht dabei um vielfältige Formen, die sich aber unter zwei Hauptbegriffe fassen lassen: **Adverbial** und **Attribut**.

Nicht notwendige Teile eines Satzes: Begriffsbestimmung und Funktion

1. Viele Sätze enthalten Angaben über nähere Umstände. Solche Angaben können fehlen, sie könnten aber genauso nach einem anderen Verb stehen.

   Beispiel: *Der Professor erwartet die Jungen* ***in seinem Haus/um die Mittagszeit/wegen eines Problems.***
   Der Butler telefoniert ***in seinem Haus/um die Mittagszeit/wegen eines Problems.***

   Solche **Umstandsbestimmungen** (Adverbialien) sind in den meisten Fällen verbunabhängig (aber nicht immer).

2. Andere Wortgruppen können vorhandene Satzteile erweitern.

   Beispiel: *Das Haus stand in einer vornehmen Gegend.*
   Das Haus ***des Professors*** *stand in einer vornehmen Gegend.*
   Das Haus ***des besorgten Professors*** *stand in einer vornehmen Gegend.*

   Solche **Hinzufügungen** (Attribute) sind also abhängig von einem jeweiligen Satzteil, aber nicht unbedingt notwendig. Sie bestimmen den betreffenden Satzteil näher und die Äußerung wird genauer.

12.1 Das Adverbial

In seinem Verhältnis zum Verb unterscheidet sich das **Adverbial**, auch **adverbiale Bestimmung** oder **Umstandsbestimmung** genannt, wesentlich von den bisher behandelten Satzteilen.

Das Adverbial: Funktionen

1. Ein Adverbial **kann** fast jedem Satz ganz beliebig zur Bestimmung der näheren Umstände hinzugefügt werden. Es kann aber auch fehlen. Jeder Äußerung kann man genauere Angaben darüber hinzufügen, **wann, wo, warum, wie** usw. etwas passiert. Die Angaben stehen grammatisch unabhängig vom Verb bzw. Prädikat.

   Beispiel: *Nach der Schule bearbeiten die drei Jungen knifflige Fälle.* (Wann?)
   Sie arbeiten in einem alten Wohnwagen. (Wo?)
   Wegen eines Briefs von Alfred Hitchcock sind sie sehr aufgeregt. (Warum?)
   Sie machen sich schnellstens an die Arbeit. (Wie?)

2. Eine der seltenen **Ausnahmen**, bei denen das Adverbial doch vom Verb abhängig ist, sieht man in folgendem Satz.

   Beispiel: *Die Jungen wohnen in Rocky Beach.*

   Man kann das Adverbial nicht weglassen, denn ~~Die Jungen wohnen.~~ ergibt keinen Sinn. Das Verb *wohnen* verlangt eine Angabe über den Ort.
   Trotz der Notwendigkeit handelt es sich hier nicht um ein Präpositionalobjekt, denn die Präposition ist nicht durch das Verb festgelegt, es könnte auch heißen:

   Beispiel: *Die Jungen wohnen vor/hinter/nahe bei/weit weg von/(hoch) über Rocky Beach.*

   Die Präpositionen haben also einen wirklichen inhaltlichen (hier: örtlichen) Sinn. *Über Rocky Beach* meint z. B., dass jemand etwa auf einem Berg wohnt und von dort herabblickt.

Man unterscheidet folgende adverbiale Bestimmungen mithilfe der dafür geeigneten Fragen (es werden zunächst nur einfache Formen behandelt; zu den Adverbialsätzen siehe S. 186 ff.):

Das Adverbial der Zeit

Satzteile, die auf die Fragen *Wann? Wie lange? Seit wann? Bis wann? Wie oft?* antworten, sind adverbiale Bestimmungen der Zeit **(temporale Bestimmungen)**.

Beispiel: *Das konnte man in diesem Augenblick von Professor Y. behaupten.*
(Frage: Wann konnte man das [dass Professor Y. durcheinander war] behaupten?)
Mit einer Mumie halte ich es nicht lange in einem Zimmer aus.
(Frage: Wie lange hält Peter es mit einer Mumie im Zimmer aus?)

Das Adverbial der Zeit kann aus einem Substantiv (im vorliegenden Beispiel mit Begleiter und Präposition: *in diesem Augenblick*) oder auch Adjektiv *(lange)* gebildet werden. Ebenso kann es aus einem Adverb (*oft*) bestehen.

Aufgabe 103 Stelle bei folgenden Adverbialien der Zeit die genau zutreffende Frage. Wann ...? Wie lange ...? Seit wann ...? Bis wann ...? Wie oft?

Peter ging in die Ecke ihres Büros. Eine Röhre, die aussah wie ein Ofenrohr, war an der Wand hochgeführt und ragte durch das Dach hinaus. Das Ganze hatte Ähnlichkeit mit dem Periskop eines Unterseebootes. Just hatte es **in der vorigen Woche** gebastelt. Die Zentrale hatte sich nämlich **seit einiger Zeit** als nachteilig erwiesen. Zwar konnte niemand den Anhänger sehen, aber **während des Aufenthalts im Inneren** konnte man auch nicht hinaussehen. **Eine Zeitlang** hatte Just daran gebastelt, und der „Spion“, wie sie das Rohr nannten, war kaum zu entdecken: **Bis zur sichtbaren Drehung** würde es jeder für ein einfaches Ofenrohr halten. Peter schob den Spion nach oben bis zum Erreichen einer Markierung. **Jetzt** konnte er draußen alles sehen.

Das Adverbial der Bedingung

Satzteile, die auf die Fragen *Unter welcher Bedingung? In welchem Fall?* antworten, sind adverbiale Bestimmungen der Bedingung **(konditionale Bestimmungen)**.

Beispiel: *Sie übernehmen den Fall unter der Bedingung einer angemessenen Bezahlung.*
Bei angemessener Bezahlung übernehmen sie den Fall.
(Frage: Unter welcher Bedingung übernehmen sie den Fall?)

Man findet solche Adverbialien häufig als Bedingungs**sätze**. Daher werden sie auch bei den Nebensätzen (siehe „Konditionalsätze", S. 187) behandelt.

Das Adverbial des Ortes

Satzteile, die auf die Fragen *Wo? Wohin? Woher? Wie weit?* antworten, sind adverbiale Bestimmungen des Ortes **(lokale Bestimmungen)**.

Beispiel: *Er erwartet uns hier.*
(Frage: Wo erwartet Prof. Yarborough die drei Detektive?)
Der Butler ging zur Tür.
(Frage: Wohin ging der Butler?)

Auch beim Adverbial des Ortes reichen die Möglichkeiten vom Ein-Wort-Adverbial (*hier*) bis zu Substantiven mit Begleiter (+ Präposition) (*zur Tür*).

Aufgabe 104 Welche Adverbialien des Ortes antworten im Kapitel „Der Fluch des Ra-Orkon" (S. 146) auf die folgenden Fragen?

Wo hält es Peter nicht lange mit einer Mumie aus?
Wo saß Professor Yarborough?
Wo blieb der Butler?
Wohin kehrte der Butler mit den drei Jungs zurück?
Wohin hat Alfred Hitchcock die drei Jungs geschickt?

Aufgabe 105 Suche im Textabschnitt auf S. 132 adverbiale Bestimmungen des Ortes, indem du geeignete Fragen stellst.

____
____
____
____
____

Das Adverbial des Grundes

Satzteile, die auf die Fragen *Warum? Aus welchem Grund? Weshalb? Wozu? Zu welchem Zweck?* antworten, sind adverbiale Bestimmungen des Grundes **(kausale Bestimmungen)**. In der Grammatik wird unterschieden zwischen **Grund (kausal)** und **Zweck (final)**. Oft ist diese Unterscheidung aber schwierig.

Beispiel: *Sie übernehmen den Fall aufgrund der rätselhaften Umstände.*
Just platzte vor Neugier.
Peter schämte sich wegen seiner Angst. (Warum? kausal)
Sie übernehmen den Fall zwecks/zur Verbesserung ihres Ansehens. (Zu welchem Zweck? final)

Aufgabe 106 Der Fall entwickelt sich weiter. Welche Antworten auf die *Warum*-Fragen (d. h. Adverbiale des Grundes) auf S. 162 findest du im folgenden Text?

„Ja, ich bin Ihnen auch sehr dankbar", sagte der Professor kurz. „Aber reden wir nicht mehr von diesem Fluch."
Wegen des Wortes „Fluch" zuckten alle zusammen. Eine der goldenen Masken hatte sich von der Wand gelöst und war mit dumpfem Dröhnen zu Boden gefallen. „Wegen des Windes", erklärte der Professor, aber es klang nicht mehr so ganz überzeugt. „Er hat Anubis umgerissen und die Maske von der Wand geweht."
Justus stellte fest: „Das müsste ein gewaltiger Windstoß sein ..."
„Junger Mann", belehrte ihn Professor Yarborough, „ich bin Wissenschaftler. Und deswegen glaube ich nicht an Flüche oder böse Geister."
Justus Jonas knetete seine Unterlippe zwischen den Fingern. Dies bedeutete, dass seine Verstandeskräfte jetzt auf Hochtouren liefen.
„Ich habe eine Theorie."
„Eine wissenschaftliche Theorie?", forschte Professor Yarborough. Sein weißes Ziegenbärtchen hüpfte auf und nieder, als er die Worte mit ironischer Schärfe ausstieß. „Keinen Hokuspokus?"
„Gewiss. Eine rein wissenschaftliche Theorie." Just wandte sich an Peter und Bob. „Peter, du gehst bitte mit Bob zu Morton und lässt dir den Lederkoffer aus dem Wagen geben, – wegen ein paar Sachen, mit denen ich etwas ausprobieren möchte."
Peter war froh, auf diese Art wegzukommen. Draußen polierte Morton aufgrund seines Beschäftigungsmangels das spiegelblanke Äußere des Wagens noch blanker.

Warum zuckten alle zusammen?
Warum hatte sich (nach Meinung des Professors) eine der Masken von der Wand gelöst?
Weswegen glaubte Professor Yarborough nicht an Flüche oder böse Geister?
Weswegen (zu welchem Zweck) sollte Peter sich den Lederkoffer aus dem Wagen geben lassen?
Warum polierte Morton das Äußere des Wagens?

Hinweis zum Stil

Um einen **Zweck** eindeutig und auch elegant zu formulieren, verwendet man anstelle des steif klingenden *zwecks* besser einen **Nebensatz** mit *um … zu*.

Beispiel: *Sie machten sich **zwecks** Erkundigungen auf den Weg.*
*Sie machten sich auf den Weg, **um** Erkundigungen ein**zu**holen.*

Übungen dazu findest du im Kapitel „Nebensätze" auf S. 191 und 200.

Das „einräumende" Adverbial

Einräumende **(konzessive)** Adverbialien geben einen Gegengrund an.

Beispiel: *Die drei Detektive übernehmen den Fall trotz seiner Gefährlichkeit.*
(konzessives Adverbial)

Nach dem konzessiven Adverbial kann man nicht direkt fragen!
Auf die Frage *Warum?* bekäme man eine andere Antwort:

Beispiel: *Die drei Detektive übernehmen den Fall wegen ihres Interesses an Mumien.*
(Adverbial des Grundes)

Das konzessive Adverbial mit *trotz* gibt ja gerade an, dass es einen Grund, mit dem man gerechnet hätte, nicht gibt oder dass etwas eher widersinnig oder überraschend erscheint. Für diesen Fall hat die deutsche Sprache **keine gezielte Frage** vorgesehen.
Die einzige Erkennungsmöglichkeit ist die **Präposition *trotz*** mit Substantiv im Genitiv.

Aufgabe 107 Stelle fest, ob die folgenden Informationen in Klammern jeweils in einem kausalen oder konzessiven Verhältnis zu dem betreffenden Satz stehen. Verbinde sie entsprechend mit *wegen* oder *trotz*.

Wilkins beschwört ständig den Fluch. (Wut des Professors über ihn)
Alle außer dem Professor zucken zusammen. (das Wort „Fluch“)
Der Professor lässt sich nicht beirren. (wissenschaftliches Interesse an der Mumie)
Auch Justus sucht nach einer wissenschaftlichen Erklärung. (Schreck, der ihm noch in den Knochen sitzt)
Der Professor scheint von Justus’ Erklärung nicht überzeugt zu sein. (Eindruck, dass es sich nicht um einen erfahrenen Profi handelt)
Justus lässt einen Lederkoffer aus dem Wagen holen. (ein paar Sachen, mit denen er etwas ausprobieren möchte)
Peter und Bob gehorchen Justus. (gleiche Rechte, die sie alle drei haben)
Peter war froh, vom Schauplatz der Handlung wegzukommen. (Gefahren, die er soeben erlebt hatte)
Morton, der Chauffeur, polierte draußen den Wagen. (bereits tadellose Sauberkeit des Wagens)

Das Adverbial der Art und Weise

Satzteile, die auf die Fragen *Wie? Auf welche Art und Weise? Unter welchen näheren/genauen Umständen?* antworten, sind adverbiale Bestimmungen der Art und Weise **(modale Bestimmungen)**.

Beispiel: *Professor Wilkins fragte ihn besorgt.*
(Frage: Wie fragte ihn Professor Wilkins?)
Nachts wacht der Professor mit rasendem Herzklopfen auf.
(Frage: Wie wacht der Professor nachts auf?)

Das Adverbial der Art und Weise kann aus Substantiven mit Präposition und Begleitern *(mit rasendem Herzklopfen)* bestehen oder auch nur aus einem einzelnen Wort (Adjektiv, Adverb) *(besorgt)*.

Das Adverbial der Folge

Als einen **Sonderfall** des Adverbials der Art und Weise kann man das Adverbial der Folge **(konsekutiv)** betrachten. Es beschreibt die Art und Weise einer Handlung dadurch, dass die Folge klar wird. Dieser Sonderfall wird jedoch fast ausschließlich in Form eines Nebensatzes (Konsekutivsatz, S. 193) mit *sodass* ausgedrückt.

Aufgabe 108 Untersuche den Textabschnitt aus Aufgabe 106 (S. 161). Welche Satzteile geben Antwort auf die folgenden Fragen?

Wie fiel eine der Masken von der Wand?
Wie klang es (das, was der Professor sagte)?
Wie liefen Justus Jonas' Verstandeskräfte?
Wie stieß Professor Yarborough die Worte aus?
Wie kam Peter weg?
Wie polierte Morton das spiegelblanke Äußere des Wagens?

Aufgabe 109 Setze die folgenden Formulierungen als Adverbiale der Art und Weise dort ein, wo sie inhaltlich passen: **mit Sorgfalt, sorgfältig/sauber, langsam, blank, mit dumpfem Geräusch, dumpf, ernsthaft, wirklich, plötzlich, erheblich, wohlwollend, vorsichtig, heftig, in aller Deutlichkeit**

Jemand kann ______________________ zu Schaden kommen.
Man kann jemanden ______________________ mahnen.
Es kann etwas ______________________ zu Boden fallen.
Man kann einen Wagen ______________________ polieren.

Adverbial und Präpositionalobjekt – Verwechslungsgefahr?

Da Adverbialien und Präpositionalobjekte beide mit Präpositionen gebildet werden, könnte man sie verwechseln. Mit den richtigen Fragen wird dir das nicht passieren.

- Beim **Adverbial** richtet sich die Präposition **nach dem Sinn oder der Sachlage**,
  Beispiel: *Ist etwas auf, unter, neben, vor, nach etwas?* (Adverbial)
- während die Präposition bei einem **Präpositionalobjekt vom Verb festgelegt** wird.
  Beispiel: *Man kann sich **über** etwas ärgern, aber nicht **unter** etwas ärgern (!)*
- Beim Adverbial zieht man die „klassischen" Fragen heran: *Wann/wo/wie/warum passiert das?*, während man beim Präpositionalobjekt immer mit der Präposition fragen muss, die das Verb verlangt.
  Beispiel: *Wor**über** beratschlagen die Detektive?* (Präpositionalobjekt)
  *Wo**mit** beschäftigt sich der Professor?* (Präpositionalobjekt)

Aufgabe 110 Bestimme, um welchen Satzteil (Adverbial oder Präpositionalobjekt) es sich bei den rot markierten Beispielen handelt:

Wilkins stand **vor der Mumie** und er zitterte **vor Angst.** Der Professor regte sich immer wieder **über seinen abergläubischen Butler** auf, wenn sie **über das Thema Gefahren** diskutierten. **Über ihnen** hingen Masken, die drohend herabzuschauen schienen. „Ich erinnere mich **an keine wirklich überzeugenden Beweise"**, sagte der Professor, als er **an dem Sarkophag** stand. „Ich komme **mit diesen Argumenten** nicht mit", fügte er hinzu, während er **mit einer Lupe** die Mumie genauestens betrachtete.
Im nächsten Augenblick stürzte die hölzerne Statue des Anubis **auf die Stelle nieder, wo der Professor stand.** Wilkins achtete **auf niemanden sonst als den Professor** und riss ihn zur Seite.

12.2 Das Attribut – ein Satzteil?

In jedem Satzteil können Substantive vorkommen. Im Kapitel „Adjektive" hast du erfahren, dass Adjektive als Adjektivattribute vor jedem Substantiv stehen können.
Daraus folgt: Zumindest Adjektivattribute sind in allen Satzteilen (außer beim Prädikat) möglich. Notwendig sind sie jedoch nicht.
Attribute hängen also von Satzteilen ab und sind insofern keine eigenen Satzteile. Dennoch können sie als Satzteile betrachtet werden, weil man sie auch als Nebensätze formulieren kann. Genaueres erfährst du bei den Attributsätzen, S. 194.

Das Attribut: Funktionen

1. Attribute werden dazu benutzt, um den Satzteil, auf den sie sich beziehen, **näher zu beschreiben**.

   Beispiel: *das schwierige Rätsel*
   das Rätsel der Mumie
   die Maske an der Wand
   die Mumie dort
   die versprochene Lösung

2. Attribute sind **in allen Satzteilen** (außer im Prädikat) möglich.

   Beispiel: *In dem Haus | versprechen | die Jungen | dem Professor | die Lösung.*
   In Yarboroughs Haus | versprechen | die tüchtigen Jungen | dem ungeduldigen Professor | die Lösung des Falls.

Ermittlung von Attributen: Umstellprobe

Die **Umstellprobe** des Satzes mit Attributen bringt z. B. folgende Resultate:

Beispiel: *In Yarboroughs Haus | versprechen | die tüchtigen Jungen | dem ungeduldigen Professor | die Lösung des Falls.*
Die tüchtigen Jungen | versprechen | in Yarboroughs Haus | dem ungeduldigen Professor | die Lösung des Falls.
Dem ungeduldigen Professor | versprechen | in Yarboroughs Haus | die tüchtigen Jungen | die Lösung des Falls.

Abgesehen davon, dass nicht alle Möglichkeiten gleich gut verständlich sind, kannst du beobachten, dass die **Attribute immer mit dem Satzteil „mitwandern"**, zu dem sie gehören, d. h. dass sie nicht beliebig umstellbar sind.
Das bedeutet: Attribute sind **keine selbstständigen Satzteile!**

Ermittlung von Attributen: Erweiterungsprobe

Die oben begonnene **Erweiterung einzelner Satzteile** lässt sich beliebig durch weitere Attribute fortsetzen; für das Adverbial des Ortes könnte dies z. B. ergeben:

Beispiel: *In Yarboroughs Haus …*
In Yarboroughs schönem Haus …
In Yarboroughs schönem Haus am Stadtrand …
In Yarboroughs schönem teurem Haus dort …
In Yarboroughs schönem teuren Haus dort am Stadtrand … usw.

Solche **Erweiterungen** lassen sich mit allen Satzteilen vornehmen, die Anzahl der möglichen Attribute ist theoretisch durch nichts begrenzt. So viele Attribute man auch hinzufügt – die Anzahl der Satzteile vermehrt sich dadurch nicht!
Dies zeigt: **Attribute hängen von Satzteilen ab**. Sie können nicht allein, ohne ein Bezugswort (das den Satzteil vertritt) stehen.

Ermittlung von Attributen: Weglassprobe

Umgekehrt kann man auch durch die **Weglassprobe** ermitteln, welche Wörter in einem Satzteil notwendig sind oder nicht. Wenn du alle nicht unbedingt notwendigen Zusätze streichst, bleibt nur der eigentliche Satzteil übrig.

Beispiel: *Die Jungen lösen den schwierigen Fall in wenigen Tagen.*
Weglassprobe: *Die Jungen lösen den Fall in wenigen Tagen.*
*Die Jungen lösen den Fall.**

Das Wort *schwierig* kann man weglassen, denn es gehört zu dem Satzteil *den schwierigen Fall* (Akkusativobjekt). Also ist *schwierig* ein Attribut. Bei der Umstellprobe wandert es mit: *Den schwierigen Fall lösen die Detektive.*
* Den Bestandteil *in wenigen Tagen* kann man zwar auch weglassen, aber er ist ein gesamter Satzteil (Adverbial), also **kein** Attribut.
Diese Probe zeigt: **Nicht notwendige Zusätze innerhalb eines Satzteils sind mit hoher Wahrscheinlichkeit Attribute.**

Ermittlung von Attributen: Frageprobe

Die zuverlässigste Methode, um Attribute zu ermitteln, ist die Frage *Was für ein? Welche/welcher/welches?*

Beispiel: *In Yarboroughs Haus …* (Frage: In welchem Haus?)
In Yarboroughs schönem Haus … (Frage: In welchem Haus Yarboroughs?)

Durch derartiges Fragen kann man also immer weitere Attribute bestimmen.
Die Frage ist zusätzlich zur Weglassprobe wichtig, weil man mit der Weglassprobe allein irrtümlicherweise auch andere nicht notwendige Satzteile (z. B. ein Adverbial) als Attribut ermitteln könnte!

Aufgabe 111 Ermittle in folgenden Sätzen die Attribute mithilfe der Weglassprobe und der Frageprobe:

Wegen dieser plötzlichen Bedrohung musste ich ganz schnell handeln.
Eine der goldenen Masken hatte sich von der Wand gelöst und war mit dumpfem Dröhnen zu Boden gefallen.
Das müsste ein gewaltiger Windstoß sein.
Sein weißes Ziegenbärtchen hüpfte auf und nieder, als er die Worte mit ironischer Schärfe ausstieß.
Draußen polierte Morton aufgrund seines Beschäftigungsmangels das spiegelblanke Äußere des Wagens von Professor Yarborough.

Aufgabe 112 Versuche, in den folgenden Sätzen die geeigneten Satzteile durch Hinzufügen von Attributen zu erweitern. Im Text (S. 146) findest du Anregungen, welche Attribute dies sein könnten. Du kannst auch andere finden.

Der Professor | führte | die Detektive | zur Mumie.
Wilkins | hielt | sie | mit dem Arm | zurück.
„Auf der Mumie | ruht | ein Fluch."
Wilkins | sagte | diese Worte | mit ... Stimme.

Das Attribut: Begriffsbestimmung und Formen

1. Attribute antworten alle auf die Fragen *Was für ein? Welche/welcher/welches?*, aber in den Formen sind sie verschieden. Attribute können vor oder nach dem Bezugswort stehen. Sie bestehen aus **verschiedenen Wortarten:**
   - aus **Substantiven** (in verschiedenen Kasus, vor oder nach dem Bezugswort, möglich ist auch die Erweiterung durch Präposition und Begleiter),
   - aus **Adjektiven** (immer vor dem Bezugswort),
   - aus **Adverbien** (nach dem Bezugswort), und
   - sogar aus **ganzen (Neben-)Sätzen**.

   Beispiel: *Justus hat Peter mit einem* ***kleinen*** *Sender* (Adjektivattribut) *nach draußen geschickt und erläutert dem Professor,* ***einem von Natur aus skeptischen Zuhörer:***
   (Apposition: Beifügung im gleichen Fall)
   „Ich habe eine ***wissenschaftliche*** *Erklärung.* (Adjektivattribut)
   Ein ***kleines, unsichtbares*** *Empfangsgerät* (Adjektivattribute) *wird an der Rückseite* ***der Mumie*** (Genitivattribut: Substantiv) *angebracht, und jemand,* ***der von draußen sendet,*** (ganzer Nebensatz als Attribut) *lässt den* ***erstaunten*** *Zuhörer glauben …“*
   (adjektivisch gebrauchtes Partizip als Attribut)
   Im ***gleichen*** *Augenblick* (Adjektivattribut) *hörte sich* ***Peters*** *Stimme* (Genitivattribut: Name) ***aus dem Kästchen*** (Attribut mit Präposition) *sehr beunruhigt an:*
   „Im Gebüsch ***da vorn*** (Adverbien als Attribut) *ist jemand versteckt.*
   Er weiß nicht, dass ich ihn entdeckt habe …“

2. Wie aus vielen anderen Satzteilen auch, kann man aus Attributen Nebensätze formulieren. Attributsätze (vgl. Unterstreichung) sind ein Grund dafür, dass Attribute als Satzteile angesehen werden könnten, obwohl ihnen die meisten Satzteil-Eigenschaften fehlen. (Zu den Nebensätzen, siehe S. 194)

Aufgabe 113 Suche im folgenden Text Attribute und ordne sie den oben genannten Arten zu.

Peter hat beinahe einen Fremden erwischt, der aber ist entkommen. Die anderen haben die Stimme in einer unbekannten Sprache über den Sender gehört, kommen aber leider zu spät zu Peter: „Es war Arabisch, wie es heute gesprochen wird“, erklärte der Professor. „Und was der Junge da schrie, hieß: ‚Ich rufe den Geist des edlen Ra-Orkon um Hilfe an!‘“ Justus wollte etwas sagen, aber ein lauter Schrei Peters schnitt ihm das Wort ab. Sie fuhren herum und starrten erschrocken hinauf. Eine der gewaltigen Granitkugeln, die jeweils mindestens eine Tonne wogen, hatte sich von ihrem Platz auf dem Torpfeiler gelöst. Mit wachsender Schnelligkeit rollte und holperte sie auf die Gruppe zu.

Genitivattribut oder Genitivobjekt – Verwechslungsgefahr?

- Ein häufiger Fehler bei der Bestimmung von Satzteilen ist die Verwechslung von Genitivattribut und Genitivobjekt (siehe S. 149). Die Unterscheidung ist aber nicht schwer, weil das Genitivobjekt sehr selten vorkommt und es sich deshalb bei einem Genitiv in den **meisten Fällen** um ein **Attribut** handelt. Im Gegensatz zum Genitivobjekt wird das Genitivattribut nicht vom Verb verlangt.

  Beispiel: *Sie entsinnen sich eines alten Bekannten.* (Genitivobjekt)
  Die Adresse des Bekannten war schnell ermittelt. (Genitivattribut)

- Unten in der Tabelle werden die Verfahren verglichen, um beide Formen korrekt zu bestimmen: Die Frage *Wessen?* beim Genitivattribut kann irreführend sein, da sie auch für das Objekt gilt. Sicherer ist also immer *Was für ein?*.

- Entscheidend ist aber, dass beim Genitivattribut ein Substantiv auf das Fragewort folgt, beim Genitivobjekt ein Verb.

  Beispiel: *Was für eine **Adresse**? – Die Adresse des Bekannten.* (Genitivattribut)
  *Wessen **entsinnen** sie sich? – …eines alten Bekannten* (Genitivobjekt)

Genitivattribut	**Genitivobjekt**
Ein energischer Befehl des Professors hielt sie zurück.	*„Ich entsinne mich eines alten Fluchs!", sagte Wilkins.*
Frage: **Was für ein / welcher** Befehl hielt sie zurück? (Wessen Befehl hielt sie zurück?)	Frage: **Wessen** entsinnt sich Wilkins?
Weglassprobe: Ein (energischer) Befehl hielt sie zurück.	Weglassprobe: Nicht möglich

Aufgabe 114 Entscheide bei den roten Satzteilen: Genitivattribut oder Genitivobjekt?

Justs Respekt vor dem Professor wuchs; denn der hatte vor ihm bemerkt, dass die Bahn der Kugel durch eine Unebenheit des Geländes abgelenkt würde. Wilkins war immer noch von der gefährlichen Masse der Kugel gebannt. Und obwohl ihm der Professor befahl zu schweigen, sagte er: „Es ist der Fluch des Ra-Orkon. Er hat auch das bewirkt." Es war seine unerschütterliche Meinung: Die Forscher hatten sich der Mumie des Ra-Orkon bemächtigt und sich so einer Ruhestörung an seinem Grabe schuldig gemacht. Es gab auch eine warnende Grabinschrift, welche jedem deutlich drohte, der die Ruhe Ra-Orkons störte. Es gab jedoch Meinungsverschiedenheiten über die genaue Auslegung des Textes. Obwohl die Gefahren deutlich waren, beschuldigte Yarborough seinen Butler des Aberglaubens.

Hinweis zum Stil

Die unterschiedlichen Attributformen kannst du stilistisch nutzen.

- Eintönige Zusätze zu Substantiven (immer nur Genitivattribute, nur Adjektive oder Nebensätze über einen ganzen Text hinweg) kannst du umgehen, indem du variierst.

  Beispiel: *Der Fluch der Mumie war nur Fachleuten bekannt. Das Aussehen der Mumie war nicht unbedingt Angst einflößend. Aber man konnte deutlich die Angst des Butlers bemerken.*
  Besser: *Der Fluch der Mumie war nur Fachleuten bekannt. Ihr Aussehen war nicht unbedingt Angst einflößend. Aber man konnte deutlich die Angst, die der Butler empfand, bemerken.*

- „Überladene" Zusätze kannst du vermeiden, indem du Nebensätze bildest.

  Beispiel: *Man konnte keine genaue Bestimmung des Zeitpunktes des rätselhaften Königstodes vornehmen.* (überladene Zusätze)
  Man konnte den Zeitpunkt, an dem der König auf rätselhafte Weise gestorben war, nicht mehr genau bestimmen. (verständlicher Nebensatz)

- Bei unwichtigen Zusätzen solltest du umständliche Formulierungen meiden und kürzere Ausdrücke verwenden.

  Beispiel: *die Grabstätte, die alt war* (umständliche Formulierung)
  die alte Grabstätte (kurz und verständlich)

Aufgabe 115 Professor Yarborough erzählt, wie es bei der Entdeckung der Mumie tatsächlich zuging. Einer der drei Detektive hat sich einen schwer verständlichen Text notiert. Verbessere ihn und achte auf die umständlichen Attribute.

Es stimmt, dass sich mit Ra-Orkon Begleitumstände verbinden, die rätselhaft sind. Seine Entdeckung, die durch Zufall geschah, geschah folgendermaßen: Sein Grab war in einer Felswand verborgen, die zerklüftet war. Es enthielt keine der Beigaben, die üblich sind und die sonst in Gräbern, die Königen gehören, zu finden sind. Nichts war darin als der Sarkophag, der sehr schlicht war, und der ebenfalls einbalsamierte Leichnam der Lieblingskatze des Königs. Nirgends war eine Inschrift zu entdecken, die sonst üblich war und die über die Person und das Lebenswerk des Königs, der tot war, Aufschluss gegeben hätte. Es schien, als sei er absichtlich so unauffällig bestattet worden. Möglicherweise wollten ihn seine ihn bestattenden Angehörigen später in eine Grabstätte überführen, die prächtiger war. Wenn ihn einer der Grabschänder, der dieser Epoche angehörte, entdeckt hätte, hätte er sich an dem Grab, das fast leer war, kaum bereichern können. Die Sorgfalt der Einbalsamierung Ra-Orkons verweist jedoch darauf, dass er kein Mensch war, der gewöhnlich war.

Die vorangehenden Abschnitte zu den einzelnen Satzteilen enthalten Übungen dazu, wie du die jeweiligen grammatischen Kenntnisse zur Verbesserung deines Stils nutzen kannst. Die folgenden Hinweise **fassen** das, was in den Einzelabschnitten gesagt wird, **zusammen:**

Hinweis zum Stil

Um die Verständlichkeit deiner Äußerungen zu verbessern, hast du viele Möglichkeiten:

- Achte auf die Reihenfolge der Satzglieder und nutze Umstellungsmöglichkeiten; überprüfe dabei auch die Verwendung eines Passivs!
- Vermeide durch Pronomen und gelegentlich auch durch Streichen von Überflüssigem Wiederholungen von Satzgliedern, aber achte darauf, dass die Bezüge bestehen bleiben!
- Beschreibe durch geeignete Attribute Inhalte genauer, aber überlade dadurch nicht die Satzglieder! Formuliere die Sätze nicht umständlich!
- Vermeide eine zu weite Entfernung der Prädikatsteile voneinander und beachte Umstellmöglichkeiten!
- Achte auf die Übereinstimmung von Verb und Subjekt!
- Prüfe bei Genitivobjekten, ob sie noch natürlich klingen, und prüfe bei heute üblicheren Präpositionalobjekten, ob sie korrekt sind!

Aufgabe 116 Verbessere den folgenden Text, indem du die oben aufgelisteten Ratschläge befolgst. Die Satzteile, die ein Problem enthalten, sind farbig markiert, außer wenn es um die Umstellung (fast) aller Satzglieder geht.

Ein tragbares Tonbandgerät hatte Just unter dem Kittel an seinen Gürtel geschnallt.
„Gutes Rüstzeug **in technischer Hinsicht** erfordern moderne Ermittlungsverfahren“, hatte **Just** damals gesagt, als die **drei** Jungen ihr Detektivbüro „Die drei ???“ gründeten. Eine ganz beachtliche Ausstattung hatten sie sich auf diese Weise allmählich zugelegt. Ein Mikroskop besaßen sie in dem Labor der Zentrale, **das sehr klein war.** Außerdem **gehörte** ein Vergrößerungsapparat für Fingerabdrücke, weiteres Experimentiergerät und eine Dunkelkammer für das Entwickeln der Fotos, **die mit Bobs Blitzlichtkamera aufgenommen wurden, dazu.** Das Tonbandgerät stammte von Peter – **Peter hatte** es bei einem Schulkameraden gegen seine Briefmarkensammlung, **für die sich der Schulkamerad interessierte, eingetauscht.**

Nur wenige Zentimeter von den Lippen der Mumie entfernt, klemmte Justus jetzt das Mikrofon fest. „Ich kann dich nicht verstehen, Ra-Orkon“, sagte er laut. Das Flüstern begann da wieder, das für kurze Zeit verstummt war. Eine lange Wortfolge, die jedoch nur leise geflüstert war, war zu vernehmen. Justus hoffte, dass die schwachen Laute durch das Mikrofon, das sehr leistungsstark war, aufgefangen werden könnten. Über eine Minute dauerte das Flüstern bei diesem Versuch.

Justus verfing sich da an einem Splitter mit seinem falschen Bart, der vom Rand des alten Sargs abstand. Er blieb hängen und wurde ihm vom Kinn gerissen. An seiner Haut zupfte der Klebstoff, der sehr zäh war, dabei sehr.

Er stand, nachdem er an seiner ziemlich durcheinandergeratenen Verkleidung herumgefummelt hatte, auf. Die Tür flog auf und es stürzte der Professor und Bob herein.

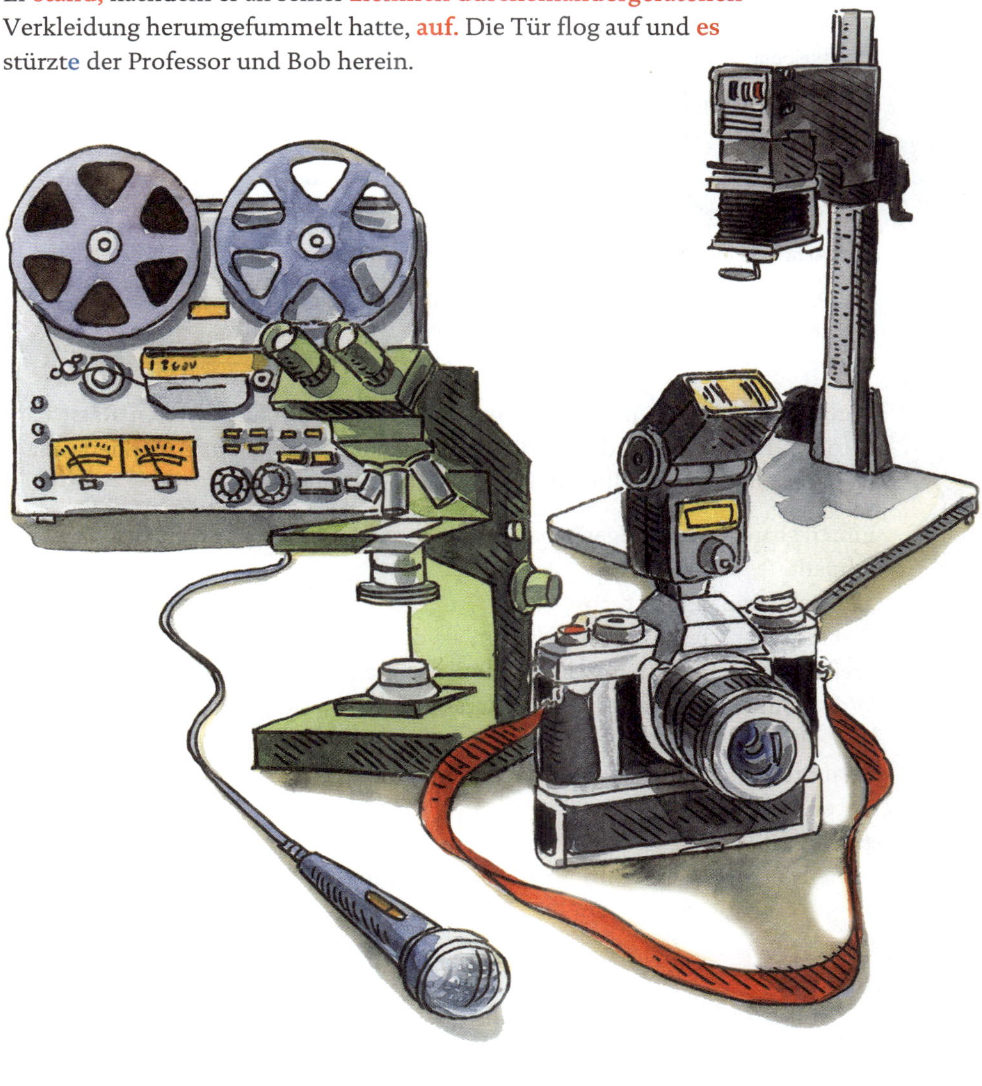

Satzbau: Nebensätze

Die bisherigen Beispiele zu Satzteilen und anderen grammatischen Sachverhalten gingen von Hauptsätzen aus. Bei der Behandlung der Satzteile, besonders des Prädikats, hast du erfahren, was einen vollständigen Satz ausmacht – gemeint war stets ein Hauptsatz.
In diesem Kapitel erfährst du, wie du Haupt- und Nebensätze und vor allem die einzelnen Nebensatzarten voneinander unterscheidest und bestimmst.

Haupt- und Nebensätze: Begriffsbestimmung

1. Ein Hauptsatz ist **vollständig**, wenn er die **vom Verb geforderten Satzteile** enthält. Ob er auch korrekt ist, hängt von vielen weiteren Bedingungen ab (richtige Kasusformen, richtige Formen des Verbs, korrekte Wortstellung).

2. Im Hauptsatz, und zwar im Aussagesatz, steht das **finite Verb** immer an **zweiter Satzgliedstelle** (zum Begriff Satzteil bzw. Satzglied vgl. S. 131–133).

   Beispiel: *In der Stadt Gordium gab es einen alten Wagen. An diesem Wagen war die Deichsel mit einem Riemen verknotet.*
   Man musste den Knoten lösen. Durch diese Tat konnte man (laut Weissagung) die Weltherrschaft erlangen.

3. Im Nebensatz steht das **finite Verb am Ende**.

   Beispiel: *In der Stadt Gordium gab es einen Wagen,* ***an dem die Deichsel mit einem Riemen verknotet war.***
   Man konnte die Weltherrschaft erlangen, ***wenn man diesen Knoten löste.***

4. Nebensätze sind Satzteile des Hauptsatzes. Jeder Nebensatz zählt wie **ein Satzteil**. Attributsätze haben eine Sonderstellung. Stellt man Haupt- und Nebensatz um, muss das Verb des Hauptsatzes sofort hinter dem Nebensatz erscheinen.

   Beispiel: ***Wenn man diesen Knoten löste,*** *konnte man die Weltherrschaft erlangen.*

   Der gesamte farbige Nebensatz zählt wie **ein** Satzglied (hier: konditionale Bestimmung). Also steht das Verb des Hauptsatzes (wie es die Regel sagt) an zweiter Stelle!

5. Die Gesamtheit von Haupt- und Nebensatz nennt man **Satzgefüge**.

Der folgende Textauszug enthält die meisten Arten von Nebensätzen, mit denen sich das folgende Kapitel befasst. Bei der Beschäftigung mit dem Text kannst du auch verstehen, warum bestimmte Informationen in Nebensätzen stehen.
Das Buch *Eine kurze Weltgeschichte für junge Leser* von Ernst H. Gombrich enthält zahlreiche fesselnd geschriebene Kapitel zu wichtigen geschichtlichen Ereignissen. Die Begebenheiten werden aus der Sicht von einfachen Leuten und interessierten oder betroffenen Zeugen erzählt. Man befindet sich stets mitten in einer spannenden Handlung. Das Kapitel über **Alexander den Großen** steht im Folgenden im Mittelpunkt.

Das größte Abenteuer

Beim Tod seines Vaters, des Königs Philipp von Makedonien, war Alexander kaum 20 Jahre alt. Alle Griechen dachten, sie könnten sich jetzt leicht befreien, denn sie meinten, mit so einem jungen Burschen würden sie schon fertig werden. Aber Alexander war kein gewöhnlicher junger Bursche. Man erzählt, dass er als Kind jedes Mal geweint habe, wenn sein Vater eine neue Stadt eingenommen hatte. „Der Vater wird mir nichts mehr zum Erobern lassen, wenn ich einmal König bin." [...]

Nun musst du wissen, dass der junge König Alexander nicht nur ein mutiger junger Krieger war; er war auch ein sehr schöner Mann mit langen, lockigen Haaren, der alles wusste, was man damals überhaupt wissen konnte. Er hatte nämlich den berühmtesten Lehrer gehabt, der damals auf der Welt aufzutreiben war: den griechischen Philosophen Aristoteles. Was das bedeutet, kannst du dir ungefähr vorstellen, wenn ich dir sage, dass Aristoteles nicht nur der Lehrer Alexanders, sondern eigentlich der Lehrer der Menschen durch zwei Jahrtausende gewesen ist. Wenn in den folgenden zwei Jahrtausenden Menschen über irgendeinen Punkt uneinig waren, haben sie in den Schriften des Aristoteles nachgeschaut. [...] Was dort stand, musste wahr sein. [...]

All das lernte Alexander, der sicher ein guter Schüler war. Am liebsten las er in den alten Heldenliedern des Homer, man erzählt, dass er sie sogar nachts unter sein Kopfkissen legte.

Einmal traf Alexander Diogenes, einen komischen Sonderling. Seine Meinung war: Was man besitzt und was man braucht, stört einen nur im Nachdenken und im einfachen Wohlbehagen. – So hatte er alles weggegeben und sich fast nackt in eine Tonne auf den Marktplatz von Korinth gesetzt. Alexander trat vor die Tonne und sagte: „Du gefällst mir; was du dir von mir wünschst, will ich dir gewähren." Weil Diogenes gerade behaglich in der Sonne lag, sagte er: „Du machst mir da Schatten, bitte, geh mir aus der Sonne." Auf Alexander machte dies einen großen Eindruck, sodass er gesagt haben soll: „Wenn ich nicht Alexander wäre, so wollte ich Diogenes sein."

[Bald danach zog Alexander mit seinem Heer nach Persien, wo ihm verschiedene persische Heere entgegentraten. Sein Heer kämpfte sehr mutig. Doch wo es am wildesten zuging, befand sich stets auch Alexander. Während dieser Eroberungen ereignete sich auch die berühmte Geschichte vom gordischen Knoten:]

In der Stadt Gordium gab es in einem Tempel einen alten Wagen, an dem die Deichsel mit einem Riemen befestigt und riesig fest verschlungen und verknotet war. Nun war geweissagt worden: Wer diesen verflochtenen Knoten lösen kann, wird die Weltherrschaft erlangen. Alexander versuchte nicht sehr lange, an dem Knoten herumzunesteln, der anscheinend noch ärger war als ein Knoten im Schnürsenkel, wenn man gerade Eile hat. Er tat, was mir meine Mutter nie erlaubt hat: Er nahm sein Schwert und hieb ihn einfach mittendurch. Das bedeutete gleichzeitig: „Mit dem Schwert in der Hand erobere ich die Welt und erfülle so die alte Weissagung." Und so tat er es ja auch.

[Alexander machte weitere Eroberungen in Phönizien und Ägypten, bevor er die Perser endgültig besiegte. Doch er zog noch weiter bis nach Indien, wo er weitere Siege errang, z. B. auch über ein scheinbar übermächtiges Heer. Dass ihm dies gelang, gehört zu seinen größten militärischen Taten. Noch merkwürdiger aber ist, wie er dieses Heer in der brütenden, feuchten Hitze von Indien wirklich geschlagen hat. Dies gelang ihm nämlich, indem er über einen Fluss übersetzte, an dessen anderem Ufer ihn die Feinde erwarteten.

Nachdem sie viele Städte erobert hatten, wurden die Soldaten müde. Sie wollten nicht mehr kämpfen, sodass Alexander ihnen den Rückzug nach Hause zusagen musste. Er setzte jedoch noch durch: Wir kehren nur zurück, wenn wir nicht denselben Weg nehmen, den wir hergekommen sind.]

Ernst H. Gombrich: *Eine kurze Weltgeschichte für junge Leser (Dumont 1998) [Auszug S. 82 ff.]*

Funktion von Nebensätzen

Nebensätze entsprechen den Satzteilen, die du bereits kennst (siehe „Satzteile“, S. 131). Sie haben ähnliche Funktionen.

- Entsprechend den Satzteilen Subjekt, Prädikat, Objekt, Adverbial, Attribut (mit Sonderstellung) gibt es **Subjekt-, Prädikat-, Objekt-, Adverbial- und Attributsätze** (auch mit Sonderstellung).
- Nach Nebensätzen **fragt** man genau wie nach den entsprechenden Satzteilen. Bei folgendem Nebensatz fragt man nach dem Objekt, er ist also ein Objektsatz.
  Beispiel: *Niemand weiß, ob sich die Geschichte folgendermaßen zutragen wird.*
  Was weiß niemand? (Frage nach Objekt/Objektsatz)
- Ob man einen Satzteil als Substantiv, als Pronomen oder als längeren Nebensatz formuliert, hängt davon ab, **wie** etwas beschrieben werden soll. Man hat die Auswahl, etwas möglichst knapp oder ganz ausführlich zu sagen. Meist enthält der Nebensatz **mehr Information** als ein einfacher Satzteil.
  Beispiel: *Niemand weiß den späteren Ablauf der Geschichte.* (Objekt)
  Niemand weiß, ob sich die Geschichte so zutragen wird. (Objektsatz)
- Häufig (aber nicht bei allen Nebensätzen) lässt das Einleitewort die **Sprechabsicht** erkennen. Manchmal handelt es sich bei Nebensätzen um indirekte Fragen:
  Beispiel: *Was es damals schon alles gab, frage ich mich.* (indirekte Frage)
  Ich frage mich: „Was gab es damals schon alles?“ (als direkte Frage)
  oder um indirekte Aussagen/Behauptungen:
  Beispiel: *.... dass sich die Geschichte folgendermaßen zutragen wird.* (Aussage)
  im Gegensatz zu (indirekten) Vermutungen:
  Beispiel: *... ob sich die Geschichte folgendermaßen zutragen wird.* (Vermutung)
  Die Unterscheidungsmöglichkeiten der Sprechabsicht sind in Nebensätzen größer als in Satzteilen, die nur aus Substantiven oder Pronomen bestehen.

Aufgabe 117 Versuche die folgenden Nebensätze (rot) in kürzere Satzteile umzuformen. Benutze dabei die in Klammern vorgeschlagenen Wörter. In welchen Fällen würdest du den Stil als nicht gelungen bezeichnen?

Wenn du ein spannendes Buch über Geschichte lesen willst, dann solltest du zum unten angegebenen Buch greifen. (Im Falle von Interesse an ...)

____

Obwohl vieles aus den folgenden Abenteuern schon lange her ist, ist es auch heute noch interessant(,) davon zu erfahren. (Trotz ...)

____

Während du das Buch liest, wirst du oft den Eindruck haben, eine spannende Geschichte mitzuerleben. (Bei(m) …)

___

Du lernst also Wichtiges aus der Geschichte, **indem du einfach Geschichten liest.** (durch …)

___

Aufgabe 118 Bilde jeweils aus dem roten Hauptsatz einen Nebensatz und verbinde ihn mit dem schwarzen Hauptsatz zu einem Satzgefüge. Nutze die in Klammern vorgeschlagenen Konjunktionen. Bei der Umwandlung sind Umstellungen nötig. Achte besonders auf das Verb!

Beispiel: **Du lernst im Folgenden die Abenteuer eines Königs kennen.** Du erfährst etwas über griechische Geschichte. (Wenn)

Lösung: *Wenn du im Folgenden die Abenteuer eines Königs kennenlernst, erfährst du etwas über griechische Geschichte.*

Vieles wird sich vielleicht wie reines Abenteurertum anhören. Einiges hat mit dem Gedanken zu tun, verschiedene Kulturen zu vereinen. (Obwohl)

Der beschriebene König war noch sehr jung. Er hatte schon eine ausgezeichnete Bildung. (Als)

Häufig werden nur seine militärischen Leistungen genannt. **Er hat auch für die Kultur seines Landes viel geleistet. (obwohl)**

Er starb in einem sehr frühen Alter. **Er konnte vieles nicht vollenden.** (sodass)

Es gab keinen würdigen Nachfolger. Sein Reich zerfiel. (Weil)

Hinweis zum Stil

- Die Aneinanderreihung von Hauptsätzen kann zu einem monotonen Stil führen.

  Beispiel: *Es gab einen Wagen. Der hatte eine Deichsel. Daran war ein Knoten. Man musste den Knoten lösen. Man konnte damit die Weltherrschaft erlangen.* (Hauptsätze)

- Andererseits sollte man allzu verschachtelte Nebensatz-Formulierungen vermeiden.

  Beispiel: *Wer einen Knoten, mit dem die Deichsel eines Wagens, der in der Stadt Gordium war, befestigt war, löste, konnte die Weltherrschaft erlangen.* (verschachtelt)

- Der folgende Vorschlag vermeidet einen eintönigen Stil und ist klar verständlich.

  Beispiel: *In der Stadt Gordium gab es einen Wagen, an dem die Deichsel mit einem Riemen verknotet war. Wer diesen Knoten löste, konnte die Weltherrschaft erlangen.*

Verwende also eine ausgewogene Kombination von Haupt- und Nebensätzen.

Aufgabe 119 Versuche, die folgenden „Satzknoten" zu lösen, indem du eine ausgewogene Kombination von Haupt- und Nebensätzen bildest.

Die Griechen dachten, sie könnten sich von Alexander, der beim Tod seines Vaters, der ermordet wurde, kaum 20 Jahre alt war, leicht befreien. Dadurch, dass er den berühmtesten Lehrer, den es damals gab und den man noch zwei Jahrtausende lang, wenn etwas unklar war, mit seinen Schriften zurate zog, hatte, wurde Alexander sehr gebildet. Da Alexander, der nicht nur ein mutiger Krieger, sondern auch ein schöner Mann war, auch intelligent und gebildet war, genoss er bald die Achtung seines Volkes. Wie eigenwillig er in Situationen, die bisher ungelöst waren, nicht nur aufgrund seiner Intelligenz, sondern auch aufgrund seines Willens zum Herrschen, der allerdings auch lange Kriegszüge mit sich brachte, dachte, zeigt die Geschichte vom gordischen Knoten.

13 Bestimmung der Nebensätze als Satzteile

Es kann zu Meinungsverschiedenheiten darüber kommen, um welchen Nebensatz es sich im Einzelfall handelt. Nehmen wir das Beispiel:

Niemand weiß, dass sich die Geschichte folgendermaßen zutragen wird.

Einer sagt, das sei ein Konjunktionalsatz (wegen der Konjunktion *dass*). Ein Zweiter behauptet, es handle sich um einen Objektsatz, da man fragt: **Was** wusste niemand? Die Antwort ist: Beide haben Recht! Nur geht der Erste von der äußeren Form des Nebensatzes aus, der Zweite von dessen Funktion im Satzgefüge. Es gibt verschiedene Einteilungsmöglichkeiten für Nebensätze.

Grundsätzlich gilt: **Alle Nebensätze sind Satzteile**[10]. Allerdings werden nicht alle Satzteile gleich häufig als Nebensätze ausgedrückt. Daher wird in diesem Kapitel auf die wichtigsten und häufigsten Nebensatzarten eingegangen.

13.1 Subjektsätze

Subjektsätze stehen als Subjekt im Satzgefüge. Sie werden mit der Frage Wer?/ Was? bestimmt.

Subjektsätze: Begriffsbestimmung

Subjektsätze sind Nebensätze, die das Subjekt des Satzgefüges bilden. Nach Subjektsätzen fragt man, wie nach einem Subjekt auch, mit der Frage *Wer oder was?*.

Beispiel:	*Was in diesem Buch stand, musste wahr sein.*	(Subjektsatz)
	(Frage: **Wer oder was** musste wahr sein?)	
	Der Inhalt musste wahr sein.	(Substantiv als Subjekt)
	Das musste wahr sein.	(Pronomen als Subjekt)

Aufgabe 120 Suche im Text auf S. 176 f. die Antworten auf die folgenden Fragen nach dem Subjekt. In vier Fällen erhältst du Subjektsätze. Welche sind das?

Wer war beim Tod seines Vaters kaum 20 Jahre alt?
Wer sagte: „Du machst mir da Schatten, bitte, geh mir aus der Sonne"?
Was stört einen (laut Diogenes) nur im Nachdenken und im einfachen Wohlbehagen?
Wer wird (der Weissagung nach) die Weltherrschaft erlangen?
Was gehört zu Alexanders größten militärischen Taten?
Was ist noch merkwürdiger?

---

10 Die Attributsätze haben eine Sonderstellung.

13.2 Prädikatsätze

Prädikatsätze (auch Prädikativsätze genannt) sind Nebensätze, die im Satzgefüge für das Prädikatsnomen oder das Prädikatsadjektiv stehen.

Prädikatsätze: Begriffsbestimmung

1. Prädikatsätze sind Nebensätze, die anstelle des Prädikatsnomens oder des Prädikatsadjektivs stehen.

   Beispiel: *Alexander war, was alle gern gewesen wären.* (Prädikatsatz statt Prädikatsnomen)
   Alexander war, wie nur wenige waren. (Prädikatsatz statt Prädikatsadjektiv)

   Im ersten Satz könnte man als Prädikatsnomen einsetzen *kein gewöhnlicher junger Bursche/ein mutiger junger Krieger;* im zweiten Satz die Prädikatsadjektive *sehr mutig/abenteuerlustig* usw. (vgl. Satzteile, S. 147)

2. Prädikatsätze beginnen in vielen Fällen mit einem **indirekten Fragewort** (*was, wie* usw.) und bleiben dann sehr allgemein. Sie können alle mit *nämlich* fortgeführt werden, wonach das Substantiv oder Adjektiv erscheint.

   Beispiel: *Er war, was jeder gern wäre:* (nämlich) *ein Held.*

3. Ein weiterer Typ von Prädikatsatz sind **Infinitivsätze**. Sie müssen mit wenigen Ausnahmen[11] nicht durch Komma vom Hauptsatz getrennt werden.

   Beispiel: *Sein Ziel war(,) die Welt zu erobern.*

Aufgabe 121 Suche in dem Text auf S. 176 f. Prädikatsnomen und Prädikatsadjektive. Kennzeichne jeweils auch das entsprechende Subjekt. In welchem Satz wird das Prädikatsnomen durch einen Prädikatsatz gebildet?

Aufgabe 122 Versuche durch die Informationen im Text, Alexander zu charakterisieren. Benutze folgende Wendungen und verwende im Anschluss Prädikatsätze.

Alexanders Ziel(e) war(en), …
Seine Haupteigenschaften waren, …
Seine Taktik war, …

11 Ein Komma steh vor
- Infinitiven mit *als, (an)statt, außer, ohne, um* (vgl. S. 124)
- Infinitiven, die von einem Bezugswort abhängen *(Ihm kam der Gedanke, das zu tun. Ich war dagegen, das zu tun.)*.

13.3 Objektsätze

Da es verschiedene Objekte (bzw. Ergänzungen) in den entsprechenden Kasus gibt, gibt es auch verschiedene Objektsätze, welche an die Stelle der betreffenden Objekte treten können. Allerdings werden die Objektsätze nicht gleich häufig verwendet. Man versteht unter einem Objektsatz meist einen **Nebensatz an der Stelle eines Akkusativobjekts**. Objektsätze anstelle eines Genitiv- oder Dativobjekts dagegen sind eher selten.

Es wäre problematisch, den Begriff „Genitivobjektsatz" (usw.) zu verwenden, da Nebensätze keinen Kasus haben. Man kann sie nicht deklinieren. Besser ist es, von einem „Objektsatz anstelle eines Genitivobjekts/Dativobjekts/Akkusativobjekts" zu sprechen. Welches Objekt der Nebensatz vertritt, merkt man, genau wie bei den einfachen Objekten, an der Frage, die man nach dem Satzteil stellen muss.

Objektsätze anstelle eines Genitivobjekts: Begriffsbestimmung

1. Nach dem Objektsatz, der das Genitivobjekt vertritt, fragt man wie nach dem Genitivobjekt mit *Wessen?*

   Beispiel: *Vielleicht war sich Alexander nicht immer bewusst, welchen Gefahren er sich und seine Truppen aussetzte.* (Objektsatz anstelle eines Genitivobjekts)
   (Frage: **Wessen** war er sich nicht immer bewusst?)

2. Die **Unterscheidung** zwischen dem Objektsatz, der ein Genitivobjekt vertritt, und dem, der anstelle eines Präpositionalobjekts steht, ist **nicht immer eindeutig**.

   Beispiel: *Alexander erinnerte sich nicht, einen Menschen wie Diogenes jemals getroffen zu haben.* (Objektsatz anstelle eines Genitivobjektes)
   Wessen erinnerte er sich nicht? (Frage nach Genitivobjekt)
   Woran erinnerte er sich nicht? (Frage nach Präpositionalobjekt)

   Im ersten Fall fragt man nach einem Genitivobjekt, im zweiten nach einem Präpositionalobjekt (zur Verdrängung des Genitivobjekts siehe S. 149). Da der Nebensatz auf beide Fragen passt und man ihm keinen Kasus ansieht, ist er also nicht eindeutig als Objektsatz anstelle eines Genitivobjekts einzuordnen.
   Nur in **wiederholenden Wendungen** (vgl. Prädikatsatz, S. 182) ist ein Objektsatz als Genitivobjekt-Ersatz eindeutig identifizierbar:

   Beispiel: *Er erinnert sich, **wessen** sich viele erinnern.* (nämlich: dieses getan zu haben)

Objektsätze anstelle eines Dativobjekts: Begriffsbestimmung

1. Die Objektsätze, die wie das Dativobjekt mit *Wem?* erfragt werden, finden sich unter anderem in **formelhaften Ausdrücken**.

   Beispiel: *(Man erweise) Ehre, wem Ehre gebührt.* (Objektsatz anstelle eines Dativobjekts)
   (Frage: **Wem** erweise man Ehre?)

2. Es gibt Objektsätze, bei denen die Stelle des Dativobjekts nur schwer zu erkennen ist.

   Beispiel: *Man musste staunend zusehen, wie (dass) Alexander den Knoten zerschlug.*
   (Frage: **Wem (welcher Tatsache)** musste man zusehen?)

Objektsätze anstelle eines Akkusativobjekts: Begriffsbestimmung

1. Objektsätze, die für ein Akkusativobjekt stehen, antworten auf die Frage *Wen oder was?*

   Beispiel: *Er tat, was mir meine Mutter nie erlaubt hat.* (Objektsatz statt Akkusativobjekt)
   (Frage: **Wen oder was** tat Alexander?)

2. Viele Objektsätze anstelle eines Akkusativobjekts lassen sich aus direkter Rede herleiten.

   Beispiel: *Alle Griechen dachten: „Jetzt können wir uns leicht befreien!"* (direkte Rede)
   Alle Griechen dachten, dass sie sich jetzt leicht befreien könnten.
   (indirekte Rede mit Objektsatz)
   (Frage: **Was** dachten alle Griechen?)

   Solche Objektsätze stehen in der **indirekten Rede** nach Verben, die ein Akkusativobjekt verlangen: *sagen, meinen, erläutern, erklären, ausführen, schildern, bedeuten, fragen* usw. Eigentlich vertritt auch die direkte Rede das Akkusativobjekt zu *dachten*. Aber nur bei der indirekten Rede spricht man von einem Objektsatz. Er muss ja ein Nebensatz mit Verbstellung am Ende sein.
   Allerdings gibt es den **Sonderfall** eines Nebensatzes, bei dem das Verb nicht am Ende steht. Dies ist jedoch nur in der indirekten Rede ohne *dass* möglich. (vgl. S. 201)

   Beispiel: *Sie dachten, sie befreiten sich jetzt leicht.* (indirekte Rede ohne *dass*)

3. Objektsätze anstelle eines Akkusativobjekts sind sehr **häufig**. Das merkst du an den verschiedenen Formen, die sie haben können (siehe Kapitel „Bestimmung von Nebensätzen durch die äußere Form", S. 198 ff.).

Aufgabe 123 Du entdeckst Objektsätze, die ein Akkusativobjekt vertreten, im Text auf S. 176, indem du die Antworten auf folgende Fragen findest.

Was dachten die Griechen?
Was musst du wissen?
Was kannst (sollst) du dir ungefähr vorstellen?
Was sagt dir der Erzähler (zu Aristoteles)?
Was erzählt man zu Alexander und den Heldenliedern des Homer?

Objektsätze anstelle eines Präpositionalobjekts: Begriffsbestimmung

1. Objektsätze, die für ein Präpositionalobjekt stehen, werden mit der Präposition im Fragewort erfragt und bestimmt.

   Beispiel: *Man wunderte sich über Alexanders Fähigkeiten.* (einfaches Präpositionalobjekt)
   Man wunderte sich, welche Fähigkeiten Alexander hatte. (Nebensatz anstelle eines Präpositionalobjekts) (Frage: **Worüber** wunderte man sich?)

2. Diese Nebensätze sind, wie die Objektsätze anstelle von Dativobjekten auch, nur **schwer zu erkennen**. Im Zweifelsfall kannst du nochmals bei den Präpositionalobjekten nachsehen (S. 153), wie man sie korrekt erfragt.

   Beispiel: *Man zweifelte, ob jemand den Knoten lösen könnte.*
   (Frage: **Woran** zweifelte man?)
   Man war erstaunt, mit welchem Einfall Alexander das Rätsel löste.
   Man war erstaunt, wie Alexander das Rätsel löste.
   (Frage: **Worüber** war man erstaunt?)

Aufgabe 124 Der folgende Text (außer dem Satz in Klammern) enthält Objektsätze, die anstelle eines Präpositionalobjekts stehen. Stelle Fragen, auf die der jeweilige Nebensatz antwortet. Überprüfe danach, in welchen Fällen es möglich ist, den Objektsatz durch ein einfaches Präpositionalobjekt zu ersetzen.
Beispiel: *Worum hatte sich Alexanders Vater bemüht? Alexanders Vater hatte sich um Vorbereitungen für Eroberungen in Persien bemüht.*

Schon Alexanders Vater hatte sich bemüht, Vorbereitungen für Eroberungen in Persien zu treffen. Alexander soll seinen Vater sozusagen gebeten haben, ihm nicht alle Eroberungen wegzunehmen.
Die Griechen waren nicht vorbereitet, einen Herrscher wie Alexander zu bekommen. Sie waren erstaunt, wie energisch und zielbewusst er war. Viele wunderten sich auch, wie klug er trotz seiner Jugend schon war.

(Einmal gab es ein Pferd, das von keinem zu bändigen war.) Alle zweifelten, ob auch das Alexander gelingen würde. Aber hier war man wieder erstaunt, mit welchem Scharfsinn er das Pferd durchschaut hatte. Viele hatten sich schon den Kopf zerbrochen, was der Grund für die Wildheit des Pferdes sei. Alexander erkannte: Bukephalus, so hieß das Pferd, hatte sich lediglich gescheut, seinen eigenen Schatten zu sehen, und war deswegen immer erschrocken.

13.4 Adverbialsätze und ihre inhaltliche Unterteilung

Man bestimmt Adverbialsätze, indem man nach ihnen fragt wie nach den „einfachen“ Adverbialien. Wie diese werden sie meistens nicht durch das Prädikat gefordert. Sie sind daher auch keine grammatisch notwendigen Satzteile.

Temporalsätze: Begriffsbestimmung

1. Temporalsätze sind Nebensätze, die die Aussage des Hauptsatzes **zeitlich** festlegen. Nach Temporalsätzen fragt man mit *Wann?* bzw. *Wie lange? Seit wann? Bis wann? Wie oft?*.

   Beispiel: *Alexander weinte als Kind, wenn sein Vater eine neue Stadt eingenommen hatte.*
   (Frage: **Wann** weinte Alexander als Kind?)

2. Temporalsätze werden mit *während, als, bevor, ehe, nachdem* usw. eingeleitet. Dadurch wird das **zeitliche Verhältnis von Haupt- und Nebensatz** bestimmt.

   Beispiel: **Gleichzeitigkeit:** *Während Alexander ritt, achtete er auf das Verhalten des Pferdes.*
   Nachzeitigkeit bzw. Vorzeitigkeit: *Bevor er auf das Pferd stieg, war ihm klar, warum es sich so verhalten hatte. Nachdem er abgestiegen war, waren alle verblüfft.*

Aufgabe 125 Wenn du im Text (S. 176 f.) die Antworten zu den folgenden Fragen suchst, findest du Temporalsätze.

Wann weinte Alexander jedes Mal?
Wann würde ihm der Vater nichts mehr zum Erobern gelassen haben?
Wann haben die Menschen in den folgenden zwei Jahrtausenden immer in den Schriften des Aristoteles nachgeschaut?
Wann machte Alexander weitere Eroberungen in Phönizien und Ägypten?
Wann wurden die Soldaten müde?

Aufgabe 126 Diese Temporalsätze kannst du kürzer (mit Substantiven oder Temporaladverbien) formulieren. Im Text auf S. 176 findest du statt der Temporalsätze andere Möglichkeiten.

Als sein Vater, der König Philipp von Makedonien, starb, war Alexander kaum 20 Jahre alt. Alle Griechen dachten, sie könnten sich, **nachdem der Makedonier tot war,** leicht befreien. Man erzählt, dass Alexander, **als er ein Kind war,** jedes Mal geweint habe, wenn sein Vater eine Stadt eingenommen hatte. Man erzählt auch, dass Alexander die Heldenlieder des Homer, **wenn es Nacht war,** unter sein Kopfkissen legte. **Während Alexander die Eroberungen machte,** ereignete sich auch die berühmte Geschichte vom gordischen Knoten.

Konditionalsätze: Begriffsbestimmung

1. Konditionalsätze sind Nebensätze, die eine **Bedingung** oder eine **Voraussetzung** für die Gültigkeit der Aussage des Hauptsatzes nennen. Sie werden erfragt mit *Unter welcher Bedingung?*.

   Beispiel: *Wir kehren nur zurück, wenn wir nicht denselben Weg nehmen.*
   (Frage: **Unter welcher Bedingung** kehren die Soldaten nur zurück?)

2. Bei Konditionalsätzen gibt es kein einzelnes Fragewort wie bei anderen Adverbialsätzen. Es gibt zudem so gut wie kein einfaches Adverbial der Bedingung. Man kann zwar Bedingungen mit Substantiven ausdrücken, doch das klingt umständlich.

   Beispiel: ~~*Wir kehren nur zurück unter der Bedingung desselben Wegs.*~~
   (Adverbial der Bedingung)

   Nahezu unmöglich ist es, den folgenden Konditionalsatz rein substantivisch auszudrücken:

   Beispiel: *Wenn ich nicht Alexander wäre, so wollte ich Diogenes sein.* (Konditionalsatz)
   (Frage: **Unter welcher Bedingung** wollte Alexander Diogenes sein?)
   ~~*Unter der Bedingung nicht Alexander zu sein wollte ich Diogenes sein.*~~
   ~~*Unter der Bedingung eines Nicht-Alexander-Seins wollte ich Diogenes sein.*~~

   Bei dem Satzgefüge *Wenn ich nicht A.* ***wäre****, …* handelt es sich um einen so genannten **irrealen Bedingungssatz**. Alexander weiß, wer er ist, aber er stellt sich etwas Unwirkliches (Irreales) vor. Wichtig ist dabei das Verb (Konjunktiv II, siehe S. 46).

3. Konditionalsätze werden mit *wenn* oder *falls* eingeleitet. Einleitungen mit *wenn* können aber auch auf Temporalsätze hinweisen.

Aufgabe 127 Im folgenden Text kannst du aus dem Zusammenhang erkennen, ob eine reale oder irreale Bedingung vorliegt. Füge die entsprechenden Verbformen ein.

Die Griechen dachten zunächst: „Wenn Alexander König (werden) ______________, (haben) ______________ wir leichtes Spiel." Alexander aber dachte schon an Eroberungen: „Wenn ich König (werden) ______________, (machen) ______________ ich viele Eroberungen." Wenn er nicht so mutig (gewesen sein) ______________, (verlaufen) ______________ die Geschichte anders ______________. Sicherlich (eintreten) ______________ vieles nicht so ______________, wenn Alexander nicht gute Lehrer (haben) ______________.

Unterscheidung von Konditional- und Temporalsätzen

Auf die Frage *Wann?* ist die Antwort mit *wenn* eindeutig zeitlich (temporal) gemeint. Fragt man *Unter welcher Bedingung?*, dann drückt die Antwort mit *wenn* eine Bedingung aus. – Wie stellt man zuverlässig fest, ob ein Adverbialsatz mit *wenn* als Temporal- oder als Konditionalsatz gemeint ist? Es ist möglich, andere, eindeutige Konjunktionen einzusetzen:

- **für Temporalsätze** die folgenden Konjunktionen: *immer wenn; jedesmal wenn; oft dann, wenn; bevor; nachdem; während; als; in dem Moment, als.*

  Beispiel: *Alexander weinte, wenn sein Vater eine Stadt eingenommen hatte.*
  *Alexander weinte **immer, wenn** sein Vater eine Stadt eingenommen hatte.*
  *Alexander weinte **oft dann, wenn** sein Vater eine Stadt eingenommen hatte.*

- **für Konditionalsätze** die folgenden Konjunktionen: *falls; unter der Bedingung, dass; (nur dann, wenn).*

  Beispiel: *Wenn ich nicht Alexander wäre, wollte ich Diogenes sein.*
  ***Falls** ich nicht Alexander wäre, wollte ich Diogenes sein.*

Aufgabe 128 Setze die richtigen Konjunktionen aus der Liste oben ein. Bestimme so, ob es sich um temporale oder konditionale Adverbialsätze handelt.

Die Griechen dachten: „_______________ Philipp von Makedonien einmal tot ist, werden wir uns leicht befreien können.“ Dies wäre aber nur möglich gewesen, _______________ Alexander so schwach gewesen wäre, wie sie es sich wünschten. Dieser zeigte jedoch, _____________ sich die Möglichkeit bot, seinen Willen zum Herrschen. Schon zu Lebzeiten seines Vaters soll er bedauert haben: „Mir wird nichts mehr zum Erobern bleiben, ____________ ich selbst König sein werde.“ _______________ man jedoch nur diese Seite Alexanders kennt, beurteilt man ihn falsch. Man muss auch wissen, dass er den berühmtesten Lehrer der damaligen Zeit hatte. _____________ man nicht weiß, wer Aristoteles, sein Lehrer, war, kann man nicht einschätzen, welche Bildung Alexander genoss.
Aber _____________ ich dir sage, dass Aristoteles eigentlich der Lehrer der ganzen Menschheit war und lange Zeit blieb, wird dir dies vielleicht klar. _____________ sich nämlich in den folgenden zweitausend Jahren die Menschen uneinig waren, haben sie in den Schriften des Aristoteles nachgeschaut.
Dass Alexanders Herrschaft aber auch ihre Grenzen fand, erkennt man, ____________ man das Ende seiner Feldzüge kennt. Die Soldaten waren müde von den jahrelangen Strapazen und meinten: „Wir leisten dir nur noch Gefolgschaft, __________ wir den Nachhauseweg antreten.“ Alexander musste sich fügen, aber er meinte: „Wir kehren nur zurück, _________________ wir nicht denselben Weg nehmen, auf dem wir gekommen sind.“

Lokalsätze: Begriffsbestimmung

1. Lokalsätze sind Nebensätze, die die Aussage des Hauptsatzes **räumlich** festlegen. Nach Lokalsätzen fragt man mit *Wo? Woher?* oder *Wohin?*, wie beim Adverbial des Ortes.

   Beispiel: *Wo es am wildesten zuging, befand sich Alexander.*
   (Frage: **Wo** befand sich Alexander?)

   Obwohl Ortsangaben als einfaches Adverbial des Ortes sehr häufig vorkommen, sind **Lokalsätze** äußerst **selten**. Sie stehen nur in Verbindung mit Verben, die ein Ortsadverbial verlangen, z. B. *stehen, sich befinden, sein, wohnen.*

2. Alle Lokalsätze beginnen mit *wo*. **Achtung:** Nicht alle Nebensätze, die mit *wo* beginnen, sind Lokalsätze.

   Beispiel: *Ich weiß, **wo** er sich befindet.* (Nebensatz anstelle eines Akkusativobjekts)
   (Frage: **Wen/was** weiß ich?)

   Noch häufiger sind Attributsätze:

   Beispiel: *Er befand sich **dort**, wo es am wildesten zuging.* (Attributsatz)

   Hier ist *dort* das Adverbial. Der Nebensatz mit *wo* ist kein Lokalsatz mehr, sondern ein untergeordneter, attributiver Zusatz zu *dort* (siehe Attributsätze, S. 194).

Aufgabe 129 Im folgenden Text gibt es viele Ortsangaben und (Neben-)Sätze, die mit *wo* … beginnen. Aber nur in zwei Fällen liegen echte Lokalsätze vor. Finde sie heraus!

Wo Griechenland liegt, kannst du auf einer Atlaskarte feststellen. In der Antike aber war Griechenland zunächst kein einheitliches Gebilde. Wo sich heute viele Inseln befinden, aber auch auf dem Festland, gab es damals viele verschiedene Volksstämme. Die bekanntesten sind die Athener, die Spartaner und die Makedonier. Die Makedonier lebten etwa dort, wo das heutige Mazedonien liegt.

Alexander kam aus diesem Volksstamm. Sein Vater hatte die Griechen besiegt und geplant, auch das große Perserreich zu erobern. Der junge Alexander wusste noch nicht richtig, wo dieses Reich lag, da träumte er schon von Eroberungen. Als sein Vater ermordet wurde, kam er schneller als gedacht in die Rolle des Anführers. Zunächst unterschätzt von den Griechen, erwarb er sich bald die Achtung aller griechischen Stämme durch seine Intelligenz und seinen Mut: Wo Alexander war, gab es kluge Gespräche. Und dort, wo die heftigsten Kämpfe stattfanden, war Alexander.

Kausalsätze: Begriffsbestimmung

1. Der Kausalsatz ist ein Nebensatz, der die **Ursache**/den **Grund** für die Aussage des Hauptsatzes angibt. Nach Kausalsätzen fragt man, wie nach dem einfachen Adverbial des Grundes, mit *Warum? Weshalb? Aus welchem Grund?*.

   Beispiel: *Weil Diogenes gerade behaglich in der Sonne lag, sagte er: „Geh mir aus der Sonne."* (Kausalsatz) (Frage: **Warum** sagte Diogenes: „Geh mir aus der Sonne"?)

2. Kausalsätze beginnen meistens mit *weil* oder *da.*

Sonderfälle von Begründungen und kausalen Verhältnissen

- **Begründungen mit *dass:***
  Meistens leitet die Konjunktion *dass* einen Objektsatz ein.

  Beispiel: *Jeder weiß, **dass** Aristoteles ein berühmter Lehrer war.* (Objektsatz)
  (Frage: **Was** weiß jeder?)

  Gelegentlich werden Nebensätze mit *dass* eingeleitet, die man als Begründungen ansehen kann. In diesen Fällen könnte man *weil* anstatt *dass* einsetzen.

  Beispiel: *Alexander konnte glücklich sein, **dass** er Aristoteles als Lehrer hatte.* (Kausalsatz)
  *Alexander konnte glücklich sein, **weil** er Aristoteles als Lehrer hatte.* (Kausalsatz)

- **Begründungen mit *denn:***
  Es gibt Begründungen, die auf *Warum?* antworten und mit *denn* beginnen.

  Beispiel: *Die Soldaten wollten nach Hause, **(denn)** sie waren müde.* (Hauptsatz)
  *Die Soldaten wollten nach Hause, **weil** sie müde waren.* (Kausalsatz)

  Wenn du die Verbstellung in beiden Sätzen vergleichst, fällt auf, dass nach *denn* die Hauptsatzstellung des Verbs vorliegt, die Konjunktion könnte man weglassen. *Denn* leitet also einen Hauptsatz ein. Dies ist **kein Kausalsatz**, weil Adverbialsätze nur Nebensätze sein können. Man spricht hier von einer **Begründung in Hauptsatzform**.

Aufgabe 130 Drücke in dem folgenden Text kausale Verhältnisse folgendermaßen aus: Ersetze die Konjunktion *dass* durch *weil*, wenn es möglich ist. Wähle bei den Lücken, ob du *weil*, *denn* oder keine Konjunktion einsetzt.

Man wusste, dass Alexander ein intelligenter junger Mann war. Trotzdem war man erstaunt, dass er das Rätsel mit dem gordischen Knoten gelöst hatte. ______________ er einen tatkräftigen, entschlossenen Charakter hatte, hatte er den Knoten einfach durchgehauen, ____________ ein langes Hantieren an dem Knoten erschien ihm zu umständlich und sinnlos. Auch vieles andere, was Alexander tat, erscheint uns heute ebenso erstaunlich und überraschend, ______________ immerhin zog er jahrelang durch unentdeckte Länder, und diese Länder waren unermesslich groß im Vergleich zu Griechenland.

Finalsätze: Begriffsbestimmung

1. Finalsätze drücken den **Zweck** einer Handlung aus. Man erfragt sie mit *Wozu? Zu welchem Zweck?*. Die einfachen Adverbialien des Grundes und des Zwecks sind sehr ähnlich. Bei den Adverbialsätzen kann man **kausale** und **finale** Angaben leichter unterscheiden.

   Beispiel: *Alexander zog nach Osten, **um** Eroberungen **zu** machen.* (Finalsatz)
   *Alexander zog nach Osten, **damit** er Eroberungen machen konnte.* (Finalsatz)
   (Frage: **Wozu/zu welchem Zweck** zog er nach Osten?)
   Alexander zog nach Osten, weil er Eroberungen machen wollte. (Kausalsatz)
   (Frage: **Warum** zog Alexander nach Osten?)

2. Finalsätze erkennt man an den Konjunktionen *um … zu* (mit Infinitiv) oder *damit*.

Aufgabe 131 Im folgenden Text enthalten die Klammern Informationen über einen Grund oder einen Zweck. Formuliere aus diesen Informationen entsprechende Kausal- oder/und Finalsätze.

Alexander und Parus

Alexander wollte nach der Eroberung des Perserreiches weiterziehen (A. wollte weitere Länder erobern). Die Eroberung Indiens war aber nicht einfach (Inder leisteten hartnäckigen Widerstand). Der Kampf gegen Parus, einen indischen König, war besonders gefährlich (Alexander musste zum Kampf einen Fluss überqueren). Alle wussten um die Gefahr (Gegner wartete am anderen Ufer). Nach dem Sieg ließ er Parus vor sich führen (A. wollte ihn nach einem Wunsch fragen). Er gab ihm sein Reich zurück (Parus machte Eindruck auf Alexander).

Konzessivsätze: Begriffsbestimmung

1. Das konzessive Adverbial gibt an, dass es **keinen Grund** gibt. Man könnte ihn als „Gegengrund" bezeichnen.
2. Genauso wenig wie beim einfachen konzessiven Adverbial kann man hier nicht direkt fragen! Auf die Frage *Warum?* bekäme man einen Kausalsatz als Antwort.

   Beispiel: *Er musste den Feldzug abbrechen, weil die Soldaten murrten.* (Kausalsatz)
   (Frage: **Warum** musste er den Feldzug abbrechen?)
3. Konzessivsätze werden mit *obwohl, wenn auch, wenngleich* oder *obgleich* eingeleitet.

   Beispiel: *Alexander musste seinen Feldzug abbrechen, **obwohl (obgleich)** er unbesiegt und weiterhin erfolgreich war.* (Konzessivsatz)

Aufgabe 132 Im folgenden Text findest du Satzpaare (Hauptsätze), die in einem begründenden Verhältnis zueinander stehen. Ermittle, um welche Beziehung (kausal, final, konzessiv) es sich handelt, und verbinde die Sätze mit den entsprechenden Konjunktionen *(denn, weil, damit/um ... zu, obwohl/obgleich).*

Alexander wurde zum Bewunderer des Diogenes. Dieser führte ein bescheidenes Leben.

Aristoteles war der Lehrer Alexanders. Dieser wurde ein weiser Herrscher.

Er löste auch den gordischen Knoten. Dies war vorher noch niemandem gelungen.

Ein Perserkönig bot ihm das halbe Reich und seine Tochter zur Frau. Er wollte die andere Hälfte seines Reiches retten.

Alexander akzeptierte das nicht. Er wusste, dass er stärker als der Perserkönig war.

Modalsätze: Begriffsbestimmung

1. Ein Modalsatz ist ein Nebensatz, der die **Mittel** und **Umstände** nennt, unter denen das im Hauptsatz genannte Geschehen abläuft. Wie beim einfachen Adverbial der Art und Weise fragt man auch nach modalen Adverbialsätzen mit *Wie? Auf welche Art und Weise?*.

   Beispiel: *Es gelang Alexander, das indische Heer zu besiegen, indem er einen Fluss überquerte.* (Modalsatz)
   (Frage: **Wie** gelang es Alexander, das indische Heer zu besiegen?)

2. Modalsätze werden mit *indem, ohne zu …* (mit Infinitiv) und *ohne dass* eingeleitet.

Sonderfall: Konsekutivsätze (Folgesätze)

Man kann die Art und Weise eines Vorgangs so beschreiben, dass man die Folgen mit einbezieht. Danach fragt man mit der Formel *Mit welcher Folge?* oder *Welche Folge hatte es, dass?* Es gibt kein einzelnes Fragewort. Konsekutivsätze gehören zur Gruppe der Modalsätze. Sie werden mit *dass* und *sodass* eingeleitet.

Beispiel: *Sie wollten nicht mehr kämpfen, **sodass** A. ihnen den Rückzug zusagen musste.* (Konsekutivsatz)
(Frage: **Welche Folge hatte es, dass** die Soldaten nicht mehr kämpfen wollten? **Mit welcher Folge** wollten die Soldaten nicht mehr kämpfen?)

Bei den einfachen Adverbialien wurde kein konsekutives Adverbial erwähnt, weil es dies nur in umständlich klingender Form (und darum sehr selten) gibt.

Beispiel: ~~*Er tat dies mit der Folge der Zusage des Rückzugs*~~. (konsekutives Adverbial)

Aufgabe 133 Forme im folgenden Text einzelne Aussagen so um, dass mithilfe von Konsekutivsätzen jeweils die Folge deutlich wird.

Aristoteles hatte eine sehr große Bedeutung. Noch viele Jahrhunderte lang galten seine Schriften als Entscheidungshilfe. Aristoteles unterrichtete auch Alexander. Dieser wurde sehr gebildet. Er soll die Dichtungen Homers sehr geschätzt haben. Er legte sie sich angeblich sogar nachts unter sein Kopfkissen. Trotz seiner Macht ließ sich Alexander durch Argumente überzeugen. Er hatte auch großen Respekt vor dem weisen Diogenes. Nach vielen Kriegen waren die Soldaten müde. Sie wollten nicht mehr kämpfen. Auch hier ließ sich Alexander überzeugen. Er versprach ihnen den Rückzug.

13.5 Attributsätze

Attributsätze kommen sehr häufig vor. Sie sind, wie die einfachen Attribute, **keine eigenständigen Satzteile**, sondern abhängig von einem Bezugswort in einem übergeordneten Satzteil.

Attributsätze: Begriffsbestimmung

1. Ein Attributsatz ist ein Nebensatz, der ein Bezugswort näher bestimmt. Wie bei den einfachen Attributen fragt man nach Attributsätzen mit *Was für ein? Welche, welcher, welches?*.
   Beispiel: *Schon seit 420 vor Christus gab es einen erbitterten Krieg zwischen Athen und Sparta, der/welcher der Peloponnesische Krieg genannt wird.* (Attributsatz)
   (Frage: **Was für einen** Krieg gab es zwischen Athen und Sparta?)

2. Attributsätze sind verbunden mit dem Bezugswort des Satzteils, den sie näher erläutern. Sie sind dem Satzteil, auf den sie sich beziehen, untergeordnet. Wird dieser übergeordnete Satzteil umgestellt, so „wandert" der Attributsatz „mit".
   Beispiel: ***Alexander,*** *der ein guter Schüler war, lernte vieles von Diogenes.*
   Von Diogenes lernte ***Alexander,*** *der ein guter Schüler war, vieles.*
   Vieles lernte ***Alexander,*** *der ein guter Schüler war, von Diogenes.*

3. In einem Satzgefüge können (wie bei den einfachen Attributen auch) mehrere Attributsätze auftauchen. Wenn sich diese alle auf einen Satzteil beziehen, spricht man von einer **Attributsatzreihe**. Ist das Bezugswort in mehreren Attributsätzen identisch, muss es nicht wiederholt werden.
   Beispiel: ***Alexander,*** *der ein guter Schüler (war) und (der) auch sehr mutig war, war schon früh berühmt.*

Aufgabe 134 Bestimme zunächst die einfachen Attribute im Text. Beantworte danach die auf S. 195 stehenden Fragen mithilfe der Attributsätze, die du dazu im Text findest.

Was war vor Alexander?

Schon seit 420 vor Christus gab es einen langen Krieg zwischen Athen und Sparta, welcher der Peloponnesische Krieg genannt wird. Im Laufe dieses Krieges gab es auch eine schwere Seuche in Athen, an der Perikles starb.
Wie groß das Durcheinander in dieser Zeit war, sieht man daran, dass das Orakelheiligtum des Apollo geplündert wurde. Das geschah durch einen kleinen Stamm in der Nähe von Delphi, der sich von den Orakelpriestern gereizt fühlte. Die Makedonier, die in den Gebirgen nördlich von Griechenland wohnten, mischten sich ein. Ihr König Philipp, der ausgezeichnet Griechisch sprach und die griechische Kultur sehr gut kannte, wollte Herr über ganz Griechenland werden. Der Kampf um Delphi, der aus religiösen Gründen alle Griechen anging, war ihm ein willkommener Grund einzugreifen.

Welcher Krieg war das zwischen Athen und Sparta?
Was für eine Seuche gab es in Athen?
Welcher Stamm in der Nähe von Delphi plünderte das Orakelheiligtum des Apollo?
Was für Leute (Makedonier) mischten sich ein?
Welcher König hatte den Ehrgeiz ...?
Was war das für ein Kampf um das Heiligtum Delphi?

Hinweis zum Stil

Ob ein attributiver Zusatz als (kürzeres) Adjektivattribut oder (längeres) Nebensatzattribut hinzugefügt wird, hängt erstens von der **Menge der Information** ab, die er enthalten soll, und zweitens von der **Genauigkeit**, mit der das Bezugswort beschrieben werden soll.

Beispiel: *Es gab einen <u>langen</u> Krieg zwischen Athen und Sparta.* (kürzeres Adjektivattribut)
~~*Es gab einen Krieg, der lang war, zwischen Athen und Sparta.*~~ (Attributsatz, lang und umständlich)

Es gab eine Seuche in Athen, <u>an der auch Perikles starb</u>. (Attributsatz)
~~*Es gab eine tödliche Seuche in Athen.*~~ (Adjektivattribut, nicht so genau)

Aufgabe 135 Formuliere die Attribute (in Klammern) im folgenden Text so, dass sie zum vorausgehenden Bezugswort passen. Überlege, ob ein kürzeres oder ein längeres Attribut stilistisch besser ist.

Makedonien (klein) siegte über Griechenland (groß/hatte das riesige Perserheer 100 Jahre vorher geschlagen). Das war das Ende der Freiheit (griechisch). Philipp wollte jedoch die Griechen (bewunderte sie) nicht unterwerfen, sondern zusammen mit ihnen ein Heer (einig, groß, stark, schlagkräftig) bilden, um gegen die Perser (immer noch gefährliche Gegner) zu Felde zu ziehen. Aber Philipp konnte den Plan (langwierig/erforderte viel Überzeugungsarbeit) nicht mehr verwirklichen, da er vorher ermordet wurde. Sein Sohn (kaum 20 Jahre alt) erbte sein Reich (noch nicht gefestigt). Die Griechen (immer noch widerspenstig) dachten, sie könnten sich bald von ihm befreien. Aber der junge Herrscher (ungewöhnlich) schaffte es sich durchzusetzen.

Zweifelsfälle: Attributsätze oder Objektsätze bzw. Adverbialsätze?

Es gibt eine Reihe von Nebensätzen, die auf den ersten Blick wie Objektsätze bzw. Adverbialsätze aussehen, bei denen es sich aber tatsächlich um **Attributsätze** handelt. In diesen Fällen ist das **Bezugswort**, auf welches sich der Attributsatz bezieht, **als Satzteil im Hauptsatz** ausgedrückt. Handelt es sich dagegen um einen Objekt- bzw. Adverbialsatz, so sind es notwendige Satzteile, die vom Prädikat verlangt werden.

Der Unterschied zwischen beiden Nebensatzarten ist nur im Hauptsatz erkennbar, wie die folgende Gegenüberstellung deutlich macht.

Attributsatz	Objektsatz oder Adverbialsatz
*Ehre sei **dem**, wem Ehre gebührt.* (Bezug auf Dativobjekt)	*Ehre, wem Ehre gebührt.* (Objektsatz anstelle eines Dativobjekts)
*Er tat **das**, was er für richtig hielt.* (Bezug auf Akkusativobjekt)	*Er tat, was er für richtig hielt.* (Objektsatz anstelle eines Akkusativobjekts)
*Man war erstaunt **darüber**, was er wusste.* (Bezug auf Präpositionalobjekt)	*Man war erstaunt, was er wusste.* (Objektsatz anstelle eines Präpositionalobjekts)
*Alexander befand sich **dort**, wo es am wildesten zuging.* (Bezug auf lokales Adverbial)	*Alexander befand sich, wo es am wildesten zuging.* (Adverbialsatz: Lokalsatz)

Du kennst bereits Satzbeispiele wie die auf der rechten Seite: Es handelt sich um Nebensätze, die einen entsprechenden Satzteil vertreten.
Auf der linken Seite wird inhaltlich genau dasselbe gesagt. Allerdings hat jeder Nebensatz ein Bezugswort im Hauptsatz (fett gedruckt), auf welches er sich bezieht. Das Bezugswort ist der notwendige Satzteil im Hauptsatz. Der Nebensatz ist ein Attribut, welches das Bezugswort näher erläutert.

Hinweis zum Stil

- Hat man die Wahl zwischen den beiden Ausdrucksweisen, die in der Tabelle oben dargestellt werden, dann sind **Attributsätze** mit einem Bezugswort meist **besser verständlich** als die Objekt- bzw. Adverbialsätze in der rechten Spalte.
- Eine **Häufung** von Anschlüssen wie *darüber, was …; dort, wo …; das, womit …* usw. kann jedoch **störend** wirken.

Aufgabe 136 Füge im folgenden Text die Informationen in Klammern als Attributsätze oder einfache Attribute ein. Sie beziehen sich auf das farbige Wort.

Alexander hatte vor seinem Tod noch viele **Pläne** (groß). Aber er starb in einem frühen **Alter** (In diesem Alter sind die meisten Leute erst am Beginn ihres Tuns). Er antwortete auf die **Frage** (Wer sollte sein Nachfolger werden?). Es sollte eine **Person** sein (würdig). Aber in seiner Umgebung gab es nur **Feldherren und Fürsten** (verschwenderisch, ehrgeizig und gewissenlos). Die Griechen verloren so nach und nach ihre **Macht** (politisch). Aber dennoch wurden die Griechen Träger der größten **Macht** (jemals existierend). Die Festungen der Macht waren die Bibliotheken. Bibliotheken entstanden **dort** (geistige Zentren). In Alexandria gab es so eine griechische **Bibliothek** (Sie besaß bald 700 000 Bücherrollen.). Dies waren nun die „**Soldaten**" (Diese „Soldaten" eroberten die Welt).

14 Bestimmung von Nebensätzen durch die äußere Form

Man kann Nebensätze auch nach ihrer äußeren Form einteilen, welche nichts mit ihrem Satzgliedwert (also der Funktion als Satzteil) zu tun hat. Erkennbar ist die äußere Form an dem Einleitewort der Nebensätze.

Nebensätze mit Einleitewort: Begriffsbestimmung

1. **Konjunktionalsätze** werden mit unterordnenden **Konjunktionen** eingeleitet.

   Beispiel: *Alexander zog nach Kleinasien, **weil/damit/sodass** er Eroberungen machen konnte.*
   *Alexander zog dorthin, **nachdem** er König geworden war/**bevor** er 25 Jahre alt war.*

2. **Relativsätze** sind Attributsätze, welche ein Bezugswort im Hauptsatz näher beschreiben bzw. erläutern. Relativsätze werden mit **Relativpronomen** eingeleitet. Relativpronomen kommen auch in Verbindung mit Präpositionen vor.

   Beispiel: *Die Person, **die/welche** im Fass sitzt, heißt Diogenes.* (blau: Relativpronomen)
   *Der Ort, **an dem** die Geschichte spielt und **zu dem** Alexander geht, ist Gordium.* (blau: Relativpronomen mit Präposition)

3. **Indirekte Fragesätze** sind erkennbar an dem einleitenden **Fragepronomen**.

   Beispiel: *Ich frage mich, **was** er getan hat.* (indirekter Fragesatz)
   *Ich frage mich, **wie/warum/wozu/womit/wann/ob** er es getan hat.* (Fragewörter)

Konjunktionalsätze: Funktionen

Die Konjunktionalsätze haben **logische Funktionen**. Konjunktionen sind Bindewörter, die verschiedene logische Beziehungen ausdrücken wie Grund *(weil, da)*, Zweck *(damit)*, Art und Weise *(indem, wobei)*, Bedingung *(wenn, falls)*, Folge *(sodass)* oder Zeitbezug *(als, während, bis (dass), nachdem, bevor)*.

Relativsätze: Funktionen

- Relativsätze haben **erläuternde, präzisierende Funktionen**. Sie geben (wie ein einfaches Attribut) zusätzliche Informationen zu einem Bezugswort.

  Beispiel: *Der bescheidene Diogenes beeindruckte Alexander.* (einfaches Attribut)
  *Diogenes, **der** bescheiden war, beeindruckte Alexander.* (Attribut als Relativsatz)

- Das Relativpronomen sollte möglichst nahe bei seinem Bezugswort stehen, damit der Bezug klar ist.

  Beispiel: *Alexanders Offenheit gefiel den Griechen, **die** die Herren bleiben wollten, nicht.* (klarer Bezug)
  ~~*Alexanders Offenheit gefiel den Griechen nicht, **die** die Herren bleiben wollten.*~~
  (unklarer Bezug, weil Relativsatz zu weit vom Bezugswort entfernt ist)

Indirekte Aussagesätze und indirekte Fragesätze:
Konjunktionen in der indirekten Rede

- **Behauptungen** und **Feststellungen** in indirekten Aussagesätzen werden oft durch die Konjunktion *dass* angeschlossen.

  Beispiel: *Ich behaupte, **dass** er es weiß.*

- **Fragen**, die als indirekte Fragesätze formuliert werden, werden mit dem gleichen Fragepronomen angeschlossen, das auch in der direkten Frage steht.

  Beispiel: *Alexander fragte sich: „**Wann** werde ich endlich Länder erobern? **Wie lange** muss ich noch warten?“* (direkte Rede)
  *Alexander fragte sich, **wann** er endlich Länder erobern könne und **wie lange** er noch warten müsse.* (indirekte Rede)

- **Satzfragen** (ohne Fragepronomen) werden indirekt mit **ob** angeschlossen.

  Beispiel: *Alexander fragte sich: „Kann ich diesen Kampf gewinnen?“* (direkte Rede)
  *Er fragte sich, **ob** er diesen Kampf gewinnen könne.* (indirekte Rede)

Nebensätze ohne Einleitewort: Begriffsbestimmung

1. Konjunktionalsätze können häufig durch Nebensätze ohne Konjunktion ersetzt werden.

   Beispiel: *Ich weiß, **dass** er es getan hat.* (Konjunktionalsatz)
   Ich weiß, er hat es getan. (Nebensatz ohne Konjunktion)

   Sonderfall: Nebensatz ohne Endstellung des Verbs!
   ***Wenn** er es nicht gewesen wäre, würde mich das wundern.* (Konjunktionalsatz)
   Wäre er es nicht gewesen, würde mich das wundern. (Nebensatz ohne Konjunktion)

2. Solche Nebensätze entsprechen in ihrer Funktion den Konjunktionalsätzen.

3. Nur in solchen Nebensätzen steht das Verb ausnahmsweise nicht am Ende.

Infinitiv- und Partizipialkonstruktionen: Begriffsbestimmung

1. Manche Konjunktionalsätze können durch Infinitivkonstruktionen ersetzt werden.

   Beispiel: *Alexander träumte, **dass** er viele Völker vereint.* (Konjunktionalsatz)
   Alexander träumte(,) viele Völker zu vereinen. (Infinitivsatz)

2. Auch Partizipialkonstruktionen können Konjunktionalsätze verkürzen.

   Beispiel: ***Als** sie in Indien angekommen waren, wollten sie umkehren.* (Konjunktionalsatz)
   In Indien angekommen, wollten sie umkehren. (Partizipialsatz)

3. In den oberen Beispielen ist das **Subjekt** in Haupt- und Nebensatz jeweils **identisch**. Somit ist eine Umformung in einen Infinitiv- bzw. Partizipialsatz unproblematisch. Wenn es sich aber um zwei verschiedene Subjekte handelt, ist die Umformung nicht möglich.

   Beispiel: ***Philipp** träumte, dass **sein Sohn** viele Völker vereint.* (Konjunktionalsatz)
   ~~***Philipp** träumte **sein Sohn** viele Völker zu vereinen*~~. (Infinitivkonstr. nicht möglich)

Aufgabe 137 Bilde im folgenden Text aus den roten Konjunktionalsätzen **Infinitivsätze,** aus dem grünen Konjunktionalsatz einen **Partizipialsatz** und aus den Fragen in wörtlicher Rede indirekte Fragesätze.

Die Athener fragten sich: „Können wir den Schaden, den die Spartaner angerichtet haben, beseitigen?" Sie bemühten sich, **dass sie gleich stark wie die Spartaner würden,** aber schließlich verloren sie den Krieg doch. Die Makedonier hatten die Absicht, **dass sie in die Geschehnisse eingreifen.**
Sie zogen nach Chäronea, **damit sie dort die Griechen besiegen würden.** **Nachdem sie dort angekommen waren,** trugen sie tatsächlich den Sieg über die ehemals so starken Griechen davon. Alexander, der Sohn des Königs, fragte sich schon damals: „Was wird mir mein Vater überhaupt zum Erobern übrig lassen?" Nach dem Tod seines Vaters hatte er jedoch viele Gelegenheiten dazu, **dass er sein Reich vergrößern konnte.** Aber es kam ihm nicht nur darauf an, **dass er Gebiete eroberte.** Seine Hauptfrage war: „Wie vereinigt man die Völker, die im eroberten Reich wohnen?"

Hinweis zum Stil

- Besonders **Infinitivsätze** sind oft den entsprechenden Nebensätzen mit Konjunktion vorzuziehen. Sie wirken weniger umständlich, weil das Subjekt nicht wiederholt wird.

  Beispiel: *Es war Alexanders Traum, dass er bis nach Indien vordringt.*
  besser: *Es war Alexanders Traum(,) bis nach Indien vorzudringen.*

- Bei unterschiedlichen Subjekten im Haupt- und Nebensatz sind Infinitivsätze jedoch nicht möglich. Manchmal kann man die Konjunktion einsparen.

  Beispiel: *Er weiß, dass die Situation schwierig ist.*
  oder: *Er weiß, die Situation ist schwierig.*

  Mit solchen Nebensätzen ohne Konjunktion solltest du jedoch vorsichtig umgehen. Sie kommen vorwiegend im **mündlichen Sprachgebrauch** vor. Im **schriftlichen Sprachgebrauch** sind Nebensätze ohne Konjunktion häufig bei indirekter Rede anzutreffen (dort sogar besser als eine Formulierung mit der Konjunktion *dass!*).

  Beispiel: *Alexander erlaubt dem besiegten Parus: „Nenne mir deinen größten Wunsch!“*
  indirekt: *Alexander erlaubt Parus, dass er ihm seinen größten Wunsch nenne.*
  besser: *Alexander erlaubt Parus, ihm seinen größten Wunsch zu nennen.*

Aufgabe 138 Formuliere die Informationen in Klammern so, dass sie stilistisch nicht umständlich wirken und dass keine Informationen verloren gehen.

Alexander wusste (alle Pflichten des Heeres gelten auch für ihn). Er wollte (alle Soldaten respektieren und achten ihn) und schaffte es so (Soldaten zum Kämpfen bewegen). Einmal ergab es sich bei einem Kampf (Alexander steigt als Erster eine Leiter hinauf). Die Leiter brach unter der Last der Nachfolgenden, sodass Alexander allein oben stand. Man schrie ihm zu: (schleunigst zurückspringen); aber er sprang nach vorn in die Stadt (mit Gegnern kämpfen). Nur mit Glück gelang es seinen Soldaten (Alexander retten). Alexander wusste (A. ist von solcher Hilfe abhängig), aber auch seine Soldaten sahen (einen mutigen und vorbildlichen König haben).

15 Übersicht über die häufigsten Nebensatzarten

Satzgliedwert und äußere Form

	Konjunktionalsatz	Relativsatz	Indirekter Fragesatz
Subjektsatz	**Dass** Diogenes eigenwillig war, ist vielen bekannt.		**Warum** er so eigenwillig war, liegt an seiner Philosophie.
Prädikatsatz	Sein Prinzip war, **dass** er auf Unwichtiges verzichtete.		Die Frage ist, **warum** er das tat.
Objektsatz	Man weiß, **dass** er Alexander beeindruckt hat.		Alexander fragte, **was** Diogenes sich wünsche.
Nebensatz anstelle eines Präpositionalobjekts	Der König erinnerte sich, **dass** er von einem Philosophen gehört hatte.		Er erkundigte sich, **wo** der Mann zu finden war.
Adverbialsatz	Er redete mit ihm, **während** er ihm die Sonne wegnahm.		
Attributsatz	Die Annahme, **dass** Diogenes sich arm fühlte, ist falsch.	Derjenige, **der** das denkt, begeht einen Irrtum.	Die Frage, **wer** Diogenes war, ist leicht zu beantworten.

	ohne Einleitewort	Infinitivsatz[12]	Partizipialsatz
Subjektsatz		Dies **zu wissen**(,) ist wichtig.	
Prädikatsatz		Sein Prinzip war(,) auf Unwichtiges **zu verzichten**.	
Objektsatz	Ich weiß, er hat Alexander beeindruckt.	Alexander erwartete(,) Respekt **zu erhalten**.	
Nebensatz anstelle eines Präpositionalobjekts		Er erinnert sich(,) von ihm gehört **zu haben**.	
Adverbialsatz		Er ging zu ihm, **um** sich **zu unterhalten**.	Bei ihm **angekommen**, stellte ihm Alexander eine Frage.
Attributsatz	Die Annahme, er sei reich, ist auch falsch.	Die Absicht, ihn **kennenzulernen**, führte Alexander zu ihm.	Diogenes, soeben dem König **vorgestellt**, beeindruckte ihn durch seine Antwort.

12 Eingeklammerte Kommas müssen nicht stehen (vgl. S. 124 und 182)

Hinweis zum Stil

Hier sind die **wichtigsten Grundsätze** für den Umgang mit Nebensätzen zusammengefasst, damit du deine Texte besser formulieren kannst:

- Nebensätze kannst du, wie alle Satzteile (ausgenommen Attribute), umstellen, um die **Reihenfolge der Informationen** im Satzgefüge zu ordnen.
- Oft ist es besser, wenn du eine **kürzere Formulierung** (ohne Verb) wählst. Manchmal ist aber ein Nebensatz nötig, um etwas genau darzustellen.
- Achte in deinem gesamten Text darauf, dass er nicht durch **unnötige Nebensätze** verschachtelt und **kompliziert** wirkt. Steif und ungelenk sollte er jedoch auch nicht sein, indem sich zu viele (mit Attributen überladene) Substantive häufen.
- Bei fast allen Satzteilen gibt es **drei Möglichkeiten der Formulierung:** Nebensatz/ Substantiv mit Begleitern/Pronomen. Du kannst von der kürzesten (Pronomen) bis zur ausführlichsten Möglichkeit (Nebensätze) die jeweils beste für deine Sprechabsicht anwenden.
- Der präzise Gebrauch von Konjunktionen in Nebensätzen hilft dir, **die Beziehung zwischen Haupt- und Nebensatz** deutlicher auszudrücken.

Aufgabe 139 Den folgenden Textentwurf kannst du wesentlich verbessern, wenn du die farbigen Ausdrücke als Nebensätze formulierst.

Vor seinem Tod hatte Alexander noch viele Pläne **zur Gründung neuer Städte wie z. B. Alexandria in Ägypten. Durch den Bau von Straßen und die damit verbundene Verbesserung der Verkehrswege** wollte er die Welt umgestalten. **Mit dem Gelingen dieser Vorhaben** hätte z. B. die Möglichkeit **einer wesentlichen Verbesserung der damals schon häufigen Post von Indien nach Athen** bestanden. Aber in **einem bei den meisten Leuten noch das Leben vor sich habenden** Alter, nämlich mit 32 Jahren, starb er. Auf die Frage nach **der am besten für seine Nachfolge geeigneten Person** soll er im Fieber geantwortet haben: „der Würdigste“.

Aufgabe 140 Versuche, die im Text enthaltenen Informationen mithilfe von Nebensätzen besser zu verbinden. Verwende dazu vor allem Relativsätze.

Alexander war Schüler des Aristoteles. Er kannte die Menschen sehr gut. Er wusste daher auch vieles über die Bedeutung von Pracht und Würde. Für die Erhaltung der Macht waren sie sehr wichtig.
Alexander führte wieder feierliche Zeremonien ein. Diese waren seit Jahrtausenden an den babylonischen und persischen Höfen üblich.
Er heiratete mehrere Frauen. Dies war bei orientalischen Königen Tradition. Er heiratete auch eine Königstochter. Sie war die Tochter des besiegten Perserkönigs Dareios.
Die Heirat hatte den Zweck: Durch die Heirat wurde er „richtiger" Nachfolger des Königs Dareios. Er konnte so leichter die Anerkennung des persischen Volkes gewinnen. Auch bei den fremden Völkern – er achtete sie – wollte er nicht als Eroberer gelten.
Alexander wollte Folgendes: Die Weisheit und die Reichtümer des Ostens (diese waren vielen Griechen noch unbekannt) wollte er mit der Klarheit und Beweglichkeit der Griechen verschmelzen. Dies sollte etwas ganz Neues werden. Das hatte es vorher noch nicht gegeben.
Etwa 10 000 Soldaten heirateten Perserinnen. Er schenkte ihnen eine reiche Mitgift. Er gab auch große Feste. Er wollte mit diesen die Kulturen verschmelzen. Sein Vorhaben stellte nicht den Kampf, sondern die Versöhnung in den Vordergrund. Leider gelang das Vorhaben letztlich nicht.

Satzbau: Satzarten

In den vorangegangenen Kapiteln zum Satzbau hast du dich mit Satzteilen und Nebensätzen befasst. Im Kapitel über Satzteile hast du erfahren, aus welchen Satzteilen ein (Aussage-)Satz besteht. Bei den Nebensätzen wurde am Beispiel von einfachen Aussagesätzen die Frage geklärt, welchen Satzteilen sie entsprechen. Dieselben Satzteile bzw. Nebensätze findest du aber auch in den anderen Satzarten.

Aus den Klassen 5/6 kennst du schon die **verschiedenen Satzarten**. In diesem Kapitel erfährst du Genaueres über sie und ihre **Verwendung**, besonders in der indirekten Rede.

Sätze und Satzarten: Begriffsbestimmung

1. Sätze sind abgeschlossene, (relativ) selbstständige sprachliche Einheiten. Meistens stehen sie in größeren Zusammenhängen, den Texten.

   Beispiel: **einzelner Satz:** *Du solltest dich um alle Einzelheiten kümmern.*
   Satz in einem Textzusammenhang: *Bei einem Vertrag mit einer Handy-Firma gibt es viel Kleingedrucktes. Du solltest dich um alle Einzelheiten kümmern.*

2. Die Lehre vom Satzbau nennt man **Syntax**.

3. Der Bau der Sätze ist hauptsächlich vom Verb (Prädikat) bestimmt. Nach ihm richten sich die einzelnen Satzteile (Satzglieder), die notwendige oder freie Satzglieder sein können.

4. So gut wie alle Äußerungen lassen sich einzelnen **Satzarten** zuordnen. Die Stellung des konjugierten Verbs spielt bei der Zuordnung eine wichtige Rolle.
   Man kann folgende Satzarten unterscheiden:

   - **Aussagesatz**
     Beispiel: *Es gibt viele Anbieter von Handys.* (Verb in Zweitstellung)
   - **Fragesatz**
     Beispiel: *Gibt es viele Anbieter?* (Entscheidungsfrage, konj. Verb am Satzbeginn)
     ***Welche** Anbieter gibt es?*
     ***Warum** braucht man ein Handy?* (Satzteilfragen, Fragewort am Anfang, konjugiertes Verb steht nach erstem Satzteil)
   - **Aufforderungssatz**
     Beispiel: *Erkundige dich genau vor einem Vertragsabschluss!* (Imperativform des Verbs am Satzbeginn)

Sätze und Satzarten: Begriffsbestimmung (Fortsetzung)

5. Grundsätzlich unterscheidet man zwischen Satzarten[13] und **Redeabsichten:** Die Redeabsicht einer „Behauptung" oder „Aussage" wird zwar häufig als Aussagesatz geäußert, das muss aber nicht so sein.
   Man kann also Sätze nach ihrer **Form** als **Satzarten** (Aussagesatz, Fragesatz, Aufforderungssatz) und nach ihrer **Redeabsicht** (etwas behaupten, mitteilen, wissen wollen, bewirken wollen usw.) einteilen.
6. Abgeschlossen werden Sätze durch **Satzzeichen** wie Punkt, Frage- oder Ausrufezeichen. Sie können auch durch Komma, Semikolon oder Gedankenstriche abgetrennt werden.
7. In vielen Texten kommen kurze Äußerungsformen vor, die nicht den „normalen" Regeln des Satzbaus entsprechen, weil z. B. das Verb fehlt. Sie werden **Kurzsätze** genannt.
   Beispiel: *Aufgepasst! – Billige Preise! – Wie bitte?*

Die Satzarten werden in Texten mit unterschiedlichen Redeabsichten verwendet. Lies dir dazu die folgende Checkliste für Handy-Tarife aus dem Heft *BRAVO Netfun* gründlich durch.

Welcher Tarif passt zu dir? Mach den Check!

Kein Mobilfunk-Provider hat etwas zu verschenken. Je nachdem, wie viel und wann du mit dem Handy telefonierst, kann es sich trotzdem lohnen, statt der Standardtarife ein spezielles Tarifangebot zu wählen.

Achte aber auf alle Bestandteile. Denn meistens gilt: Wenn ein Tarifbestandteil (etwa Gespräche in der Nebenzeit) besonders billig wird, holt sich der Anbieter sein Geld an einer anderen Stelle zurück (zum Beispiel bei den Gesprächen in der Hauptzeit). Die folgenden Punkte solltest du checken, bevor du dich für einen Tarif entscheidest:

1 Wann gilt die Hauptzeit, wann die Nebenzeit? Von wann bis wann gilt das Wochenende?

Hier sind E-Plus und VIAG Interkom etwas großzügiger als D1 und D2.
[Stand: Anfang 2000]

2 Was kosten Gespräche zu normalen Telefonanschlüssen (ins Festnetz)?

Sind deine Freunde, Eltern oder andere Personen nicht am Handy, sondern nur im Festnetz erreichbar, wird 's schnell teuer.

3 Was kosten Gespräche zu Handys im eigenen Netz? Und was zahlt man für Gespräche zu Handys in anderen Netzen?

Während „netzinterne" Verbindungen eher günstig sind, langen die Anbieter kräftig zu, wenn du Freunde anrufst, die Handys aus anderen Netzen haben.

13 Nicht verwechseln mit den Satzarten solltest du die Nebensätze. Aus dem Kapitel über Nebensätze (siehe S. 181) weißt du: Nebensätze sind Satzteile von Hauptsätzen (d. h. von Aussage-, Frage- und Aufforderungssätzen). Das Verb steht in Nebensätzen meistens an letzter Stelle.

4 Achte bei Standardtarifen auf preisgünstige Sonderkonditionen.
Beliebt sind etwa „Local"- oder „City"-Optionen: Anrufe zu Festnetz-Anschlüssen in der eigenen Heimatstadt sind damit billiger als Anrufe in andere Städte.

Andere Variante: Billiger sind immer Anrufe zu Festnetz-Anschlüssen in der Stadt, in der du dich gerade aufhältst.

5 Was kostet die Mailbox-Abfrage?
Auch die Anrufbeantworter-Abfrage kostet Geld. Wer hier häufig Nachrichten empfängt, sollte daher auf die Abrufgebühren achten.

6 Wie läuft's beim Versand von SMS?
Muss man den SMS-Versand gesondert im Paket kaufen, oder wird jede SMS einzeln abgerechnet?

7 Achte auf den Abrechnungstakt. Je kürzer er ist, desto besser für dich.
Bei den teureren „Normaltarifen" gibt es häufig günstigere Minutenpreise, wenn der Abrechnungstakt länger wird. Bei kurzen Telefonaten wird das zur Tarif-Falle. Einige Provider bieten bessere Takte gegen eine monatliche Zusatzgebühr (etwa 5 Mark/ 2,5 €) an. Das lohnt sich, wenn du viele kurze Gespräche mit dem Handy führst.

8 Stell die Frage nach Aktivierungsgebühren.
Bei den „normalen" Tarifen muss häufig ein einmaliger Anmeldebetrag zu Vertragsbeginn gezahlt werden. Vorsicht: Manchmal wird bei Kündigung auch noch zusätzlich eine „Deaktivierungsgebühr" fällig.

9 Schau auf die Laufzeit und die Kündigungsfristen!
Üblich sind bei den Standardtarifen 24 Monate Laufzeit. Achtung: Das kann zur Gebührenfalle werden. Denn auch wer überhaupt nicht telefoniert, muss trotzdem zwei Jahre lang die Grundgebühr zahlen.

Aus: BRAVO Netfun (Heinrich Bauer Verlag), Tarif-Check, S. 50 f.

In Kapitel 16 erfährst du zunächst etwas über **einfache Beziehungen** zwischen **Satzarten** und **Redeabsichten**, also Aussagesatz als Ausdruck der Absicht „Aussage/Behauptung", Fragesatz als Ausdruck der Redeabsichten „etwas wissen wollen, sich erkundigen" und Aufforderungssatz als Ausdruck der Redeabsichten „befehlen, auffordern" usw.
Man kann aber eigentlich alle Redeabsichten mit allen Satzarten ausdrücken. Wenn man z. B. etwas behaupten will, geht das nicht nur mit einem Aussagesatz. Auch bei den anderen Redeabsichten (sich erkundigen, etwas wissen wollen, auffordern, befehlen) bieten sich stilistische Möglichkeiten, **verschiedene Satzarten** zu nutzen. Du findest sie im Kapitel 17.

16 Satzarten und Redeabsichten

Die Satzarten unterscheiden sich durch ihre Form voneinander. Man erkennt sie daran, dass bestimmte **Satzteile an festgelegten Positionen** auftreten. Eine **besondere Rolle** spielt dabei das **Verb**.
Redeabsichten grenzen sich durch die Ziele ab, die ein Sprecher bei einer Äußerung verfolgt. In dem folgenden Kapitel lernst du einfache Beispiele für das **Verhältnis zwischen Redeabsichten und Satzarten** (Funktion) kennen.

16.1 Aussagesätze

Du kennst den Aussagesatz schon aus den vorangegangenen Kapiteln. Er wird auch Erzähl- oder Deklarativsatz genannt. Aussagesätze sind die am häufigsten vorkommende Satzart.

Aussagesatz: Begriffsbestimmung

1. Erkennungsmerkmal eines Aussagesatzes ist die Zweitstellung des finiten (konjugierten) Verbs, d. h. auch bei der Umstellprobe bleibt das **Prädikat immer an zweiter Stelle** im Satz stehen. (Genaueres zur Umstellprobe bei den Satzteilen, siehe S. 133)

   Beispiel: *Besondere Aufmerksamkeit* ***erfordert*** *der Handy-Kauf.*
   Der Handy-Kauf ***erfordert*** *besondere Aufmerksamkeit.*

2. Das Satzschlusszeichen ist normalerweise der **Punkt**.

Hauptfunktion von Aussagesätzen

Aussagesätze enthalten meistens Aussagen (daher der Name), Informationen, Behauptungen, Feststellungen oder Antworten auf Fragen.

Beispiel: *Kein Mobilfunk-Provider hat etwas zu verschenken.*

Aufgabe 141 SMS-Nachrichten (Short Messages, also Kurzbotschaften) auf Handys sind recht kurz. Nicht immer wird klar, was der Absender genau meint. Übersetze deshalb die folgende SMS-Unterhaltung in verständliche Aussagesätze.

Hallo Kathy – komme 20 Uhr. Bringe Karten mit. Warte vor der Tür. Dennis.
O.K. Dennis. Tina & Marco auch mit. Haben keine Karten. Abendkasse. Kathy.
Hallo Kathy, verstanden, müssen uns beeilen, Karten rar. Tina & Marco schon angerufen, sind früher bei dir. Komme 19.30 h. Dennis.
Hallo! Gut gemacht: Schlaues Kerlchen! Freue mich. Bis gleich. Kathy.

16.2 Fragesätze

Es gibt zwei verschiedene Arten von Fragesätzen (Interrogativsätzen): die **Entscheidungsfrage** (Satzfrage) und die **Ergänzungsfrage** (Satzteilfrage).

Entscheidungsfrage: Begriffsbestimmung

1. Es wird gefragt, ob der gesamte Satzinhalt zutrifft oder nicht. Auf Entscheidungsfragen kann man nur mit **„Ja“ oder „Nein“** antworten.
2. Entscheidungsfragen erkennt man an der **Position des finiten Verbs:** Es steht immer an **erster Stelle**.

   Beispiel: ***Brauchst*** *du ein/das Handy wirklich?*
   Ist *das der richtige Tarif für mich?*
3. Ein weiteres Erkennungsmerkmal ist die **Position des Subjekts:** Das Subjekt steht direkt **nach dem finiten Verb**.

   Beispiel: *Brauchst* ***du*** *ein/das Handy wirklich?*
4. Satzschlusszeichen ist das **Fragezeichen**.

Ergänzungsfrage: Begriffsbestimmung

1. Es wird immer nach einem **Satzteil** gefragt. Die Fragewörter dazu kennst du schon von den Fragen nach Satzteilen (siehe S. 136 ff.).

   Beispiel: *Welcher Handy-Tarif ist der richtige?* (Frage nach Subjekt mit Attribut)
   Warum ist das mit den Tarifen so kompliziert? (Frage nach Adverbial des Grundes oder kausalem Adverbialsatz)
2. Das Erkennungsmerkmal von Ergänzungsfragen ist das **Fragewort** (Interrogativpronomen) zu Beginn. Es kann allein vor dem finiten Verb stehen oder zusammen mit einem Substantiv.

   Beispiel: ***Was*** *muss man beim Handy-Kauf beachten?* (Interrogativpronomen)
   Welcher *Provider ist der richtige für mich?* (Interrogativpronomen m. Substantiv)
3. Das **finite Verb** steht in Ergänzungsfragen **an zweiter Stelle**.
4. Satzschlusszeichen ist das **Fragezeichen**.

Hauptfunktion von Fragesätzen

Fragesätze bringen meistens zum Ausdruck, dass jemand etwas wissen will, sei es eine Entscheidung mit „Ja“ oder „Nein“ oder genauere Sachverhalte.

Beispiel: *Kostet der SMS-Versand gesonderte Gebühren?* (Entscheidungsfrage)
Welcher Tarif ist der richtige? (Ergänzungsfrage)

Aufgabe 142 Der Text auf S. 206/207 enthält wichtige Fragen, die man beim Kauf eines Handys beachten sollte. Wenn du zu verschiedenen Anbietern gehst, solltest du dir vorher eine Liste mit den wichtigsten Fragen in Stichworten notieren. Hier ist so eine Liste. Formuliere die Fragen, die du dem Anbieter stellen würdest: Stelle allgemeine Entscheidungsfragen *(Gibt es (überhaupt) ...?)* und präzise Ergänzungsfragen *(Wie viel kostet ...?, Wie lange ...?)*.

16.3 Aufforderungssätze

Aufforderungssätze werden auch Imperativsätze genannt.

Aufforderungssätze: Begriffsbestimmung

1. Die **Imperativform des Verbs** (zum Imperativ siehe S. 49) steht bei Aufforderungssätzen am **Satzanfang**.

   Beispiel: ***Schau*** *auf die Laufzeit und die Kündigungsfristen!* (Verb im Imperativ)
   Lies *nach, was für dich am günstigsten ist!* (Verb im Imperativ)

   Nicht verwechseln: Bei Entscheidungsfragen steht eine andere Personalform des Verbs (Indikativ oder Konjunktiv II) an erster Stelle!

2. Aufforderungssätze erkennt man daran, dass meistens ein **Subjekt fehlt**. Nur wenn der Angesprochene besonders hervorgehoben wird, ist er als Subjekt vorhanden.

   Beispiel: *Studiere genau die Tarife!* (fehlendes Subjekt)
   Mach ***du*** *das doch bitte!* (Hervorhebung des Subjekts)

3. Satzschlusszeichen ist meist das **Ausrufezeichen**, kann aber auch ein Punkt sein. Er kann in Aufgabenstellungen vorkommen oder dann, wenn der Eindruck eines „Befehls" vermieden werden soll.

   Beispiel: *Lies die Erklärungen nach.* (eher Empfehlung)
   Lies die Erklärungen nach! (eher Befehl)

Hauptfunktion von Aufforderungssätzen

Aufforderungssätze haben meistens Aufforderungen und Befehle, aber auch Bitten oder Empfehlungen zum Inhalt.

Beispiel: *Lies nach, was für dich am günstigsten ist!* (Aufforderung)
Schau auf die Laufzeit und die Kündigungsfristen. (Empfehlung)
Mach du das doch bitte! (Bitte)

Aufgabe 143 Du schreibst für deine Schülerzeitung eine Reihe von Tipps, die beim Handy-Kauf helfen sollen. Verwende dazu Aufforderungssätze wie *Achte auf das Kleingedruckte!* Benutze dazu die folgende Stichwortliste und variiere die Verben.

Vertragsformular	genau studieren
Kleingedrucktes	beachten
Sondertarife	unterscheiden (zwischen)
genaue Laufzeiten	berechnen
Probezeit	vorlegen lassen
Gespräche ins normale Netz und zu Handys	genau (nach-)lesen
Rechenbeispiel für persönlichen Vergleich	bestehen auf
Muster für Monatsabrechnung	(vorher) notieren
alle wichtigen Fragen	nicht vergessen
genaue Information zu Kündigungsklauseln	sich erkundigen nach/über
einzelne Funktionen	vorschlagen

16.4 Andere Formen von Äußerungen

Die hier behandelten Äußerungen sind eine **Sonderform** unter der Sammelbezeichnung **Kurzsätze**. Es gibt **keine grammatischen Regeln** für Kurzsätze, weil ihnen Satzteile, die der Satzbau verlangen würde, fehlen können. Du siehst an dieser Stelle deshalb nur ein paar Beispiele zur Veranschaulichung.

Kurzsätze: Begriffsbestimmung

Nicht als richtige, ganze Sätze werden Äußerungen betrachtet, die aus kurzen Ausrufen oder Ausdrücken bestehen (siehe bei „Partikeln“ bzw. „Interjektionen“, S. 108, 128), oft ohne Verb oder Subjekt. Sie haben inhaltlich aber meist eine vollständige Funktion.

Beispiel:	*Hallo!*	(Begrüßung)
	He, du da!	(Anrede)
	Donnerwetter!	(Ausdruck des Erstaunens)
	Na ja …	(unsichere Zustimmung)

Hinweis zum Stil

Kurzsätze sind eines von vielen Kennzeichen des **mündlichen Sprachgebrauchs**. Durch Mimik, Gestik, Stimmführung und den Textzusammenhang können solche Äußerungen unterstützt werden, sodass sie in der Situation verständlich sind. In **schriftlichen Texten**, in denen es auf genaue Information ankommt, sollte man sehr vorsichtig damit umgehen.

Beispiel: **mündliche Äußerung** (Situation: Verkäufer redet von Haupt- und Nebentarifen): *Aha.*

In der mündlichen Gesprächssituation kann man erkennen, wie das *Aha* gemeint ist. In einem **schriftlichen Text** müsstest du aber deutlicher formulieren, was die Kurzäußerung ausdrückt, je nach Tonfall:

Beispiel: *Aha!* (Begeisterung: Mir geht ein Licht auf.)
Aha. (Ironie: Ich kapiere gar nichts.)
Aha? (Zweifel/Aufforderung: Ich gebe zu verstehen, dass ich das etwas genauer erklärt haben möchte.)

In einem zusammenhängenden Text wirst du alle hier behandelten Satzarten wiederfinden. In der folgenden Aufgabe brauchst du die verschiedenen Satzarten, um die Informationen sinnvoll zu formulieren.

Aufgabe 144 Verfasse einen Merkzettel, auf dem du die wichtigsten Informationen, Fragen und Empfehlungen zum Handy-Kauf zusammenfasst, z. B. für einen Artikel in deiner Schülerzeitung. Verwende dazu die folgenden Notizen in Stichworten und formuliere sie in der passenden Satzart.

- Immer wieder: hoch verschuldete Handy-Kids
- Information über Folgekosten
- „Handy für eine Mark“ – wirkliche Kosten …
- „Prepaid-Karten“: nur ausgeben, was auf Karte bezahlt, damit keine Schulden
- Preisunterschiede: Wochenende, SMS, Ausland, bestimmte Nummern …
- Standardtarife – Sondertarife: lohnende Unterschiede, persönliche Gewohnheiten
- Privatkundentarif – Profitarif: Grundprinzip: Privatkunden: Grundgebühren niedrig, Gesprächskosten hoch; Profis: hohe Grundgebühren, niedrige Gesprächskosten
- Eigene Gewohnheiten erkunden …

17 Wiedergabe von Redeabsichten

Bisher hast du einfache Beispiele dafür kennen gelernt, wie Satzformen bestimmte Redeabsichten ausdrücken, ohne dass dies eigens beschrieben werden muss. Ein Aussagesatz will eben meistens etwas aussagen.
Im Folgenden lernst du Beispiele dafür kennen, wie du selbst Redeabsichten deutlich und auch stilistisch gut beschreiben kannst. Die Angabe der Redeabsicht brauchst du, wenn du eine **indirekte Rede** einleiten musst, zum Beispiel durch Ausdrücke wie *er behauptete, dass ...* oder *sie wollte wissen, ob ...* usw.
Dann folgen Erläuterungen und Übungen zu Äußerungen, in denen die Sprechabsichten nicht so einfach zu erkennen sind (z. B. bei Ironie).

17.1 Einfache Wiedergabe in indirekter Rede

Wenn man wörtliche Äußerungen in indirekter Rede wiedergibt, muss man die **Redeabsicht** (Aussage, Frage, Aufforderung) der Satzarten im Einleitungssatz kennzeichnen.

Wiedergabe der Satzarten in indirekter Rede

1. In wörtlicher Rede geäußerte **Aussagen** beginnen in indirekter Rede mit dem Einleitungssatz zur Behauptung, Information oder Feststellung.
2. **Fragen** aus wörtlicher Rede werden in der indirekten Rede damit eingeleitet, dass jemand etwas wissen will.
3. In der indirekten Rede werden **Aufforderungen** mit dem Hinweis auf den Befehl, die Aufforderung, die Empfehlung usw. eingeleitet.
4. Bei der indirekten Wiedergabe nach (oder auch vor) dem Einleitungssatz steht das **Verb** normalerweise im **Konjunktiv** (Genaueres siehe Kapitel „Modi", S. 38–45). Manchmal ist ein Infinitivsatz möglich.

   Beispiel: *Der Artikel über Handys empfiehlt, man **solle** alle Angaben überprüfen.*
   *Man **solle** alle Angaben überprüfen, empfiehlt der Artikel über Handys.*
   *Der Artikel über Handys empfiehlt(,) alle Angaben **zu** überprüfen.* (Infinitiv mit zu)
5. Nach einer indirekten Frage, die in einen Aussagesatz eingebettet ist (*sie fragt, ob ...*), steht als Satzzeichen ein Punkt!

	direkte Rede	Einleitungssatz und indirekte Rede
Aussage	*Kathy: „Ich bin heute ab 18 Uhr erreichbar.“*	***Kathy sagt ihrem Freund**, dass sie heute ab 18 Uhr erreichbar sei.* Oder mit nachgestelltem Einleitungssatz: *Sie sei heute ab 18 Uhr erreichbar, **sagt Kathy ihrem Freund**.*
Frage	*Kathy: „Rufst du mich sofort nach 18 Uhr an oder später?“*	***Sie fragt**, ob ihr Freund sie sofort nach 18 Uhr oder später anrufe.*
Aufforderung	*Kathy: „Ruf (bitte) nicht zu spät an! Auf keinen Fall nach 19 Uhr.“*	***Sie bittet ihn**(,) nicht zu spät anzurufen, d. h. auf keinen Fall nach 19 Uhr.*

Aufgabe 145 Gib den folgenden einfachen Dialog in indirekter Rede wieder. Achte darauf, dass du im Einleitungssatz korrekt wiedergibst, ob es sich um eine Aussage, Frage oder Aufforderung handelt. Achte auf die korrekte Verbform in der indirekten Rede sowie auf die Satzzeichen.

Dennis: Also tschüs, rufst du mich heute Abend an oder soll ich dich anrufen?

Kathy: Ruf du mich lieber an. Ich bin ab 18 Uhr erreichbar. Klingelst du mich sofort nach 18 Uhr an oder später?

Dennis: Ich kann mich auch später bei dir melden. Soll ich vielleicht nach 19 Uhr anrufen? Das wäre kein Problem.

Kathy: Lass es bitte nicht zu spät werden! Auf keinen Fall nach 19 Uhr. Wir müssen mal sehen, ob das mit Tina und Marco klappt. Wir dürfen nicht zu spät kommen.

Dennis: Ich schlage also vor, dass ich etwa um 18.30 Uhr anrufe. Bis dann!

Hinweis zum Stil

Wenn du, z. B. in einer Inhaltsangabe, Gesagtes in indirekter Rede wiedergibst, machst du im Einleitungssatz deutlich, ob es sich um Aussagen, Fragen oder Aufforderungen handelt. Allerdings kann so eine Wiedergabe von Äußerungen recht eintönig werden, falls sie immer wieder eingeleitet werden mit: *Sie sagt ..., sie sagt ..., sie sagt dann ...*
Dies kannst du vermeiden, indem du die Einleitungssätze variierst. Dazu steht dir eine Reihe von Ausdrücken zur Verfügung.

- Einleitungssätze für **Aussagen** in indirekter Rede
  Beispiel: *Er/sie sagt, meint, behauptet, gibt an, führt an, fügt hinzu, erläutert, erklärt, beweist, belegt, unterstreicht, versichert, deutet an, vermutet, bedauert, bereut, dass ...* (oder Infinitiv)
- Einleitungssätze für **Fragen** in indirekter Rede
  Beispiel: *Er/sie fragt, will wissen, erkundigt sich, stellt die Frage, fragt nach, ob ...*
- Einleitungssätze für **Aufforderungen** in indirekter Rede
  Beispiel: *Er/sie bittet, fordert, fordert (dazu) auf, will, besteht darauf, befiehlt, gibt den Befehl, dass ...* (oder Infinitiv)

Aufgabe 146 Fasse den folgenden SMS-Dialog[14] in indirekter Rede zusammen. Achte dabei auf einen möglichst abwechslungsreichen Gebrauch der Einleitungssätze.

Komme 15 min. später. Marco
O.K. Bring neue CD mit! Tina
Muss zu Dirk. Ihm genau diese CD bringen. Marco
Rede mit ihm. Tina
Ist schwierig. Wenn so dringend dann versuch du's doch. Marco
Hi Dirk! Marco braucht deine CD noch! Tina
Ich brauche sie auch noch. Dirk
Komm doch zu mir. Marco kommt mit CD. Tina
Besser als nichts. Dirk

14 [Erläuterung: SMS bedeutet „Short Message Service", auf deutsch etwa: „Kurzbotschaften-Austausch". SMS sind auf allen Handys möglich. Aus Platzgründen sind sie meist auf max. 160 Zeichen beschränkt.]

17.2 „Versteckte“ Redeabsichten

In sehr vielen Fällen ist die Beziehung von Satzarten und Redeabsichten nicht so einfach und klar, wie sie vorn dargestellt wurde.
Die Satzarten werden auch für andere, „versteckte“ Redeabsichten eingesetzt. Dadurch sind Abstufungen möglich.
Im Folgenden siehst du Beispiele für Ironie, rhetorische Fragen, Abschwächungen, Andeutungen, Höflichkeitsformeln oder Verstärkungen usw.

Redeabsicht: Aussagen und Behauptungen

Wenn man **etwas aussagen oder behaupten** will, muss man das nicht immer in einem Aussagesatz ausdrücken.

- Mit einem **Fragesatz** kann man auch etwas aussagen oder behaupten.
  Beispiel: *Braucht man denn wirklich unbedingt ein Handy?* (rhetorische Frage)
  Wer so fragt, will eigentlich keine Antwort bekommen, sondern vielmehr bemerken: *Man braucht kein Handy.* Solche Fragen, bei denen die Antwort (zumindest für den Fragenden) schon klar ist, nennt man **rhetorische Fragen.**[15]
- Ebenso kann man mit einem **Aufforderungssatz** etwas behaupten.
  Beispiel: *Glaub' bloß nicht, dass ein Handy billig ist!* (Verstärkung)
  Die Äußerung lautet hier ganz einfach: *Handys sind nicht billig.* Die hinzugefügte Aufforderungsform soll die Redeabsicht **verstärken**.

Redeabsicht: Fragen

Wenn man **etwas wissen will**, muss man dies nicht mit einem Fragesatz formulieren.

- Mit einem **Aussagesatz** kann man sich ebenfalls nach Informationen erkundigen.
  Beispiel: *Ich möchte gern den Preis des Gerätes wissen.* (Höflichkeitsformel)
  Diese Form wirkt sehr **höflich**. *Was kostet das Gerät?* wäre die (neutrale) Frage dazu.
- Ein entsprechender **Aufforderungssatz** hat eine ähnliche Absicht.
  Beispiel: *Sagen Sie mir bitte den Preis des Gerätes.* (Höflichkeitsformel)
  Wesentlich unhöflicher wirkt dagegen der folgende Aufforderungssatz.
  Beispiel: *Sagen Sie mir (gefälligst/endlich) den Preis des Gerätes!* (Verstärkung)

---

15 Rhetorik: Lehre von der Kunst der Rede

Redeabsicht: Aufforderungen

Wenn man jemanden **zu etwas auffordern** will, kann man das auf andere Weise als mit einem Aufforderungssatz formulieren.

- Auch mit einem **Aussagesatz** kann man Aufforderungen äußern. Die Aufforderung kann dadurch **andeutend, vorschlagend** oder **streng befehlend** sein.

  Beispiel: *Du solltest beim Kauf eines Handys auf das klein Gedruckte achten.* (Andeutung, Vorschlag)
  Ich ordne hiermit an, dass ich nicht per Handy angerufen werden möchte. (Befehl)

- **Fragesätze** können ebenfalls dazu dienen, Aufforderungen zu äußern.

  Die Aufforderung *Ruf mich vor 19 Uhr an!* ist durch folgende Frageform **abgeschwächt**.

  Beispiel: *Rufst du mich bitte vor 19 Uhr an?* (Abschwächung)

  Die folgende Frage klingt dagegen **ironisch**.

  Beispiel: *Könntest du mich vielleicht mal etwas früher am Abend anrufen?* (Ironie)

  Im nächsten Fall handelt es sich nur um **scheinbare Höflichkeitsfloskeln**, in Wirklichkeit ist die Frage eine recht „giftige" Aufforderung.

  Beispiel: *Hättest du vielleicht einmal die Güte, mich nicht erst spät am Abend anzurufen?*

Redeabsicht: Abstufungen

Wie eine Behauptung, Aufforderung oder Erkundigung klingt (sachlich, ironisch, bissig, ruppig, unhöflich usw.), hängt sehr oft von so genannten **Modalpartikeln** ab, die vor allem im mündlichen Sprachgebrauch eine Rolle spielen.

Beispiel: *Erklären Sie mir* ***bitte*** *die Preise.*
Erklären Sie mir ***doch*** *die Preise.(!)*
Erklären Sie mir ***endlich*** *die Preise!*
Erklären Sie mir ***vielleicht mal*** *die Preise?(!)*

Aufgabe 147 In dem folgenden Streitgespräch geht es darum, ob sich Lars, ein Jugendlicher, ein Handy kaufen darf. Seine Eltern sollen das bezahlen.
Achte darauf, welche Fälle von der einfachen Formel „Satzart = Redeabsicht" abweichen. Versuche, die einzelnen Äußerungen danach zu charakterisieren, ob rhetorische Fragen, Ironie, Höflichkeitsformeln usw. vorliegen.

Lars: Also, ich brauche dringend ein Handy!
Vater: Soso, du brauchst also ein Handy …
Lars: Du hast es erfasst …
Vater: Na ja …
Lars: Was heißt „na ja"! Kann ich mir nun eins holen?
Vater: Aha, das „holt" man sich dann einfach so …
Lars: Du weißt genau, wie ich das meine!

Vater: Und warum sagst du 's dann nicht, wie du 's meinst?

Lars: Na schön! Würdest du mir gütigerweise erlauben, dass ich mir eins anschaffen kann?

Vater: Also, nun mal im Ernst: Wozu brauchst du denn dieses Handy? Wozu braucht man so ein Ding überhaupt?

Lars: Sag bloß, du hast dich noch nie damit befasst!

Vater: Jetzt komm mir bloß nicht mit der Tour: „Die anderen haben auch eins!"

Lars: Du wirst sehr erstaunt sein: Haben sie auch! Aber hast du schon mal gecheckt, dass viele Telefonzellen unterwegs kaputt sind und man nachts nicht mehr anrufen kann?

Vater: Was treibst du dich auch nachts herum?

Lars: Jaaa jaa, jetzt kommt wieder: „Wir früher" ... und so weiter ...

Mutter (kommt hinzu): Was habt ihr da so lautstark zu besprechen?

Lars: Es geht halt um ein Handy, und manchmal wäre es schon sinnvoll, so ein Ding zu besitzen.

Mutter: Ach ja, neulich war ich auch in so 'ner Situation ...

Vater: Jetzt komm du bloß nicht und unterstütz ihn auch noch!

Mutter: Ich unterstütze ja nur mich selbst! Aber im Ernst: Vielleicht könnten wir ja einen sinnvollen Kompromiss schließen?

Vater: Ich ahne Schlimmes.

Mutter: Hör mir doch erst mal zu! Ich finde, wenn wir so ein Handy anschaffen, dann sollte das immer derjenige bekommen, der gerade unterwegs ist und sonst von nirgends anrufen kann. Du sagst doch immer: „Wenn man wenigstens wüsste, wo ihr wärt!"

Vater: Und wenn 's dann Streitereien gibt, wer am meisten vertelefoniert? Und dann ist ständig das Handykonto leer und so weiter ...

Mutter: Nun übertreibst du aber! Ich finde, wir sollten 's mal versuchen. Wir setzen uns mal zusammen und machen ganz bestimmte Regeln aus, und wenn sich jeder dran hält, müsste das schon klappen.

Lars: Prima, gehen wir gleich morgen in den Handy-Laden?

17.3 Wiedergabe der „versteckten“ Redeabsichten in indirekter Rede

Besonders wenn Satzarten und Redeabsichten sich nicht eindeutig entsprechen, kann es schwierig werden, bei der indirekten Rede die Redeabsichten treffend zu beschreiben. Deshalb muss man Redeabsicht und Satzart deutlich unterscheiden.

Wiedergabe der „versteckten“ Redeabsichten in indirekter Rede

1. Eine ironische Aufforderung z. B. im Fragesatz kann man in der indirekten Rede nicht einleitend mit dem Hinweis auf die Frage beginnen, da die Redeabsicht ja keine wirkliche Frage ist. Auch braucht man den genauen Wortlaut des Satzes nicht wiederzugeben. Das klingt viel zu umständlich.

   Beispiel: *Kathy: „Hättest du vielleicht einmal die unendliche Güte, mich nicht erst spät am Abend anzurufen?“* („versteckte“ Redeabsicht: Aufforderung)
   ~~*Kathy fragt, ob*~~ … (Einleitungssatz gibt falschen Hinweis)
   …, ~~*ob er **vielleicht einmal die unendliche Güte habe,** sie nicht erst am späten Abend anzurufen.*~~ (umständliche Formulierung)

   Da man in indirekter Rede häufig kürzen muss, braucht man den genauen Wortlaut nicht immer wiederzugeben. Wichtig ist vielmehr der **Sinn der ursprünglichen Aussage**. Dazu gehört auch eine möglichst treffende Beschreibung der Redeabsicht.

   Beispiel: *Kathy fordert **ihn auf sehr ironische Weise** auf, sie nicht zu spät anzurufen.*

2. Wichtig bei der indirekten Wiedergabe ist also
   - die **treffende Wiedergabe der Redeabsicht** (Aussage, Frage, Aufforderung).
   - die **treffende Beschreibung der Abstufung, also des „Tonfalls“**.
     Hierzu stehen dir eine Reihe von Ausdrücken zur Verfügung.
     Beispiel: *Er/sie/es sprach ironisch (auf ironische Weise), energisch, mit Nachdruck, fordernd, herrisch, zornig, (sehr) vorsichtig, zögernd, sehr höflich, mit ausgesuchter Höflichkeit, naiv, ungläubig, zweifelnd, staunend, bewundernd* usw.
   - die **(knappe) Wiedergabe des Inhaltes** der Äußerung.
     Achte zusätzlich auf die Regeln zum Konjunktiv in indirekter Rede, vgl. S. 38–45.

Aufgabe 148 Der Text auf S. 206 f. enthält eine Reihe von Satzarten, die man indirekt genauer umschreiben kann als nur mit *Er sagt/fragt/fordert auf,* … Gib mögliche Informationen aus dem Text mit diesen Einleitungen wieder: **raten, empfehlen, informieren, besonders darauf aufmerksam machen/hinweisen, die Frage stellen/aufwerfen, bemerken, das Problem ansprechen, warnen, unterscheiden, vorschlagen, zur Auswahl stellen, zur Vorsicht mahnen, die Regel/den Grundsatz aufstellen**

Hinweis zum Stil

Bei der **Inhaltsangabe** zu **längeren Dialogen** ist es nicht sinnvoll, jede einzelne Äußerung wortgetreu (wenn auch indirekt) wiederzugeben und ständig Einleitungssätze zu verwenden wie: *Er/sie/es sagt/meint/antwortet ... Darauf erwidert/meint/behauptet ...* usw. Es wäre umständlich und fast unverständlich, wenn man einen Dialog so wiedergäbe:

Beispiel: **unschön:** *Lars sagt, er brauche dringend ein Handy. Der Vater antwortet, er brauche also dringend ein Handy. Lars sagt, der Vater habe es erfasst. Als der Vater mit „Na ja!" antwortet, fragt Lars, ob er sich ein Handy holen könne. Der Vater wiederholt ironisch das Wort „holen", und Lars sagt, er wisse, wie er das meine. Daraufhin fragt der Vater, warum er nicht sage, was er meine.* (umständliche, wortgetreue Wiedergabe)

Du merkst: Man weiß bei dieser Art von Wiedergabe eigentlich nicht, was die beiden wirklich sagen wollen, was also ihre eigentliche Redeabsicht ist.
Die folgende **Inhaltsangabe** ist besser gelungen, da sie auch einiges zusammenfasst:

Beispiel: *Lars sagt ziemlich direkt, er brauche dringend ein Handy. Der Vater reagiert auf die Forderung seines Sohnes nur mit ironischen und ausweichenden Bemerkungen. Lars fordert seinen Vater indirekt auf, ihn nicht absichtlich falsch zu verstehen, und der Vater empfiehlt ihm mit einer rhetorischen Frage, er solle doch dann auch seine Absicht klar so sagen, wie er sie meine.*

Du siehst: Eine gute Inhaltsangabe enthält schon viel Interpretation! Je besser du einen Text verstehst, desto treffender kannst du ihn auch indirekt wiedergeben und desto klarer gelingt dir eine (knappe) Darstellung der wesentlichen Inhalte, Absichten und Merkmale eines Gesprächs.

Aufgabe 149 Verfasse eine Inhaltsangabe zu dem Gespräch auf S. 218 f. (Thema: Handy-Erwerb), indem du die einzelnen Äußerungen bei der indirekten Rede möglichst treffend einleitest. Fahre an der Stelle fort, an der das (gelungene) Beispiel oben endet.

Lösungen

Die Lösungen zu den in den Aufgaben rot hervorgehobenen Formulierungen sind hier ebenfalls rot markiert. Zu den Aufgaben, die nicht farbig hervorgehoben sind, sind die Lösungen grün.

Aufgabe 1

				s	e	i	n							
	h	a	l	t	e	n								
			l	a	u	f	e	n						
			b	l	e	i	b	e	n					
	w	ä	h	r	e	n								
				r	e	i	t	e	n					
			b	i	e	t	e	n						
e	r	s	c	h	e	i	n	e	n					
						v	e	r	s	t	e	h	e	n

Aufgabe 2 **lassen** wollte (Verwendungsmögl. 1) / wollte K. **wissen** (1) / widerspricht zu **verjagen** (4) / musste **bergen** (1) /sah **kommen** (3) /sollte **tun** (1) / konnte **duellieren** (1) / musste **kämpfen** (1) / versuchte zu **beruhigen** (4) / konnte **fliegen, steuern, entern, fertig werden** (1)

Aufgabe 3 Sein Gegner gab ihm ein aufmunterndes Zeichen (,) die Waffe **zu ergreifen** und den Kampf **zu beginnen.** Es reichte ihm nicht (,) (den Kampf) einfach **zu gewinnen.** Kurz darauf sah Ben Frank auf sich (ihn) **zukommen.** Er sah Frank dann mit dem Mann **kämpfen,** aber dieser ließ sich nicht **beeindrucken.** „Wir müssen etwas **tun**", stellte Miriam fest. Ben jammerte: „Es ist unmöglich (,) mit denen wie mit Menschen **zu kämpfen.** Wir können sie nur als Computerfiguren **schlagen.**"

Aufgabe 4 **Ohne eine Sekunde zu zögern** (,) war Frank über den Ponte Vecchio gespurtet. Er raste jetzt an Miriam vorbei (,) **ohne sie zu beachten.** Er setzte zu einem gewaltigen Sprung an (,) **um dem Mann einen gezielten Karate-Tritt zu verpassen. Anstatt hinzufallen** (,) blieb dieser jedoch einfach stehen. Ben nahm allen Mut zusammen (,) **um nochmals anzugreifen.** … Es war sinnvoller (,) **mit den Männern wie mit Computerfiguren zu kämpfen** (,) **als sie als Menschen zu betrachten.**

Aufgabe 5 nicht möglich (,) sie zu sehen. / nötig wäre (,) sie aufzubauen. / nicht gewundert zu sehen, wie / hereingeschlurft wäre (,) um erst einmal zwei Tore zusammenzuzimmern. / „und dass es nötig ist (,) den Ball über die Linie zu bringen?“ / Manchmal war es möglich (,) so etwas dort zu sehen. / Woher war es einem adligen Mann … möglich (,) etwas von American Football zu wissen? / seiner unverwechselbaren Art(,) sich zu bewegen, / „… wie froh ich bin (,) dich zu sehen!“ / denn offenbar sollte Frank die Mannschaftsaufstellung nicht durcheinander bringen. / kamen mehrere Mitspieler (,) um ihn zurück zu seiner Torlinie zu bringen. / zurufen: „Wir müssen den alten Mann finden!“

Aufgabe 6 **aus dem Text:** jugendgefährdend / die vornehm wirkenden Herren / Zögernd griff Ben / ein aufmunterndes Zeichen usw.

neu gebildet: Miriam schaute sich fragend um. „Mönche fluchen nicht!“, sagte Jennifer belehrend. Das war für die anderen einleuchtend. Am Arno standen zwei unentwegt starrende schwarze Gestalten. Ben sah drei blitzende Degen.

Aufgabe 7 sahen sie allerlei hüpfende und fliegende Tiere. / einen streunenden Hund. / Kreischend und mit den Armen fuchtelnd rasten sie / Die herbeieilenden Wachen / Der ächzende Mönch / Nach einem langen, sehr anstrengenden Lauf fanden sie sich schwer atmend am Ufer des Arno ein. / Zögernd griff Ben / gab ihm ein aufmunterndes Zeichen / zeigte auf den bereitliegenden Degen. Mit ausweichenden Bewegungen / stellte er resignierend fest

Aufgabe 8 … jammerte Ben, der sich langsam nach seinem gefallenen Degen bückte. … auf den Gegner, der ihm scheinbar unbeteiligt auf dem Platz gegenüberstand und auf ihn wartete. Ben wollte jetzt nicht mit seinen Freunden diskutieren, während er in gebückter Haltung vor seinem Gegner stand und über einen Ausweg nachdachte. Indem der Adlige einem seiner (zuschauenden) Adjutanten (oder: die ihm zuschauten) zunickte, erklärte er sich mit einem Tausch der Waffen einverstanden. Indem Kolja eine Fluchtbewegung vortäuschte, beschäftigte er …

Aufgabe 9 Partizip Perfekt im Text S. 2/3 (Auswahl)

	regelmäßig	**unregelmäßig**
mit Vorsilbe *ge-*	gewertet, gefoltert, gekleidet, geputzt, gespannt , (auf)gestellt, geschaut, gespurtet	gegeben, gestrichen, gefunden, gedacht, gewesen, geschlagen
ohne Vorsilbe *ge-*	animiert, fasziniert, verdächtigt, verfolgt, betrachtet, erbaut, entsetzt, besiegt, verwirrt, verblüfft	verstanden, verbrannt, unterbrochen

Aufgabe 10 Der Gegner stand unbeteiligt da / Die programmierte Figur wartete / auf den geöffneten Koffer / Waffentausch seines haushoch überlegenen Gegners / die anderen Degen unbeachtet aus / Figur fuchtelte verwirrt / den erstarrten Adligen / Adlige lag umgefallen da / Das überlistete Computerprogramm

Aufgabe 11

kein Vokalunterschied zwischen den Singularformen	Verbform in 1. Pers. Singular Präsens	Vokalunterschied zwischen 1. Person und den anderen Singularformen
du lebst, er lebt	ich lebe, gebe	du gibst, sie gibt
du drehst, er dreht / du flehst, er fleht	ich sehe, drehe, flehe	du siehst, er sieht
du kaufst, er kauft / du schnaufst, er schnauft	ich laufe, kaufe, schnaufe	du läufst, er läuft
	ich fechte, flechte	du fichtst, er ficht du flichtst, er flicht
du wendest, er wendet	ich wende	
du (be)wahrst, er (be)wahrt	ich fahre, (be)wahre	du fährst, er fährt
	ich nehme	du nimmst, er nimmt
du kehrst, er kehrt / du scherst, er schert	ich kehre, schere	

Aufgabe 12 Da lernt sie ... kennen und jetzt kommt der blöde Frank und beginnt ... (szenisches Präs.) Jedes Jahr findet hier ... statt. (zeitloses Ereignis) Das ist ein richtiges Volksfest (zeitlos) ... und dieses Jahr bin ich ... (gegenwärtiger Vorgang) „Was ist denn dieses Calcio?" (Frage nach Tatsache) ... dass es eine Sportart auf dieser Welt gab (gäbe), von der er noch nichts wusste (wüsste) (kein Präsens!) „Was sind das für Jugendliche, die das Calcio-Spiel nicht kennen?" (als wörtl. Rede: Präsens/Frage nach Tatsache; auch aus Erzähler-Perspektive möglich:) Was waren das für J., die ... nicht kannten? ... Hier aus Florenz kommt doch ... (zeitlos/Tatsachenbehauptung); Frank ... Das war wohl der größte Unsinn, den

er je **gehört hatte.** (kein Präs., weil Erzähler) „Jedes Kind **weiß,** dass Fußball aus E. **stammt.**“ (Tatsachenbehauptung, zeitlos) „Die Engländer **haben** es ... Seit dem Mittelalter **spielt** man hier ...“ (Tatsachenbehauptung, zeitlos). „Die Engländer **sahen** es hier und **führten** es dann bei sich **ein** – ...“ (Vergangenheit)

Aufgabe 13 gehen ihm nach / kommen / erscheint / ist / fasziniert / spielt sich (nicht ...) ab / hat / lautet / kann (könnte)

Aufgabe 14

f	i	n	d	e	n	-	f	a	n	d	-	g	e	f	u	n	d	e	n							
s	i	n	g	e	n	-	s	a	n	g	-	g	e	s	u	n	g	e	n							
r	e	n	n	e	n	-	r	a	n	n	t	e	-	g	e	r	a	n	n	t						
b	r	e	n	n	e	n	-	b	r	a	n	n	t	e	-	g	e	b	r	a	n	n	t			
s	t	e	h	l	e	n	-	s	t	a	h	l	-	g	e	s	t	o	h	l	e	n				
e	m	p	f	e	h	l	e	n	-	e	m	p	f	a	h	l	-	e	m	p	f	o	h	l	e	n
b	i	e	t	e	n	-	b	o	t	-	g	e	b	o	t	e	n									
h	a	l	t	e	n	-	h	i	e	l	t	-	g	e	h	a	l	t	e	n						
g	i	e	ß	e	n	-	g	o	s	s	-	g	e	g	o	s	s	e	n							
s	p	r	i	e	ß	e	n	-	s	p	r	o	s	s	-	g	e	s	p	r	o	s	s	e	n	

Aufgabe 15 ... falsche Töne pfiff
... in das Wasser stürzen

Aufgabe 16 fanden – banden; trugen – fragten (veraltet: frugen!); fehlte – stahl; blinkte – sank; rannte – flennte

Aufgabe 17 (Textvorschlag): Die festlich gekleidete Hochzeitsgesellschaft **nahm Platz.** Zahlreiche Personen **kamen hinzu,** ebenso Musikanten, um eine festliche, lange Oper **aufzuführen.** Da **ertönten** laute Fanfaren, die Trompeter rund um das Stadion **bliesen** zum Aufmarsch rund ums Stadion. Miriam **zeigte auf** die Menschenansammlung, die sie **wahrnahm:** Vorne **gingen** die Spielleiter der Mannschaften, dahinter **kamen** in 6 Paare und eine Dreierreihe aufgeteilt insgesamt 15 Stürmer. Ben **ärgerte sich,** weil er kein Fernglas dabei hatte. Trotzdem **erkannte** er Frank als Spieler in einer der Mannschaften. Es **folgten** weitere Musikanten, **begleitet** von Fahnenträgern und Pagen. **Hinzu kamen** weitere Mannschaftsmitglieder: „Zerstörer“, „Läufer“ und „Verteidiger“ **marschierten auf.** Natürlich **war** diese Aufteilung den Freunden nicht bekannt. Sie konnten an der Kleidung auch nicht **erkennen,** welche Spieler zu den Gästen **gehörten,** und **machten sich** auf ein seltsames, aber turbulentes und interessantes Spiel mit vielen Überraschungen **gefasst.**

Aufgabe 18 (in Klammern: Nr. der Verwendungsweise, vgl. S. 22)
... **ist abgestürzt** (1) ... **hat getroffen** (1) ... **hat entdeckt?** (1/[3]) ... **hat** ... **gefunden** (2) ... **hat es** ... **umgehauen** (3) Diesmal **hat** ... **gesiegt** (1/4) ... **hat** schon immer ... **gesiegt** (2/4) Bald **sind** wir ... **entkommen** und dann **haben** wir alles **überstanden** (5).

Aufgabe 19 schrie / ließ / griff / starrte / färbte / kreischte / „Er hat mich verletzt!" / hielten / „Wie ich gehofft habe!" / hat zugestimmt / begriff / stellten / griffen / schlug / blieb / griff / wehrte / sagte / habe (hatte/hätte)/ verstieß / befahl / widersprach / war / kam / brachte

Aufgabe 20 Frank **war** nicht **gekommen.** Vielleicht **hatte** er den Weg **nicht gefunden.** Sonst **hatte** ihn doch niemand **aufhalten können!** Vielleicht **hatte** er noch etwas **erledigen müssen.** Dies **hatte** er sich nicht früher **überlegen können.**

Aufgabe 21 (Nummern in Klammern: Verwendungsweise des Futurs I, S. 26; ansonsten: Präsens besser): „Was **machen** wir jetzt?" „Ich **weiß** ..." Wir **gehen** einfach ... **weiter,** bis **sich** ein A. **findet.** Du **glaubst** doch ..., dass es ... **geben wird."** (3) es **gibt** ... **werden** ... **finden** (2) ... dass wir ihn **finden (werden)?** (Präs. oder Futur: [1]) Zuerst **gehen** wir **weiter** ... und **schauen** alles **an.** Vielleicht **hilft** uns ... und wir **entdecken** ... Vielleicht **brauchen** wir aber ... und es **geht** auf ... **zu.** Wenn das nicht der Fall **ist/sein wird** (1) ..., **probieren** wir / **werden** wir **ausprobieren** (1) ..., ob uns jemand **hindert,** wenn wir ... **aufbrechen** oder ... laut **rufen.** ... da **hört** uns jemand und der **kommt** auch prompt? ... Irgendjemand **wird** uns **hören!** (2) Du **wirst** mir doch nicht **erzählen** ... (3), dass die anderen ... **warten (werden)** (Präs. oder Futur: 1/3), bis sie ... **hören.** Du **wirst sehen:** Es **findet** sich .../**wird** sich ... **finden!** (Präs. oder Futur: 2)

Aufgabe 22 (Nummern in Klammern: Verwendungsweise des Futurs II, S. 28; ansonsten: Perfekt oder Präsens besser): herausgekommen sind / sind wir zurückgekehrt / angefangen haben / herauskommen (werden) / werde ich herausfinden (herausgefunden haben: 1/2/3) / wird sich ... erlaubt haben (4), wird ... sein / kämpfen werden (gekämpft haben werden: 2)

Aufgabe 23 **vergewisserte sich** / Hier **stimmt** / **gefunden haben** / Ich **habe** eben **bekommen** / **gekommen waren** / **kundtat** / **gesetzt hatte** / **getrunken hatte** / **weitergereicht hatte** / **hielt** / **öffnete sich** / Ben **fiel** / **ist verschlossen** / **haben** es **probiert**

Aufgabe 24 (Vorschlag): Als die Schüler zu Beginn der Klassenfahrt auf dem Bahnsteig standen, gab es das übliche Durcheinander, und eine Verständigung war nicht möglich – obwohl die Lehrerin in der Schule noch ausdrücklich darum gebeten hatte, auf Disziplin zu achten. Beim Einsteigen versuchte sie anfangs noch Anweisungen zu geben, doch die Schüler zwängten sich unbeirrt in gegensätzlichen Richtungen durch den Gang ihres Waggons. Während sie weiterhin Ermahnungen aussprach, stand Kolja, der wusste, dass er nicht bei allen beliebt war, noch draußen auf dem Bahnsteig und wartete mit dem Einsteigen. Drinnen verteidigte Miriam bereits ein Abteil gegen Claudia, lud aber Ben ein – obwohl dieser eigentlich zu Frank ins Abteil wollte. Frank wiederum kam erst im letzten Moment, denn er hatte sich noch am Kiosk eine Sportzeitung holen müssen … Allmählich fanden sich die Gruppen, der Zug fuhr los, und man begann(,) verschiedenen Beschäftigungen nachzugehen: Walkman hören, Gameboy spielen oder einfach Cola trinken. Jennifer las aus einem Reiseführer vor: Dass Florenz im 16. Jahrhundert eine Blütezeit erlebt hatte, die zum Aufschwung von Wissenschaften und Künsten geführt hatte, verbunden mit Namen wie Leonardo da Vinci, Michelangelo und Brunelleschi. Ebenso war dies die Epoche der mächtigen Familie Medici (gewesen). Als wichtige Reiseziele der heutigen Zeit wurden die Uffizien (eine berühmte Kunstsammlung), der Dom und der Marktplatz genannt. Als Jennifer auch den Palazzo Vecchio nannte, rief Thomas „Roberto Baggio!“ dazwischen. Nur die Fußballkenner merkten, dass es sich um den Namen eines Fußballers handelte: Auch Miriam gehörte dazu, denn ihr gefiel Baggio wegen seines Pferdeschwanzes. – Jennifer dachte im Stillen weiter an die Geschichte von Florenz …

Aufgabe 25 (Vorschlag): **wurde** einiges **klar:** … **hatte man** sie **verfolgt,** … nicht(,) **wer.** / **ein Fremder gekauft hatte** … … **waren verriegelt** … **ließen sich nicht öffnen;** … und das Museum **würde schließen.** Was **war zu tun?** … „Jetzt **setzen** wir uns erst mal **hin,** und **dann wird überlegt!**“ … Treppe **führte** … Ben **spürte** … **sich bildete** … Hand **legte sich** … Miriam **stand** … peinlich, dass **er Angst bekam (sich fürchtete)** … andererseits **war** er **erleichtert.** … Wenn ich … nicht **bestehe,** … **Miriam nahm** Ben die Taschenlampe aus der Hand und **ging voran** (,) ohne dass Bens Angst **von ihr** nochmals **erwähnt wurde** (ohne dass **sie** … **erwähnte).**

Aufgabe 26 … doch jetzt **war** er **besiegt.** / Alle **waren überrascht** / **überrumpelt wären** / **sind gesteuert** / **sind entworfen** / **waren** alle **erfreut** / **beendet war**

Aufgabe 27 ... **waren** kaum ... **zu begeistern (konnten** kaum **begeistert werden),** aber ... **waren** sie **begeistert.** / ... **war** (sonst) nicht aus der Ruhe **zu bringen (konnte nicht** ... **gebracht werden),** ... aber ... **war** sie sehr **verwirrt.** / **waren** ... nur schwer **zu finden (konnten** nur schwer **gefunden werden),** aber ... **waren** alle **gefunden.** / ... dass viele **verwöhnt waren.** / ... nicht **geöffnet werden konnten.** Nur eine ... **ließ sich öffnen.** ... **angezogen worden waren,** von der sie ganz **fasziniert waren.** ... **getäuscht worden waren** ... und jetzt ... **gefangen waren.**

Aufgabe 28 Es **gibt** ... / Wir **sind** ... **geraten.** / Die anderen **haben** ... nicht **bemerkt,** dass wir uns **verloren haben.** / Jetzt **suchen** sie ... / Die **werden** uns ... nicht **glauben,** was ... **passiert ist,** wenn wir ihnen das **erzählen (werden).** / Ben **hat** schon so oft ... **geübt,** also **hat** er ... / Und ich **bin** sicher, er **wird** ... **gewinnen!**

Aufgabe 29 Jennifer belehrte Kolja, ein Mönch **fluche** nicht. Sie fügte hinzu, es **widerspreche** der christlichen Nächstenliebe (,) hilfsbedürftige Menschen einfach zu verjagen. Und während J. meinte, man **halte** sie vielleicht für Hexen, sagte Ben abwiegelnd, er **könne** sich das nicht vorstellen. Dieser virtuelle Raum **könne** doch nur für T. erbaut worden sein. Da **werde** doch keine Hexenverf. programmiert. Die anderen meinten, das **leuchte** ihnen ein (Die anderen fanden das einleuchtend). Es **könne** wirklich nichts Schlimmes sein (,) den Raum zu betreten. Aber man war sich sicher, dass der Raum noch irgendein Geheimnis bergen **müsse**, dem man vielleicht auf der Spur **sei.**

Aufgabe 30 versage / kämpften / ließen / seien / verhalte / er müsse / sie bewegten / müsse man / könnten / habe / es gebe / So etwas würden Künstler erkennen und ihre Beobachtungen ... umsetzen / sie würden malen / sondern sie gäben / könnten/ sei / Es würden fehlen / reiche / habe / könne man

Aufgabe 31 das Wappen der Medici **ist.** / man **werde** ... finden,/ da es sich ... **handle.** / es **sei** schon / wenn man ... **entdecke,** / was Th. ... verkauft **habe.** / **vorkäme (vorkomme)** / dann **habe** / Computerspiele **seien** / diese Spiele **seien**

Aufgabe 32 Es stehen dieselben Formen wie in Aufgabe 31! (Siehe die Regeln S. 44, besonders den letzten Satz der Regel 1: „Dies ist unabhängig davon ...“)

Aufgabe 33 (Vorschlag): Miriam brachte ihr Erstaunen über Franks Aussehen laut zum Ausdruck. Dieser gab stolz zu verstehen, dass es sich um die Kleidung einer Calcio-Mannsch. handle und dass er mitspiele. Eigentlich habe er nur wissen wollen, wie das Spiel funktioniert, und ein Spieler habe es ihm erklärt. Doch dann habe der ihn auf einmal gefragt, ob er mitspielen wolle: In seiner Mannschaft sei jemand ausgefallen. – Bevor Frank sich zum Einmarsch begeben konnte, fragte ihn Jennifer noch ungläubig, seit wann er Italienisch spreche, aber Frank konnte einfach auf sein Glück verweisen, da der Spieler perfekt Deutsch spreche. Doch Jennifer wandte sich misstrauisch an Ben, was er von der Sache halte, denn manchmal schwindle Frank wohl ein bisschen. Ben jedoch war der Meinung, Frank habe noch nie irgendwelche Lügengeschichten erzählt. Jennifer bestand darauf, Frank habe von „hochdeutsch" geredet, und das sei doch unmöglich, da man im Jahre 1589 sei. Sicherlich habe da die deutsche Sprache ganz anders geklungen, und die verstehe heute (wohl) keiner mehr.

Aufgabe 34
a) Wenn/Falls/Im Falle dass wir ... zurückgehen, müssen wir ...
b) Wenn/Falls/Im Falle dass wir an diese Tür kommen wollen, müssen wir ...
c) Wenn/Falls/Im Falle dass wir (tatsächlich) im Jahr 1589 sind, gibt es noch ...
d) Wenn/Falls/Im Falle dass es keinen Seitenfl. gibt, gibt es (auch) keinen A.
e) Wenn/Falls/Im Falle dass Jennifer Recht hatte, sitzen wir ...
f) Wenn/Falls/Im Falle dass es keine Z. gibt, gibt es auch kein ... (oder:) Wenn es ... gäbe, gäbe es ... (oder:) Mit einer Zeitmaschine gibt es ...
g) Wenn/Falls/Im Falle dass es kein Zurück gibt, wird es eine Übervölkerung ... geben. (oder:) Wenn es kein Z. gäbe, gäbe es längst eine Überbevölkerung ...

Aufgabe 35

Reisewünsche mit Konjunktiv II	Reisewünsche mit Modalwörtern (o. and.)
L: „Als Reiseziel **gäbe** es aber neben Florenz auch noch die USA!"	L: „Als Reiseziel **ist** aber neben Florenz auch noch die USA **möglich!"** Vorschlag)
S: „Diese Idee **fänden** wir ganz toll."	S: „Diese Idee **ist bestimmt** ganz toll!" (Ausruf)
L: „Da **hätte** ich ganz schön viel Arbeit!"	L: **„Ich kann mir vorstellen, dass das** ganz schön viel Arbeit **bedeutet!"** (Ausdruck einer Vorstellung)
S: „Das **wäre** ja wohl nicht so schwer!"	S: **„Das ist bestimmt** nicht ganz so schwer!" (Versicherung)
L: **„Könntet** ihr mal ruhig sein?"	L: **„Seid ihr mal bitte ruhig?"** (Frage)
L: „Es **böte** sich auch Florenz **an,** das **wäre** doch nicht schlecht mit seinen vielen Sehenswürdigkeiten!"	L: **„Denkbar ist** auch noch Florenz (Annahme), **das ist sicher** nicht schlecht mit seinen vielen Sehenswürdigkeiten." (Vorschlag)

Aufgabe 36 **Fahren Sie (Fahr / Fahrt)** los! **Warten Sie (Warte, Wartet)** nicht lange, sondern **beeilen Sie sich (beeil dich / beeilt euch)! Fahren Sie (Fahr / Fahrt)** auf den Ausgang zu, **lassen Sie sich (lass dich / lasst euch)** nicht durch Hindernisse **aufhalten! Achten Sie (Achte / Achtet)** genau auf das, was ich sage! **Nehmen Sie (Nimm / Nehmt)** keine Anweisungen von anderen Personen **entgegen! Passen Sie auf (Pass / Passt / auf)**, dass der Wagen nicht … **Fahren Sie (Fahr / Fahrt)** dann direkt zur Grotte. **Machen Sie (Mach / Macht)** nicht so langsam, sondern **beeilen Sie sich (beeil dich / beeilt euch)! Biegen Sie (Biege / Biegt)** an der dritten Ecke … **ab! Nehmen Sie (Nimm / Nehmt)** die K. … **Halten Sie (Halte / Haltet)** da vorne **an.**

Aufgabe 37 (Vorschläge): **Jennifer:** „Wenn du doch endlich still wärst!“ / „Kannst (Könntest) du nicht endlich still sein?“ / „Ist (Wäre) es möglich, dass du …?“ usw.
Frank: „Erklär mir das (doch) bitte mal etwas weniger kompliziert!“ / „Das kann man auch einfacher sagen …“ / „Kannst du (könntest du) das …?“ usw.
Ben: „Ihr müsst mir helfen!“ / „Helft mir (doch) bitte!“ / „Lasst mich (bitte) nicht im Stich!“ usw.
Miriam: „Würdet ihr euch bitte etwas beeilen?“ / „Beeilt euch mal (bitte) …“ usw.

Aufgabe 38 **Der Mensch** entdeckte … / … meinte man oft, **die Männer** …, während **die Frauen** / wie z. B. **das Pferd** … und **der Hund** von **dem Menschen** gezähmt …

Aufgabe 39 … Leistung **der Ur-Menschen** … / **Fachleute** wie z. B. / dass im Grunde wenig über die Vorgeschichte bekannt ist. / **In den Gesellschaftswissenschaften** gibt es die Meinung, / dass schon **afrikanische Frühmenschen** / …, wie oft geglaubt wird. / **Frühmenschen** auf dem Weg … benutzten / **In den modernen Kulturwissenschaften** wurde lange übersehen …

Aufgabe 40 An **Bord** kleinerer Schiffe sucht man vergeblich ein Bücher**bord**. / Nach einer Wanderung durch die **Flur** empfiehlt es sich die Schuhe zu säubern, bevor man den häuslichen **Flur** betritt. / Bei starkem Wind sollte man auf der **Hut** sein, wenn man einen **Hut** trägt. / Die **Kunde** von günstigen Preisen lockt jeden **Kunden** an. / Bei einem Brand steht der **Leiter** der Feuerwehr nicht auf der **Leiter**, sondern am Boden, um das Personal zu dirigieren. / Das **Pack** verdient es nicht, viele **Packen** von wertvollen Dingen zu bekommen. / Manch ein **Tor** hat schon wunderschöne **Tore** erzielt. / Bei unfairen Aktionen können beim Fußball schmerzhafte Verletzungen am **Spann** entstehen. Nur manchmal verschwindet der Schmerz nach einer kurzen (Zeit-)**Spanne.**

Aufgabe 41 (s)eine Faszination / „Feuer der Auferstehung“ / zu der Inszenierung problematischer Illusionen / die zu massenhaftem Fanatismus / In manchem Brauch (tum) / Wärme und Geborgenheit.

Aufgabe 42 Das Feuer ist die Grundlage sämtlicher zivilisatorischer Prozesse. / Hinweise auf einen ersten Feuergebrauch / das einzige Lebewesen / Gesellschaftswissenschaftler / die Frühmenschen / Nach Blitzeinschlägen / Schwelende Baumstümpfe

Aufgabe 43 die Tempelfeuer / von den „vestalischen Jungfrauen“ / in den jüdischen Tempeln / die Feuer / mit vielen Versuchen / Natureinflüsse / die Flammen / die heiligen Stätten oder die anderen Feuerstellen. / im Zeitalter von Elektroherden, Zentralheizungen und Halogenlampen

Aufgabe 44 mehr als eine Person / in einer Ferienzeit / Schon ein Elternteil, der sich falsch verhält / kein geringer Kostenfaktor

Aufgabe 45 Wälder, Felder, Fluren und Naturparks / Tannen, Fichten und Kiefern / betroffen von Feuerschäden. / Zahllose Schilder weisen die Spaziergänger / auf die Gefahren / Umgangs mit Zigaretten / in Wäldern hin. / manche Gebiete / durch Schilder gekennzeichnet / durch Markierungs-Bänder / regelrechte Toren / ganze Bände in Bibliotheken / Einsatzleiter bei den Feuerwehren / von zahllosen Verstößen / Viele Steuern / die entstandenen Feuer

Aufgabe 46 Die Flammen / im Übungshaus / holt sich Verbrennungen. / in Flammen / Deutschlands modernstes Übungshaus für Feuerwehreinsätze. / der Ernstfall / keine Anfänger / in der Runde / 600 Grad / der Hitze eines echten Brandes / mit den Schläuchen / und Stahlrohren Deutschlands größte und modernste Anlage dieser Art. / Seit dem Frühjahr / den Mitgliedern / zur Verfügung. Fünfzehn weitere Brandstellen / in seinem Inneren. / Vom kleinen Kochtopfbrand / bis zum flammenden Inferno / die verschiedensten Situationen / bei einem Einsatz (bei Einsätzen), / mahnen die Ausbilder.

Aufgabe 47 Was veranlasst Menschen Feuer zu legen? Innerhalb weniger Tage / zwei Brandstifter / Vier Menschen / im Jahr(e) 1994 / auf frischer Tat ertappt, / der Brand / In ihrer Wohnung / die Beamten einen Ordner / alle Presseberichte / über ihre früheren Brandstiftungen / Was sind das für Menschen / heimlich Feuer legen? / Kriminalisten / unterscheiden zwei Tätertypen, / die aufgrund ihres Verhaltens / Entweder will ein Täter Schaden anrichten / in erster Linie / um das Flammenspektakel. / die Übeltäter / wegen Brandstiftung

Aufgabe 48 Kaum eine Feuerwehr / auf eigene Faust, / um ihre eigenen Leute / an (das) Feuer zu gewöhnen. / der Umweltschutz. / herrscht immer Hochbetrieb. / beurteilt Feuerwehrmann Richard König das Übungshaus. „... in einem echten Feuer / ist der Stress ...“

Aufgabe 49 Es ist der 18. April ..., und die Uhren in San Francisco ... 5.12 Uhr in der Frühe. ... ein unheimlicher, heulender Ton die Stille. Die Erde ..., in heftigen Wellenbewegungen. Mächtige Spalten ... im Boden ..., ganze Gebäudekomplexe springen aus den (ihren) Fundamenten, wie Zeugen ... Die Kuppel des California-Theaters durchschlägt das Dach der benachbarten ... und tötet den Chefingenieur der städtischen Feuerwehr – ein unheilvolles ... um die Pazifikmetropole ... Das (ein) Beben der Stärke 8,3 schüttelt die Stadt „wie ein Terrier eine Ratte“. Dann, sekundenlang, (eine) unheimliche Ruhe.

Dichter Staub hängt wie Nebel in den Straßen. Die ersten Menschen ... in (ihren) Schlafanzügen aus den/ihren Häusern, Frauen mit (ihren) Babys im Arm, ... im Angesicht der Ruinenfelder. Doch der eigentliche Horror ... und vier endlose Tage ... eine der schrecklichsten ... in der Geschichte. ... schrieben die Zeitungen: „... nicht das Erdbeben, sondern das Feuer, welches das alte ...“

Die Feuersbrunst hatte die Rettungskräfte ... Durch die brutalen ... waren die Öfen ... und die Kamine geborsten, die Gasleitungen gebrochen. ... (die) Wasserleitungen und (die) Hydranten wurden ..., was (die) Löschversuche ... An mehr als 50 Stellen ... waren Brände ... mit enormer Geschwindigkeit ... durch die hölzernen Häuser des Market-Districts ...

Die Armee schickte schon bald ihre Einheiten zur/zu der Unterstützung der Feuerwehr. Auf einer Fläche von mehr als zwölf ...

Mehr als 3000 Menschen ... in den Apriltagen des Jahres 1906, eine Viertelmillion ..., 30 000 Gebäude ...

Aufgabe 50 (in Klammern: weitere Möglichkeiten)

... Mission (, wenn es um das Löschen von Waldbränden in Kalifornien geht). Dabei würde ... das Feuer, weil es sich durch den Wind rasch ausbreitet, schnell die Städte erreichen. Ein Löschen mit Schläuchen ist unmöglich: Große Waldbrände werden mit gezielten Wasserabwürfen an einer/ihrer Ausbreitung gehindert.

In nur zehn Sekunden stürzen … und 16 000 Quadratmeter Wald werden mit nur einem Abwurf beregnet.
… tanken ihr Wasser im Tiefflug. … ein schwieriges Manöver, bei dem die Mannschaft eingespielt sein muss. In wenigen Sekunden … mit tausenden Litern Wasser, die für den nächsten Einsatz benötigt werden.
Ist der Brand nicht allzu weit von einem See entfernt (nah bei einem See), lässt sich dies … lässt sich kaum ein Waldbrand allein aus der Luft löschen. … viele Brände schon außer Kontrolle (, bevor die Bodentruppen anrücken.)

Aufgabe 51 das Tempelfeuer … es … es / Vorschrift … sie / eines Feuers … es / Der Zauber … er …

Aufgabe 52 Man kann es sehen / sie schmecken / es leckt / Man hielt genau dies/das … / Es hat zwei … / Ihm können … / Es ist gut …

Aufgabe 53

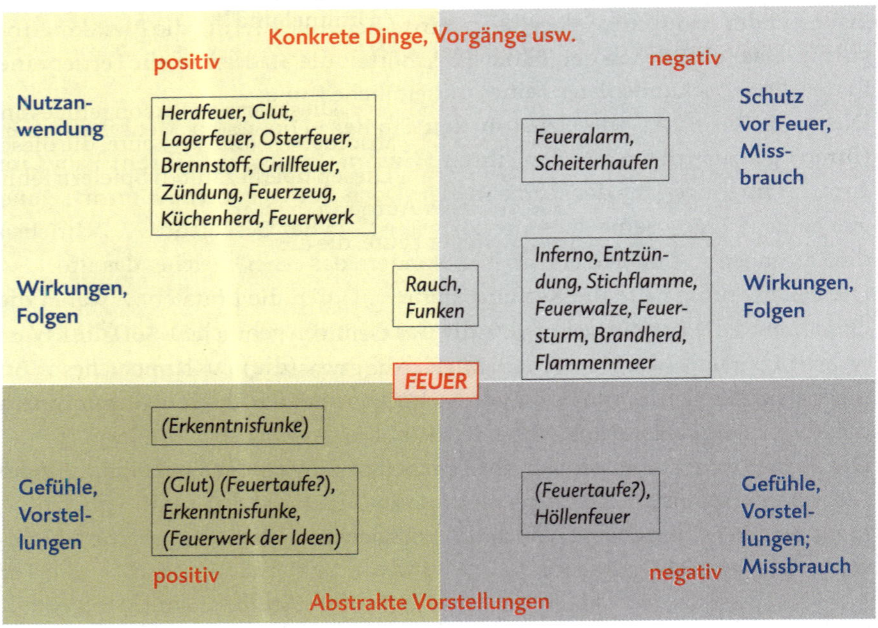

Aufgabe 54 ein Sprungtuch / ein Kranwagen / der Einsatzleiter

Aufgabe 55 ... ist das Metallteil am Schlauchende, aus welchem das Löschwasser herauskommt.
... ist ein Wasseranschluss im Straßenboden.
... ist ein (metallenes) Teilstück, das zur Verbindung zweier Schläuche dient.
... ist eine Leiter, die mithilfe von Haken z. B. an Fenstern, Mauern usw. eingehängt werden kann.
... ist ein Feuerwehrwagen, in dem verschiedenste Geräte (wie z. B. Schläuche, Leitern, Pumpen, Werkzeuge) transportiert werden.
... ist eine Gruppe von Feuerwehrleuten, die ein Sprungtuch halten.

Aufgabe 56 Cockpit ~ Führerstand / Katastrophe ~ Unglück / Airline(s) ~ Fluggesellschaft(en) / Kosten ~ Aufwand / Pilot(en) ~ Flugzeugführer / Ursache ~ Herkunft / Anweisungen ~ Richtlinien / Rauchquelle ~ Brand / elektrische Spannung ~ Strom / Methode ~ Vorgehensweise

Aufgabe 57 Arme und **Reiche** / vier Tage und **Nächte.** / Himmel und **Hölle** / auf der Nord- und auf der **Süd**halbkugel

Aufgabe 58 Dieses Geldgeschäft ist ein **Spiel mit dem Feuer.** Dieser armen Person fehlt es an **menschlicher Wärme.** Ich bin **(finanziell)** absolut **abgebrannt.** Leute, die diese Krankheit haben, **machen die Hölle durch.** Diesen überbezahlten Spielern fehlt die **Glut der Begeisterung.** Als er dieses Auto sah, **war** er **Feuer und Flamme.** Auch in Diktaturen gibt es immer wieder Leute, die die **Fackel der Freiheit hoch halten.**

Aufgabe 59 ... in ihrer **eigenen** Wohnung. ... ein **gutes** Gefühl. ... eine **rote** Soße ... **klares** Wasser ... ein **emaillierter** Wasserboiler ... die etwas **rostige** Klappe ... des **alten** Wasserbehälters ... eine Spur **alter** Asche ... ziemlich **ausgefüllt** mit einem **mächtigen** Doppelbett und einem **weißen** Kleiderschrank ... In der **hinteren** Ecke ... ein **weißer** Kachelofen. Mit den **vorhandenen** Möbeln ... Ein **schwarz glänzender** (*oder*: **schwarzer, glänzender**) Schrank ... mit **kitschigen** Sammeltassen ... Feldbetten mit **grauen** Filzdecken ... ein **quadratisches** Holztischchen ... Es war **schwarz** und **groß** und sah **vorsintflutlich** aus. ... die Tür zum **kleinen** Balkon ... einen der **weiß lackierten** Stühle ... mit **geblümtem** Wachstuch ... die **zementierte** Brüstung ... Es ging ihr wirklich **gut.**

Aufgabe 60 hemmungslos / hochmütig / lückenlos / bleiverglasten / bläulich / morgendlichen / nachdrücklich / erfolglos / tägliche / lästiger / langweilige / unachtsam / sorgfältig

Aufgabe 61

attributiver Gebrauch	prädikativer Gebrauch
ihre schwarzen Nägel	Ihre Nägel waren schwarz.
der schläfrige Köter	Der Köter ist schläfrig.
die verschwitzte Frau K.	Frau K. war verschwitzt.
der gräuliche Schimmer	Der Schimmer ist gräulich.
das offene Fenster	Das Fenster war offen.
die etwas altmodische Großmutter	Die Großmutter war etwas altmodisch.
die erhitzte Luft	Die Luft war erhitzt.
Thomas' neugierige Hände	Thomas' Hände waren neugierig.
seine vergebliche Mühe	Seine Mühe war umsonst.

Aufgabe 62 die **neuesten** Hits ... **schneller** abgehakt, als ... schon viel **besser.** ... seine Hand **tiefer** sinken. ... **Besser** konnte man nicht ... **am schönsten.**

Aufgabe 63 noch viel **intensiver** ... ihre lila Jeans noch viel **greller** ... viel **häufiger** sehen. **Am besten** wäre es ... Eine **kürzere** Kordhose ... ein Einrichtungsgegenstand **loser** als der andere ... die **abgelaufensten** Stufen ... ganz **warm (heiß).** ... eigentlich **schöner** vorgestellt

Aufgabe 64 **Mengen**: voll – leer, genug – (zu) wenig
seelische, gesundheitliche Zustände: ruhig – aufgeregt, locker – verkrampft
Gestalt von Lebewesen: schwer – leicht, fett – dürr
räumliche Ausdehnung, Größe: schmal – breit, eben – schräg/schief
zeitliche Gesichtspunkte: kurz – lang, gleichmäßig – unregelmäßig
Sinneseindrücke, Farben: sanft – grell, hell – dunkel
Einschätzungen / Bewertungen: prima – mies, gut – schlecht

Aufgabe 65 schwül – frisch / heiß – kalt / leicht – schwer / zerbrechlich – stabil / altmodisch – modern (neumodisch) / kitschig – geschmackvoll / elegant – plump (ungeschickt) / stark – schwach / grob – fein / auffallend – dezent

Aufgabe 66

	abstrakt	Tasten Fühlen	Sehen	Hören	Riechen	Schmecken	sonstiges
spitz	spitze Bemerkung	ein spitzer Gegenstand	ein spitzer Winkel	Spitzentöne			
hohl	„Der ist ziemlich hohl …“	ein hohles Gefühl im Magen	ein hohler Raum	ein hohler Klang		Essen schmeckt hohl	
rund	eine runde Sache	runde/abgerundete Kanten	„runde Ecken“	ein runder/abgerundeter Bass		ein abgerundeter Geschmack	eine Zahl abrunden
sanft	eine sanfte Person, eine sanfte Ermahnung	ein sanfter Stoff, eine sanfte Oberfläche	sanfte Formen	sanfte Töne	ein sanfter Geruch	ein sanfter Geschmack	eine sanfte Bewegung
grell	grelle Person		grelle Farben	grelle Töne			
stumpf	stumpfsinnig	stumpfes Messer	stumpfer Blick			stumpfer Geschmack	abstumpfen
rau	rauer Bursche	raue Oberfläche		rauer Ton / raue Stimme			Raureif
hart	hartes Leben	harte Kanten	harte Ecken	harter Klang			sich abhärten

Aufgabe 67 Adjektiv passt zu Substantiv Nr. …

1) Terry	war	böse: 1, 2, 7, 8
2) Ihr Herz		wichtig: (4), (7), 8, 9
3) Ihr Minirock		schwarz: (2), 3, (6), 7, 9, 10
4) Dieser Sommer		grellgelb: 3, (5), 9, 10
5) Die Vorgärten		fünfzehnjährig: 1, (7)
6) Die Stadt		übrig: ?
7) Der Hund		gehäkelt: 3
8) Der Anruf		kitschig: 3, 5, 6, 9, 10
9) Das Telefon		elegant: 1, 3, 5, 6, 10
10) Das Treppenhaus		unvermeidlich: (3), 8, 11
11) Ein Übelkeitsgefühl		sanft: 1, (7)

Aufgabe 68 … dachte **zuerst/zunächst** lange Zeit …, … mit Alex **vielleicht** besser vertragen. Ihre **anfänglichen/häufigen** Versuche …, … immer **umsonst.** … von seinem **gleichgültigen** Verhalten. … sieht sie als **zerbrochen** an. Als Alex **dann** beweist … Alex’ **wiederholte** Reaktion …

Aufgabe 69 Eigentlich gefällt ... Heute ist es ... Dabei starrt er sie an. Und deshalb wird sie ... ... dass sie vielleicht (sicherlich/sicher/gewiss) ... Dort wird sie ... Dabei wird er ihr sicherlich (gewiss) ...... und kurz danach steht Alex ... Aber dennoch (trotzdem) muss sie lächeln ... Dagegen kann sie nur ... Daran erkennt er ... Und deshalb hat sie sich vorgenommen, jetzt nicht ...

Aufgabe 70 Saskias zurückliegendes Gespräch ... Diese tiefe Enttäuschung ... offene Türen einrennen ... Die sofortige Reaktion Alex' ... Seine gleichgültigen Antworten ... Ihre nun wirklich ausreichenden/häufigen Anläufe ... Diese zerbrochene Freundschaft ..., einen wiederholten/erneuten Versuch ..., denn jeder folgende/weitere Versuch ... gleich die erste Antwort ... eine eventuelle Fortsetzung ...

Aufgabe 71 schrittweise / bekanntermaßen / nachweislich / andeutungsweise / eigenartigerweise / stufenweise abwärts / Ehrlicherweise

Aufgabe 72 nur sechs Wochen danach / doch da / spendierte danach / Es wäre deswegen / Alex war dorthin / hätte er deswegen bestimmt Chancen / damit war er für mich

Aufgabe 73 am Anfang ... Thema, über das ich mit Alex ... mich mal über etwas anderes mit ihm unterhalten ... zum Beispiel über unsere Eltern ... Gefühle füreinander ... Sprüche von ihm ... auf meinem Fensterbrett ... in der ich Geld für ein Brunnenbauprojekt in Westafrika ... mit ihm nur über Alfred E. ... ein Mittel, mit dem ich ... der Wahrheit halber ... allergisch gegen dieses Mittel bin.

Aufgabe 74

Präp. mit Genitiv	Präp. mit Dativ	Präp. mit Akkusativ
Sie streiten sich **während** des Zusammentreffens.	Alex nimmt sich einen Jogurt **aus** dem Kühlschrank.	Er geht **in** die Küche.
... **trotz** dieser festen Absicht	... **von** Alex	Es kommt **in** Sicht.
... **wegen** seines ... Verhaltens	... **bei** Jungs weiß man ...	... **in** eine CD beißen ...
	... **im** Trainingsanzug ...	... **unter** die Bettdecke kriechen
	... **auf** Ibiza ...	... **in** den ich ... verknallt war
		... **in** die Küche gehen ...
	... vorhin **in** Chemie ...	... drücke **auf** die Klingel ...
		... **gegen** sein Grinsen ...

Aufgabe 75 … **sowohl** über Basketball **als auch** über Aerosmith. … unterhalten **wie** … **als** ein eigenwilliges Kind, welches sich **nicht nur** mit ihr, **sondern auch** … Saskia **und** alle … sind, **wie** ein BRAVO-Boy. Nicht nur alle anderen, **sondern auch** Saskia wird … Wiebke, Saskia und Katrin **verschlucken** …

Aufgabe 76 Saskia ist von Alex' Aussehen … **und** ihre Freundinnen sind es ebenfalls. (Hinzufügung) / möglich auch: … **aber** ihre Freundinnen … (Einschränkung, d. h. „Gefahr" durch eifersüchtige Freundinnen)
Sie sagt am Telefon …, **denn** sie will … (Begründung)
Sie ist spontan begeistert … **Aber** sie merkt bald … (Einschränkung)
Entweder redet er vom Basketball – **oder** er redet … („einzige" Alternative)
Alex benimmt sich nicht wie …, **sondern** er … (Einschränkung)
Saskia sammelt …, **aber** er … (Einschränkung/Gegensatz)

Aufgabe 77 Vorschlag: … verschweigen zu wollen; **(denn)** sie kennt mich … / … Sand über den Kopf(,) **und** ich bedankte mich …

Aufgabe 78 über Alex, **nachdem** sie … hinterhergerannt, **als** ich … eingebildet, **dass** … vorbei war es erst, **als** ich ihn … Reinfall, **sobald** wir … Fehler, **dass** man … glaube ich, **dass** wir … zu viel …, **weil** sie … sagt immer, **dass** man …, **damit** dann

Aufgabe 79

unverbundene Hauptsätze (ohne Konjunktion)	verbundene Hauptsätze (durch nebenordnende Konjunktion)	verbundene Haupt- und Nebensätze (durch unterordnende Konjunktionen)
Meine Mutter bezeichnet das Essen als „lecker". Das ist wohl leicht übertrieben.	… als lecker. Doch (aber) das ist wohl …	… als lecker, obwohl das leicht übertrieben ist.
Sie stellt mir ihre Freunde vor. Sie hat (dann) das Gefühl, es ist was Ernstes.	Sie stellt mir ihre Freunde vor, denn sie hat das Gefühl …	Sie stellt mir ihre Freunde nur vor, wenn sie das Gefühl hat, dass es was Ernstes ist.
Manchmal stellt sie mir einen Freund vor. Am Tag später …	Manchmal stellt sie mir einen Freund vor und am Tag später will sie nichts mehr von ihm wissen.	Wenn (selbst wenn /nachdem) sie mir manchmal einen Freund vorgestellt hat, will sie am nächsten Tag …
Manchmal nervt mich an ihr ihre Geheimniskrämerei. Nicht nur über ihre Freunde möchte ich gerne mehr wissen.	… ihre Geheimniskrämerei und (denn) nicht nur über ihre Freunde …	… ihre Geheimniskrämerei, weil ich nicht nur über ihre Freunde mehr wissen möchte.

… zu neugierig. Sie unterbricht mich dann prompt.	Manchmal werde ich ihr zu neugierig, aber sie unterbricht mich dann prompt.	Wenn ich manchmal zu neugierig werde, unterbricht sie mich …/ Sie unterbricht mich manchmal, weil ich zu neugierig werde.
Sie ermahnt mich dann: Ich sei nur ihre Tochter und nicht …	Sie ermahnt mich dann, denn ich sei nur …	Sie ermahnt mich dann, dass ich nur ihre Tochter bin und nicht ihr Psychiater.
Ihr Interesse an meinen Angelegenheiten ist nicht gerade sehr groß. Meine Schule scheint ihr zum Beispiel ziemlich gleichgültig zu sein.	… nicht gerade groß, denn meine Schule …	Da ihr Interesse … nicht gerade groß ist, scheint ihr z. B. meine Schule ziemlich gleichgültig zu sein./ Ihr Interesse … ist nicht gerade groß, sodass …

Aufgabe 80 Vorschlag: Schluss mit Alex, und die Nachmittage … Ich hatte mich so daran gewöhnt(,) mich mit ihm zu treffen. Ich kann nichts mehr mit mir anfangen, (denn) ich habe es verlernt. … aufgehört, da es mir zu langweilig wurde, und jetzt hänge ich … Ich kann nicht einschlafen, ich kann aber auch nicht … Ich warte, bis die Zeit vergeht. So weit ist es mit mir schon gekommen, dass ich mich auf die Schule freue. … Jungs starren mich im Schulhof an, als hätten sie noch nie … Aber unter all diesen Jungs ist niemand … Er ist zwar ein Techno-Freak, aber er hat einen witzigen Haarschnitt und … (oder: Er ist sogar ein Techno-Freak und er hat einen witzigen …) Auf dem Schulhof habe ich manchmal das Gefühl, dass ich von ihm beobachtet werde. Wenn ich ihn gelegentlich in der Stadt treffe, grüßt er …

Aufgabe 81 Wie bitte?! (Hä?)
Chips, igitt! (würg!)
Psst! Pscht!
Super! Toll! Geil! (Boahh!)

Aufgabe 82 **Saskia und Alex:** Ahh! Ohh! Oh nein! Los, ran! Jaaa! Boah, suuuper! Jupiieh!
Der Reporter: Die Zuschauer feuern Alba an, der BSV gerät dagegen unter Druck … Die Spannung steigt … schon wieder ein Ballverlust … Jubel bei Alba, fast Spott und Hohn bei den Zuschauern, so katastrophal spielt jetzt der BSV.

Aufgabe 83 Weniger gebräuchliche bzw. weniger empfehlenswerte Satzgliedstellungen sind eingeklammert. Mehrteilige Prädikate sind rot (zählen als ein Satzteil).
Justus / ist / der Kopf des Ganzen.
Der Kopf des Ganzen / ist / Justus.
Bob / führt / die Akten.
Die Akten / führt / Bob.
Peter, flink und kräftig, / ist / Justus' unschätzbarer Assistent im praktischen Einsatz.
(Justus' unschätzbarer Assistent im praktischen Einsatz / ist / Peter, flink und kräftig.)
Die drei jungen Detektive / haben / ihr Büro / in einem umgebauten Camping-Anhänger.
Die drei jungen Detektive / haben / in einem umgebauten Camping-Anhänger / ihr Büro.
In einem umgebauten Camping-Anhänger / haben / die drei jungen Detektive / ihr Büro.
Ihr Büro / haben / die drei jungen Detektive / in einem umgebauten Camping-Anhänger.
Durch gewisse Geheimgänge / kann / man / ins Wageninnere / gelangen.
Ins Wageninnere / kann / man / durch gewisse Geheimgänge / gelangen.
Man / kann / durch gewisse Geheimgänge / ins Wageninnere / gelangen.
Die Einrichtung / haben / sich / die Jungen / aus alten Lagerbeständen / gebastelt.
Die Einrichtung / haben / die Jungen / sich / aus alten Lagerbeständen / gebastelt.
Aus alten Lagerbeständen / haben / sich / die Jungen / die Einrichtung / gebastelt.
Aus alten Lagerbeständen / haben / die Jungen / sich / die Einrichtung / gebastelt.

Aufgabe 84 Vorschlag: Tante Mathilda hatte heute einen ihrer häufigen Anfälle von Ordnungswut. Wenn es dazu kam, wurden Justus und auch seine Freunde unbarmherzig herangezogen. Während dieser Schufterei zog es sie mit Macht zur Zentrale und zur Aufklärung eines neuen Falls. Der letzte Erfolg hatte ihnen sehr das Vertrauen in ihre Fähigkeiten gestärkt.
Die Erlösung nahte erst mit dem Postboten. Er ließ einen Packen Briefe in den altertümlichen Briefkasten an der Tür fallen. „Lieber Himmel!", rief Mathilda Jonas. Ich hab doch glatt den Einschreibebrief vergessen, der für Onkel Titus heute noch zur Post sollte!"

Aus ihrer geräumigen Tasche fischte sie einen leicht zerknitterten Umschlag, strich ihn glatt und gab ihn Justus. „Fahr jetzt gleich zur Post und gib ihn auf. Da hast du Geld. Sieh zu, dass er möglichst morgen früh zugestellt wird."
„Wird gemacht, Tante Mathilda", versprach der stämmige Junge. „Peter und Bob werden mich solange vertreten. Sie haben sich schon darüber beklagt, dass sie nicht richtig zum Zuge kommen."

Aufgabe 85 Wer kroch in eine enge Rohröffnung? **(die Jungs)**
Wer/was führte bis unmittelbar unter den Camping-Anhänger? **(der Luftschacht)**
Wer hatte den Jungen den Anhänger zur freien Verfügung überlassen? **(Mr. Jonas)**
Wer hatte ihn daraufhin als Hauptquartier ausgebaut? **(Sie)**
Wer/was öffnete sich nach oben? **(Eine Falltür)**
Wer zwängte sich hindurch und kam in ein winziges Büro? **(Sie)**
Wer /was befand sich darin? **(ein Schreibtisch, Stühle, Schreibmaschine, Aktenschrank und ein Telefon)**
Wer/was stand auf dem Schreibtisch? **(ein altmodisches Radiogerät)**
Wer hatte an den Lautsprecher ein leistungsfähiges Mikrofon angeschlossen? **(Justus)**
Wer konnte so alle ankommenden Telefongespräche gemeinsam verfolgen? **(die Jungen)**

Aufgabe 86 **Peter** knipste / Dann setzten sich **die Jungen** / rief **Peter** / **Der hier** kommt aus / Den machen **wir** / **Bob** war sehr gespannt. / **Alfred Hitchcock** schrieb ihnen / Dann bekamen **die Jungen** einen ...

Aufgabe 87 **Die Berge von Hollywood:**
Kongruenzprobe: *Den Berg /Die Berge durchschnitt ...* (Verb reagiert nicht auf Änderung des Satzteils, also ist dieser kein Subjekt.)
Passivumformung: *Die Berge von Hollywood wurden von einer schmalen Schlucht durchschnitten. (Die Berge von Hollywood* ist im Passivsatz Subjekt, kann also im Aktivsatz nicht Subjekt gewesen sein.)
Frage: Wer /was durchschnitt die Berge von Hollywood? *(eine schmale Schlucht:* Subjekt)
Wen /was durchschnitt eine schmale Schlucht? (*Die Berge von Hollywood:* Akkusativobjekt!)

Eine der teuren Villen:
Kongruenzprobe: *Eine der teuren Villen/Viele teure Villen bewohnte …* (Verb reagiert nicht auf Änderung des Satzteils, also ist dieser kein Subjekt.)
Passivumformung: *Eine der teuren Villen wurde von Prof. Y. bewohnt.* (*Eine der teuren Villen* ist im Passivsatz Subjekt, kann also also im Aktivsatz nicht Subjekt gewesen sein.)
Frage: Wer bewohnte eine der teuren Villen? (*Prof. Yarborough:* Subjekt)
Wen/was bewohnte Prof.? (*Eine der teuren Villen:* Akkusativobjekt)

Eine Terrasse:
Kongruenzprobe: *Eine Terrasse/Terrassen konnte man …* (Verb reagiert nicht auf Änderung des Satzteils, also ist dieser kein Subjekt.)
Passivumformung: *Eine Terrasse konnte … begangen werden (Eine Terrasse* ist im Passivsatz Subjekt, kann also im Aktivsatz nicht Subjekt gewesen sein.)
Frage: Wer konnte durch … begehen? (*man:* Subjekt)
Wen/was konnte man … begehen? (*Eine Terrasse:* Akkusativobjekt)

Das gesamte Zimmer:
Kongruenzprobe: *Das gesamte Zimmer/Die gesamten Zimmer füllten …* (Verb reagiert nicht auf Änderung des Satzteils, also ist dieser kein Subjekt.)
Passivumformung: *Das gesamte Zimmer wurde von Metallmasken gefüllt … (Das gesamte Zimmer* ist im Passivsatz Subjekt, kann also im Aktivsatz nicht Subjekt gewesen sein.)
Frage: Wer/was füllte das gesamte Zimmer? (*Metallmasken:* Subjekt);
Wen/was füllten Metallmasken? (*Das gesamte Zimmer:* Akkusativobjekt)

Aufgabe 88 Justus/Bob/Die Jungen/keiner der drei/Die jungen Detektive/Die „Zentrale"

Aufgabe 89 Wer brachte ein paar Briefe …? **(Der Postbote)**
Wer war weithin bekannt? **(Seine Firma)**
Wer/was ließ sich dort finden? **(Alles Ungebräuchliche oder schwer Aufzutreibende)**
Wer/was war auch am Lager? **(eine alte Orgel)**
Wer ging abends manchmal in den Hof …? **(Titus)**
Wer gesellte sich dann zu ihm …? **(Patrick und Kenneth, zwei muskelstarke Schwerarbeiter,)**

Aufgabe 90 Vorschlag: Peter nahm die Post entgegen. Um die Briefe zu öffnen, lief er mit Bob schnurstracks zur Zentrale. „Das kann ein Auftraggeber sein“, sagte Peter. Sie schlängelten sich zwischen Stapeln von Altmaterial durch, bis sie zu Justs Werkstatt kamen. Diese (Werkstatt) enthielt eine Drehbank, eine Bandsäge, eine kleine Abzugspresse und anderes nützliches Gerät. All diese Dinge waren hier schrottreif gelandet und von Justus und seinen Freunden gebrauchsfähig gemacht worden. Die Werkstatt wurde von einem zwei Meter breiten Dach und einem Bretterzaun geschützt, bei Regen zusätzlich durch Plastikfolien.

Aufgabe 91 Den Raum von Prof. Y. füllten noch andere Schätze …
An den Wänden hingen Metallmasken, die …
In den Glasvitrinen ruhten Tontafeln, Goldschmuck …
Ein hölzerner Mumiensarkophag stand frei …
Ein schlichter Schrein, dem weder Blattgold noch leuchtende Farben ein kostbares und luxuriöses Aussehen verliehen, war es. (*verliehen* steht am Ende eines **Nebensatzes,** der mit *ein schlichter Schrein …* mitwandert, also nicht als eigener Satzteil zählt; *war* steht als Prädikat des **Hauptsatzes** immer an zweiter Satzgliedstelle)
Hütete er …? (Das Prädikat lässt sich nicht umstellen; in diesem **Fragesatz** muss es am Satzanfang stehen.)
Der ganze Stolz von Professor Yarborough, einem kleinen, etwas beleibten Mann mit Kinnbärtchen und goldgefasster Brille, war es. (mögliche, aber stilistisch unschöne Satzteilstellung)
Viele Expeditionen hatte … geleitet / Der Prof. hatte … geleitet.
Er hatte … entdeckt. / Viele verschollene Grabstätten hatte er … entdeckt.

Aufgabe 92 Vorschlag: Ein Stück altes Eisengitter, das hinter der Druckerpresse verborgen war, blockierte nur scheinbar den Eingang. Die Jungen mussten es nur zur Seite schieben, und schon war die Öffnung frei. Sie krochen hinein, nachdem sie sich wie immer vergewissert hatten, dass niemand ihren Mechanismus beobachten konnte. Teils unterirdisch, teils unter ein paar absichtslos umherliegenden Eisenträgern versteckt, lief der Luftschacht auf den Camping-Anhänger zu. Mit viel Mühe und Fleiß hatten sie diesen zu ihrem Hauptquartier ausgebaut (wie sie es nicht ohne Stolz nannten), nicht immer zur Begeisterung ihrer Tante, die sie für andere Arbeit brauchte. Der alte Wagen war Justus und seinen Freunden von Mr. Jonas überlassen worden, weil er ihn nicht mehr verkaufen konnte. Durch eine Falltür zwängten sie sich nach oben (durch), in den entsprechend hergerichteten Wagen, und kamen in einem winzigen Büro an. Dort befanden sich ... An den Lautsprecher eines altmodischen Radiogerätes **hatte** Justus ein Mikrofon **angeschlossen,** mit dem sie Telefongespräche gemeinsam verfolgen konnten.

Aufgabe 93 Professor Yarboroughs Haus / drei unternehmungslustige Jungen / Justs unschätzbarer Assistent / so groß (dass) / ganz dunkel

Aufgabe 94 Im Einführungstext werden die drei ??? „drei unternehmungslustige Jungen" genannt. Justus nennt Peter seinen unschätzbaren Assistenten. Das kleine Büro wird von den Jungen „Zentrale" genannt. Sie bezeichnen (betrachten/nennen) sich (als) unzertrennliche Freunde. Sie betrachten den Rolls-Royce als ihren größten Glücksfall.

Aufgabe 95 Die Glastüren **waren** offen. Die Jungen **empfanden den** Anblick der Mumie nicht als angenehm. Die Jungen **betrachteten die** Aufgabe als ganz normale Tätigkeit eines Detektivs. Die Mumie **war** über Jahrtausende vollständig erhalten (geblieben). Sie **sah aus** wie Ra-Orkon. Die Hülle **bestand** aus Leinen und **war** stellenweise aufgeschnitten, ...

Aufgabe 96 Professor Y. **erinnerte sich** vieler Expeditionen. / Aber die Fähigkeiten **des Professors** ... / ... Detektive können sich dieses Falles **annehmen.** / Zur Lösung **bedurfte** es besonderer Fähigkeiten. Das Selbstvertrauen **der Jungen** war ... / ... dass ihr euch des Falles **annehmt.** / Über die Gesichter **der drei Detektive** flog ... / ... die Lösung **des Rätsels** zu ...

Aufgabe 97

Yarborough: Habt ihr **euch der Probleme vergewissert?**
Detektive: Klar, wir haben **uns über alles/nach allem erkundigt!**
Yarborough: ..., dass es **besonderer Sicherheitsmaßnahmen bedarf?**
Detektive: ..., dass **besondere Sorgfalt nötig ist!**
Yarborough: Ich **entsinne mich mancher Misserfolge von Detektiven,** die ...
Detektive: Auch wir **erinnern uns an diese Fälle** ...
Yarborough: Ihr seid euch **eurer Sache** absolut **sicher?**
Detektive: ... wir können **uns an viele Fälle erinnern,** ...

Aufgabe 98 ihm (Prof. Yarborough) / der ägyptischen Regierung / sich / seinem Urteil / mir (Prof. Yarborough) / seinem Herrn

Aufgabe 99 ihn (Prof. Yarborough) / diese (eine heiße Bouillon) / die leere Tasse / eine Serviette / den Mund / mich (Prof. Yarborough)

Aufgabe 100 Wen sollten Sie der ägyptischen Regierung besser zurückgeben?
Wen/was wollte der Professor davon wissen?
Wen /was runzelte er?
Wen hatte er sich älter vorgestellt?
Wen /was merkte Justus?
Wen /was verlieh er sich?
Wen /was zog er gewandt aus der Tasche?
Weitere Akkusativobjekte **(rot)** S. 146, ohne Fragen:
... nahm **sie** automatisch ... ... übernehmen **jeden Fall**
... stellte **die Frage, die jeder stellte: Was** bedeuten ...
... grinsten **einander** an ...
... haben wir **es** als Firmenzeichen gewählt.
... hat **euch** zu mir geschickt.

Aufgabe 101

1	sich	w	u	n	d	e	r	n	über	
2	a	n	t	w	o	r	t	e	n	auf
3	a	u	f	p	a	s	s	e	n	auf
4	f	r	a	g	e	n	nach			
5	sich	h	ü	t	e	n	vor			
6	sich	s	e	h	n	e	n	nach		
7	sich	b	e	m	ü	h	e	n	um	
8	sich	f	ü	r	c	h	t	e	n	vor
9	h	o	f	f	e	n	auf			

Aufgabe 102 Vorschläge: Die drei Jungen betreiben ein Detektivbüro, das sie gegründet haben. Sie bewohnen einen ausgedienten Campingwagen, benutzen aber ein Luxusauto und erfreuen sich eines kostenlosen Chauffeurs. Sie gehen zu Professor Yarborough, um einen schwierigen Fall zu übernehmen. Sie stellen sich ihm vor, denn sie sind von Alfred Hitchcock empfohlen worden. Wilkins, der Diener des Professors, hat Angst vor der Mumie und glaubt an einen Fluch, aber der Professor besteht auf wissenschaftlichen Methoden und fordert Beweise.

Aufgabe 103 **Wann** hatte Just es gebastelt? **Seit wann** hatte sich die Zentrale als nachteilig erwiesen? **Wann** konnte man nicht hinaussehen? **Wie lange** hatte Just daran gebastelt? **Bis wann** (auch: wobei) würde es jeder ...? **Wann** konnte er alles sehen?

Aufgabe 104 im selben Zimmer / auf einem Liegestuhl auf der Terrasse / bei Ra-Orkon im Zimmer / auf die Terrasse / zu mir (Prof. Yarborough)

Aufgabe 105 Wo wohnen die Jungen? (in Rocky Beach, einer Kleinstadt … nicht weit …)
Wo sind die Entfernungen so groß …? (Hier in Südkalifornien)
Wohin darf sich noch keiner der drei setzen? (ans Steuer)
Wo haben die jungen Detektive ihr Büro? (in einem umgebauten Camping-Anhänger auf dem Hof …)[16]

Aufgabe 106 Wegen des Wortes „Fluch“ / Wegen des Windes / deswegen / wegen ein paar Sachen, mit denen … / aufgrund seines Beschäftigungsmangels

Aufgabe 107 … **trotz** der Wut des Professors über ihn (konzessiv)
… zucken **wegen** des Wortes „Fluch“ (kausal)
… **wegen** seines wissenschaftlichen Interesses an der Mumie (kausal)
… **trotz** des Schrecks, der ihm … (konzessiv)
… **wegen** des Eindrucks, dass es sich nicht um einen … Profi handelt (kausal)
… **wegen** ein paar Sachen, mit denen … (kausal)
… **trotz** der gleichen Rechte, die sie alle drei haben (konzessiv)
… **wegen** der Gefahren, die er … (kausal)
… **trotz** der bereits tadellosen Sauberkeit des Wagens (konzessiv)

Aufgabe 108 mit dumpfem Dröhnen / nicht mehr ganz so überzeugt / auf Hochtouren / mit ironischer Schärfe / auf diese Art / noch blanker

Aufgabe 109 Jemand kann **ernsthaft / wirklich / plötzlich / erheblich** zu Schaden kommen.
Man kann jemanden **ernsthaft / wohlwollend / vorsichtig / heftig / in aller Deutlichkeit** mahnen.
Es kann etwas **plötzlich / heftig / dumpf / mit dumpfem Geräusch / langsam** zu Boden fallen.
Man kann einen Wagen **blank / sauber / mit Sorgfalt / sorgfältig** polieren.

---

16 Achtung: „Durch gewisse Geheimgänge …“ kann man als Adverbial des Ortes auffassen (Wo bzw. durch welchen Ort …?); dieser Satzteil antwortet jedoch hier eher auf die Frage: Wie bzw. auf welche Art und Weise?

Aufgabe 110 Wo stand Wilkins? – **vor der Mumie** (Adv. des Ortes)
Warum zitterte er? – **vor Angst** (Adv. des Grundes)
Wor**über** regte sich der Prof. auf? – **über seinen Butler** (Präp.-Objekt)
Wor**über** diskutierten sie? – **über das Thema** … (Präp.-Objekt)
Wo hingen Masken? – **über ihnen** (Adv. des Ortes)
Wor**an** erinnert sich der Prof.? – **an keine … Beweise** (Präp.-Objekt)
Wo stand er? – **an dem Sarkophag** (Adv. des Ortes)
Wo**mit** kommt er nicht mit? – **mit diesen Argumenten** (Präp.-Objekt)
Womit/mit was (wie) betrachtete er die Mumie? – **mit einer Lupe** (Adv. der Art und Weise)
Wohin stürzte die Statue? – **auf die Stelle** … (Adv. des Ortes)
Wor**auf** achtete Wilkins? – **auf niemanden sonst als** … (Präp.-Objekt)

Aufgabe 111 Wegen dieser **plötzlichen** Bedrohung … (Wegen was für einer Bedrohung?)
Eine der **goldenen** Masken … (Eine von welchen (der) Masken?)
… mit einem **dumpfen** Dröhnen … (mit was für einem Dröhnen?)
… ein **gewaltiger** Windstoß … (Was für ein Windstoß?)
Sein **weißes** Ziegenbärtchen … (Was für ein Ziegenbärtchen?)
… mit **ironischer** Schärfe … (Mit was für einer Schärfe?)
… das **spiegelblanke** Äußere **des Wagens von Prof. Y.** … (Was für ein Äußeres? Welches Wagens?)

Aufgabe 112 Vorschläge: Der **furchtlose** Professor führte die **jungen** Detektive zur **unheimlichen** Mumie.
Der **ängstliche** Wilkins hielt sie mit **zitterndem** Arm zurück.
„Auf dieser **gestohlenen** Mumie **aus Ägypten** ruht ein **unerbittlicher** Fluch **der Pharaonen.**“
Der **abergläubische** Wilkins sagte diese **mahnenden** Worte mit **bebender** Stimme.

Aufgabe 113 … in einer **unbekannten** Sprache (Adjektiv als Attribut)
… Arabisch, **wie es heute gesprochen wird.** (Attributsatz nach dem Substantiv)
… den Geist **des edlen Ra-Orkon** … (Genitivattribut: Substantiv/Name Ra-Orkon als Attribut zu „Geist“; Adjektiv als Attribut zu Ra-Orkon)
… ein **lauter** Schrei … (Adjektiv als Attribut)
Eine der **gewaltigen** Granitkugeln, **die jeweils mindestens eine Tonne wogen** (Adjektiv als Attribut vor dem Subst.; Attributsatz nach dem Subst.)
… von ihrem Platz **auf dem Torpfeiler** (Substantiv mit Präposition als Attribut)
Mit **wachsender** Schnelligkeit … (adjektivisch gebrauchtes Partizip als Attribut)

Aufgabe 114 Justs Respekt (G.-Attr.) ... die Bahn der Kugel (G.-Attr.) ... eine Unebenheit des Geländes (G.-Attr.) ... Masse der Kugel (G.-Attr.) ... der Fluch des Ra-Orkon (G.-Attr.) ... hatten sich der Mumie des Ra-Orkon (G.-Attr.) bemächtigt (G.-Objekt) ... sich einer Ruhestörung ... schuldig gemacht (G.-Objekt) ... die Ruhe Ra-Orkons (G.-Attr.) ... die genaue Auslegung des Textes (G.-Attr.) ... beschuldigte Yarborough seinen Butler des Aberglaubens. (G.-Objekt)

Aufgabe 115 Es stimmt, dass sich mit Ra-Orkon rätselhafte Begleitumstände verbinden. Seine zufällige Entdeckung geschah folgendermaßen: Sein Grab war in einer zerklüfteten Felswand verborgen. Es enthielt keine der sonst üblichen Beigaben in Königsgräbern. Nichts war darin als der sehr schlichte Sarkophag und der ebenfalls einbalsamierte Leichnam der königlichen Lieblingskatze. Nirgends war eine der sonst üblichen Inschriften zu entdecken, die über die Person und das Lebenswerk des toten Königs Aufschluss gegeben hätte. Es schien, als sei er mit Absicht so unauffällig bestattet worden. Möglicherweise wollten ihn die Angehörigen, die ihn bestatteten, später in eine prächtigere Grabstätte überführen. Wenn ihn einer der Grabschänder aus dieser Epoche entdeckt hätte, hätte er sich an dem fast leeren Grab kaum bereichern können. Die Sorgfalt seiner Einbalsamierung verweist jedoch darauf, dass Ra-Orkon kein gewöhnlicher Mensch war.

Aufgabe 116 Vorschlag: Just hatte unter dem Kittel ein tragbares Tonbandgerät an seinen Gürtel geschnallt.

„Moderne Ermittlungsverfahren erfordern in technischer Hinsicht gutes Rüstzeug", hatte er damals gesagt, als die Jungen ihr Detektivbüro „Die drei ???" gründeten. Auf diese Weise hatten sie sich allmählich eine ganz beachtliche Ausstattung zugelegt. In dem Labor der sehr kleinen Zentrale besaßen sie ein Mikroskop. Dazu gehörten weiter ein Vergrößerungsapparat für Fingerabdrücke, weiteres Experimentiergerät und eine Dunkelkammer für das Entwickeln von Bobs Blitzlichtfotos. Das Tonbandgerät stammte von Peter – dieser hatte es bei einem Schulkameraden gegen seine Briefmarkensammlung eingetauscht.

Justus klemmte jetzt das Mikrofon nur wenige Zentimeter von den Lippen der Mumie entfernt fest [...]. Da begann das Flüstern wieder, das für kurze Zeit verstummt war. Eine lange Wortfolge war zu vernehmen, jedoch nur leise geflüstert. Justus hoffte, dass die schwachen Laute durch das sehr leistungsstarke Mikrofon aufgefangen werden könnten. Das Flüstern dauerte bei diesem Versuch über eine Minute.

Da verfing sich Justus mit seinem falschen Bart an einem Splitter, der vom Rand des alten Sargs abstand. Der Bart blieb hängen und wurde ihm vom Kinn gerissen. Der sehr zähe Klebstoff zupfte dabei sehr an seiner Haut.
Er stand auf, nachdem er an seiner Verkleidung herumgefummelt hatte, die ziemlich durcheinander geraten war. Die Tür flog auf und der Professor und Bob stürzten herein.

Aufgabe 117 (Stilistisch problematische Umformungen sind mit * gekennzeichnet.)
* Im Falle von Interesse an einem spannenden Buch über Geschichte solltest du … / * Trotz des langen Zeitraums seit den im Folgenden beschriebenen Abenteuern ist es auch heute noch interessant … / Beim Lesen des Buches wirst du … / Du lernst also Wichtiges aus der Geschichte durch einfaches Lesen von Geschichten.

Aufgabe 118 Obwohl sich vielleicht vieles wie reines Abenteurertum anhören wird, hat einiges mit dem Gedanken zu tun, verschiedene Kulturen zu vereinigen.
Als der beschriebene König noch sehr jung war, hatte er schon eine ausgezeichnete Bildung.
Häufig werden nur seine militärischen Leistungen genannt, obwohl er auch viel für die Kultur seines Landes geleistet hat.
Er starb in einem sehr frühen Alter, sodass er vieles nicht vollenden konnte.
Weil es keinen würdigen Nachfolger gab, zerfiel sein Reich.

Aufgabe 119 Vorschlag: Die Griechen dachten, sie könnten sich von Alexander leicht befreien. Dieser war (nämlich) bei der Ermordung seines Vaters kaum 20 Jahre alt. Alexander hatte den berühmtesten Lehrer, den es damals gab und den man bei Unklarheiten noch zwei Jahrtausende lang mit seinen Schriften zurate zog. Dadurch wurde Alexander sehr gebildet. Er war nicht nur ein mutiger Krieger und ein schöner Mann, sondern auch intelligent und gebildet, sodass er bald die Achtung seines Volkes genoss. Die Geschichte vom gordischen Knoten zeigt, wie eigenwillig er in bisher ungelösten Situationen dachte, und zwar nicht nur aufgrund seiner Intelligenz, sondern auch aufgrund seines Willens zum Herrschen. Dieser brachte allerdings auch lange Kriegszüge mit sich.

Aufgabe 120 Alexander / er (Diogenes) / Was man besitzt und was man braucht / Wer diesen verflochtenen Knoten lösen kann / Dass ihm dies gelang / wie er dieses Heer in der brütenden, feuchten Hitze von Indien wirklich geschlagen hat

Aufgabe 121 (Subjekte/Subjektsätze: grün; Prädikatsnomen/Präd.adjektiv/Präd.satz: rot)
... war Alexander kaum 20 Jahre alt.
Alexander war kein gewöhnlicher junger Bursche.
... wenn ich einmal König bin.
... dass der junge König Alexander nicht nur ein mutiger junger Krieger war, ...
... er war auch ein sehr schöner Mann (mit ...)
... dass Aristoteles nicht nur der Lehrer Alexanders [...] gewesen ist.
Was dort stand, musste wahr sein.
..., der sicher ein guter Schüler war.
Wenn ich nicht Alexander wäre, ...
... so wollte ich Diogenes sein.
Das bedeutete gleichzeitig: „Mit dem Schwert ... erobere ich die Welt ..." [17]
Noch merkwürdiger aber ist, wie er dieses Heer [...] geschlagen hat.

Aufgabe 122 Alexanders Ziele waren(,) Eroberungen zu machen, die verschiedenen Völker zu vereinen und weiterzuziehen mit seinem Heer.
Seine Haupteigenschaften waren, dass er mutig (war) und (dass er) gleichzeitig sehr gebildet war.
Seine Taktik war(,) das zu tun, was man nicht von ihm erwartete.

Aufgabe 123 Die Griechen dachten, sie könnten sich jetzt leicht befreien. / Nun musst du wissen, dass der junge König A. nicht nur ein mutiger ... Krieger war; / Was das bedeutet, kannst du dir ... vorstellen, ... / Wenn ich dir sage, dass Aristoteles nicht nur der Lehrer Alexanders ... gewesen ist, sondern ... / Man erzählt, dass er sie sogar nachts unter sein Kopfkissen legte.

Aufgabe 124 rot: Objektsätze anstelle von Präpositionalobjekten mit Verb (unterstrichen)
grün: Fragewort und Präposition in den einfachen Präpositionalobjekten
Kennzeichnung durch *: weniger gelungene Formulierungen

Frage: Worum hatte sich schon Alexanders Vater bemüht?
– ... bemüht(,) Vorbereitungen für Eroberungen in Persien zu treffen.
  (Nebensatz mit eigenem Verb)
– ... hatte sich schon um Vorbereitungen für Eroberungen in Persien bemüht.
  (einfaches Präp.-Obj.; Präposition *um*)

---

17 Als Hauptsatz (wörtliche Rede nach Doppelpunkt) eigentlich kein echter Prädikatsatz, obwohl an der Stelle eines Prädikats(nomens). Umgeformt in einen echten Prädikatsatz (Nebensatz), erhält man: Das *bedeutete,* dass er mit dem Schwert die Welt eroberte.

Frage: Worum soll Alexander seinen Vater gebeten haben?
– … gebeten haben (,) **ihm nicht alle Eroberungen wegzunehmen.**
– (… um die Einsparung von Eroberungen gebeten haben.)*
Frage: Worauf waren die Griechen nicht vorbereitet?
– … nicht vorbereitet (,) **einen Herrscher wie Alexander zu bekommen.**
– … nicht auf einen Herrscher wie Alexander vorbereitet.
Frage: Worüber waren sie erstaunt?
– … erstaunt, **wie energisch und zielbewusst er war.**
– … erstaunt über seine Energie und seine Zielstrebigkeit (sein Zielbewusstsein).
Frage: Worüber wunderten sich viele?
– … wunderten sich auch, **wie klug er trotz seiner Jugend schon war.**
– … wunderten sich auch über seine (trotz Jugend vorhandene*) Klugheit.
Frage: Woran zweifelten alle?
– … zweifelten, **ob auch das Alexander gelingen würde.**
– … zweifelten am Gelingen dieser Tat (für Alexander*).
Frage: Worüber war man erstaunt?
– … erstaunt, **mit welchem Scharfsinn er das Pferd durchschaut hatte.**
– … erstaunt über sein scharfsinniges Durchschauen des Pferdes.
Frage: Worüber hatten sich viele schon den Kopf zerbrochen?
– … den Kopf zerbrochen, **was der Grund für die Wildheit des Pferdes sei.**
– … den Kopf zerbrochen über den Grund für die Wildheit des Pferdes.
Frage: Wovor hatte sich Bukephalus gescheut?
– … gescheut (,) **seinen eigenen Schatten zu sehen,** und war …
– … sich lediglich vor seinem eigenen Schatten (vor dem Anblick seines eigenen Schattens) gescheut.

Aufgabe 125 …, wenn sein Vater eine neue Stadt eingenommen hatte.
…, wenn ich einmal König bin/er einmal König ist.
Wenn die Menschen über irgendeinen Punkt uneinig waren, …
…, bevor er die Perser endgültig besiegte.
Nachdem sie viele Städte erobert hatten, …

Aufgabe 126 **Beim Tod seines Vaters, des Königs Philipp von Makedonien, / jetzt / als Kind / nachts / Während dieser Eroberungen**

Aufgabe 127 Wenn Alexander König wird, haben wir leichtes Spiel. Wenn ich König werde, mache ich viele Eroberungen (werde ich … machen). Wenn er nicht so mutig gewesen wäre, wäre die Geschichte anders verlaufen. Sicherlich wäre vieles nicht so eingetreten, wenn A. nicht gute (keine guten) Lehrer gehabt hätte.

Aufgabe 128 Vorschlag: „**Wenn (sobald)** Philipp …" (temp.) / … **wenn (falls)** Alexander … (kond.) / … jedoch, **(immer) wenn (sobald)** sich die Möglichkeit … (t) / … bleiben, **wenn (sobald)** ich König … (t) / **Wenn (falls)** man jedoch … (k) / **Wenn (falls)** man nicht weiß … (k) / Aber **wenn (falls/sobald)** [konditional und temporal möglich!] ich dir sage … / **Wenn (sobald)** sich nämlich in den folgenden … (t) / … erkennt man, **wenn (falls)** man das Ende … (k) / „… Gefolgschaft, **wenn (falls)** wir …" (k) / „… zurück, **wenn (falls)** wir nicht …" (k)

Aufgabe 129 **Lokalsätze sind:**

1) **Wo sich heute viele Inseln befinden,** *aber auch auf dem Festland, gab es damals viele verschiedene Volksstämme.* (Wo gab es damals viele verschiedene Volksstämme?) Der Ausdruck *aber auch auf dem Festland* antwortet ebenfalls auf die Frage: Wo …?, aber da er kein Verb enthält, liegt hier kein Adverbialsatz vor, sondern ein einfaches Adverbial des Ortes.
2) **Wo Alexander war,** *gab es kluge Gespräche.* (Wo gab es kluge Gespräche?)

Keine Lokalsätze sind:

Wo Griechenland liegt, *kannst du … feststellen.* (Wen/was kannst du feststellen? – Objektsatz) / … *lebten etwa* dort, **wo das heutige Mazedonien liegt.** (Wo lebten sie? – *dort* … ist das Adverbial; der Satz mit *wo* … kann als angehängter Attributsatz zu *dort* bestimmt werden. (vgl. Zweifelsfälle S. 185) / … *wusste noch nicht richtig,* **wo dieses Reich lag** … (Wen/was wusste er noch nicht richtig? – Objektsatz) /… *und* dort, **wo die heftigsten Kämpfe stattfanden,** *war Alexander.* (Vgl. das andere Beispiel mit *dort*)

Aufgabe 130 Vorschlag: Man wusste, **dass** … erstaunt, **weil** er das Rätsel … **Weil** er einen tatkräftigen, **(denn)** ein langes Hantieren … und überraschend, **(denn)** immerhin

Aufgabe 131 … weiterziehen, **um weitere Länder zu erobern.** (final)
auch möglich: … weiterziehen, **weil er weitere Länder erobern wollte.** (kausal)
… nicht einfach, **weil die Inder hartnäckigen Widerstand leisteten.** (kausal)
… gefährlich, **weil Alexander zum Kampf einen Fluss überqueren musste.** (kausal)
… die Gefahr, **weil der Gegner am anderen Ufer wartete.** (kausal)

… Parus vor sich führen, **um ihn nach einem Wunsch zu fragen.** (final)
auch möglich: … Parus vor sich führen, **weil er ihn nach einem Wunsch fragen wollte.** (kausal)
… gab Parus sein Reich zurück, **weil dieser Eindruck auf ihn gemacht hatte.** (kausal)

Aufgabe 132 zum Bewunderer des Diogenes, **weil** dieser … (kausal) / **Weil** Aristoteles der Lehrer Alexanders war, wurde dieser ein weiser Herrscher. (kausal) / … Knoten, **obwohl (obgleich)** dies … (konzessiv) / … Tochter zur Frau, **um** die andere Hälfte … **(weil** er die andere Hälfte … retten wollte) (final/kausal) / … akzeptierte das nicht, **weil** er wusste **(denn** er wusste), dass er … (kausal)

Aufgabe 133 … große Bedeutung, **sodass** noch viele Jahrhunderte lang seine Schriften als Entscheidungshilfe galten. / … auch Alexander, **sodass** dieser sehr gebildet wurde. / … die Dichtungen Homers sehr geschätzt haben, **sodass** er sie sich angeblich sogar nachts unter sein Kopfkissen legte. (oder: **so** sehr …, **dass)** / … durch Argumente überzeugen, **sodass** er auch großen Respekt vor dem weisen Diogenes hatte. / … waren die Soldaten müde, **sodass** sie nicht mehr kämpfen wollten. / … überzeugen, **sodass** er ihnen den Rückzug versprach.

Aufgabe 134 **einfache Attribute (rot):**
einen **langen** Krieg **zwischen Athen und Sparta** / der **Peloponnesische** Krieg / im Laufe **dieses Krieges** / eine **schwere** Seuche / das Orakelheiligtum **des Apollo** / durch einen **kleinen** Stamm **in der Nähe von Delphi** / in den Gebirgen **nördlich von Griechenland** / ihr König **Philipp** / die **griechische** Kultur / Herr **über ganz Griechenland** / der Kampf **um Delphi** / aus **religiösen** Gründen / ein **willkommener** Grund

Attributsätze:
… ein Krieg …, **welcher der Peloponnesische Krieg genannt wird.**
… eine Seuche in Athen, **an der Perikles starb.**
… ein kleiner Stamm …, **der sich von den Orakelpriestern gereizt fühlte.**
Die Makedonier, **die in den Gebirgen nördlich von Griechenland wohnten,** …
… König Philipp, **der ausgezeichnet Griechisch sprach und die griechische Kultur sehr gut kannte,** …
Der Kampf um Delphi, **der aus religiösen Gründen alle Griechen anging,** …

Aufgabe 135 Vorschlag: Das kleine Makedonien siegte über das große Griechenland, das 100 Jahre vorher das riesige Perserheer geschlagen hatte. Das war das Ende der griechischen Freiheit. Philipp wollte jedoch die Griechen, die er bewunderte, nicht unterwerfen, sondern zusammen mit ihnen ein einiges, großes, starkes und schlagkräftiges Heer bilden, um gegen die Perser, die immer noch gefährliche Gegner waren, zu Felde zu ziehen. Aber Philipp konnte den langwierigen Plan, der viel Überzeugungsarbeit erforderte, nicht mehr verwirklichen, da er ... Sein Sohn, der kaum 20 Jahre alt war, erbte sein noch nicht gefestigtes Reich. Die immer noch widerspenstigen Griechen dachten, ... Aber der junge, ungewöhnliche Herrscher schaffte es sich durchzusetzen.

Aufgabe 136 ... viele große Pläne. In einem frühen Alter, in dem die meisten Leute erst am Beginn ihres Tuns sind. ... die Frage, wer sein Nachfolger werden sollte. Es sollte eine würdige Person sein. ... nur Feldherren und Fürsten, die verschwenderisch, ehrgeizig und gewissenlos waren. ... ihre politische Macht. ... der größten Macht, die jemals existierte. ... dort, wo geistige Zentren waren. ... so eine griechische Bibliothek, die bald 700 000 Bücherrollen besaß. ... die „Soldaten“, die die Welt eroberten.

Aufgabe 137 Die Athener fragten sich, ob sie den Schaden ... beseitigen könnten. /
Sie bemühten sich(,) gleich stark wie die Spartaner zu werden, aber .../
... die Absicht(,) in die Geschehnisse einzugreifen. / ... nach Chäronea, um dort die Griechen zu besiegen. Dort angekommen, trugen sie ... /
... fragte sich schon damals, was ihm sein Vater überhaupt zum Erobern übrig lassen würde. / viele Gelegenheiten(,) sein Reich zu vergrößern. /
... darauf an(,) Gebiete zu erobern. / Hauptfrage war, wie man die Völker vereinigen könn(t)e, die ...

Aufgabe 138 Vorschlag: Alexander wusste, dass alle Pflichten des Heeres auch für ihn galten. Er wollte den Respekt und die Achtung aller Soldaten und schaffte es so(,) die Soldaten zum Kämpfen zu bewegen. ... bei einem Kampf, dass Alexander als Erster eine Leiter hinaufstieg. ... Man schrie ihm zu, er solle schleunigst zurückspringen. ... in die Stadt, um mit den Gegnern zu kämpfen. ... gelang seinen Soldaten seine Rettung (oder: gelang es seinen Soldaten, ihn zu retten). Alexander wusste um seine Abhängigkeit von solcher Hilfe, aber auch seine Soldaten sahen, dass sie in ihm einen mutigen und vorbildlichen König hatten.

Aufgabe 139 Vorschlag: … Pläne(,) **neue Städte zu gründen wie z. B. Alexandria in Ägypten. Indem er Straßen baute und damit die Verkehrswege verbesserte,** wollte er … **Wären diese Vorhaben gelungen,** hätte z. B. die Möglichkeit bestanden(,) **die damals schon häufige Post von Indien nach Athen wesentlich zu verbessern.** Aber in einem Alter, **in dem die meisten Leute das Leben noch vor sich haben,** nämlich mit 32 Jahren, starb er. Auf die Frage nach der Person, **die am besten für seine Nachfolge geeignet sei,** soll er …

Aufgabe 140 Vorschlag: **Da** Alexander als Schüler des Aristoteles die Menschen sehr gut kannte, wusste er auch vieles über die Bedeutung von Pracht und Würde, **die** für die Erhaltung der Macht sehr wichtig waren.
Alexander führte wieder feierliche Zeremonien ein, **die** seit Jahrtausenden an den babylonischen und persischen Höfen üblich waren.
Er heiratete mehrere Frauen, **was** bei orientalischen Königen Tradition war, **(darunter)** auch eine Königstochter, **welche** die Tochter des besiegten Perserkönigs Dareios war. Die Heirat hatte den Zweck(,) **somit** „richtiger" Nachfolger des Königs Dareios **zu werden, um** so leichter die Anerkennung des pers. Volkes **zu** gewinnen. Auch bei fremden Völkern, **die** er (stets) achtete, wollte er …
Alexander wollte die Weisheit und die Reichtümer des Ostens, **die** vielen Griechen noch unbekannt waren, mit der Klarheit und Beweglichkeit der Griechen verschmelzen. Dies sollte etwas ganz Neues werden, **was** es vorher noch nicht gegeben hatte.
Er schenkte 10 000 Soldaten, **die** Perserinnen heirateten, eine reiche Mitgift **und** gab große Feste, **mit** denen er die Kulturen verschmelzen wollte. Sein Vorhaben stellte nicht den Kampf, sondern die Versöhnung in den Vordergrund, **was** aber leider letztlich nicht gelang.

Aufgabe 141 Hallo Kathy, ich komme um 20 Uhr und bringe die Karten mit. Ich warte vor der Tür. Dennis. – O.k., Dennis. Tina und Marco kommen auch mit, sie haben aber keine Karten und versuchen es an der Abendkasse. Kathy. – Hallo Kathy, ich habe verstanden, wir müssen uns beeilen, denn die Karten sind rar. Ich habe Tina und Marco schon angerufen, sie sind früher bei dir. Ich komme um 19.30 Uhr. Dennis. – Hallo! Das hast du gut gemacht! Du bist ein schlaues Kerlchen! Ich freue mich! Bis gleich. Kathy.

Aufgabe 142 Vorschlag: Gibt es einen **Standardtarif?** Für welche „normalen" **Leistungen** gilt er? Gibt es bestimmte Zeiten, in denen dieser Tarif gültig ist? Wenn ja, welche sind das?
Gibt es **Sondertarife für Kurzgespräche?** Welche Zeitdauer gilt als Kurzgespräch?
Fallen **Extra-Kosten** für die **Mailbox-Abfrage** an? Wie hoch sind die?
Wie hoch sind die **Kosten** für Anrufe ins **Festnetz?** Wie hoch sind die Kosten für Anrufe an andere **Handys?** Welche Unterschiede gibt es je nachdem, welches **Netz** ich anrufe? Was kosten Anrufe an Handys im selben **Netz?**
Wird unterschieden zwischen **Haupt- und Nebenzeiten, Werk- und Feiertagen** sowie dem **Wochenende?** Wie sind diese Zeiten genau festgelegt?
Welche **Besonderheiten** gibt es bei **SMS?** Wie erfolgt die Abrechnung?
Wie lange ist die **Laufzeit** des **Vertrags?** Gibt es Verfallsdaten für eingezahlte Gebühren? Gibt es „Aktivierungsgebühren" oder sonstige Gebühren für den Vertragsabschluss bzw. die Kündigung?
Wie lange sind die **Kündigungsfristen?** Welche **Kosten** fallen dabei an?

Aufgabe 143 Vorschlag: **Lies** das Vertragsformular **genau!**
Beachte das klein Gedruckte!
Erkundige dich nach Sondertarifen!
Berechne genaue Laufzeiten!
Schlage eine Probezeit **vor!**
Unterscheide zwischen Gesprächen ins normale Netz und zu Handys!
Notiere dir **vorher** ein Rechenbeispiel für den persönlichen Vergleich!
Lass dir ein Muster für die Monatsabrechnung **vorlegen!**
Vergiss keine der wichtigen Fragen!
Bestehe auf genauen Informationen zu Kündigungsklauseln!
Studiere genau die einzelnen Funktionen!

Aufgabe 144 Vorschlag: Immer wieder hört/liest man von hoch verschuldeten Handy-Kids. Informiert euch deshalb über Folgekosten!
Wie hoch sind die wirklichen Kosten bei den „Handys für eine Mark"?
Bei so genannten „Prepaid-Karten" kann man nur ausgeben, was auf der Karte bezahlt ist, sodass keine Schulden entstehen.

Besonders zu beachten sind Preisunterschiede für Wochenendgespräche, für SMS, für Auslandsgespräche und für bestimmte Nummern.
Achtet auf Standard- und Sondertarife: Mit der Kenntnis persönlicher Gewohnheiten erzielt man lohnende Preisunterschiede.
Erkundigt euch über Privatkunden- und Profitarife! Das Grundprinzip dabei ist: Privatkunden haben niedrige Grundgebühren, aber hohe Gesprächskosten; bei Profis sind die Grundgebühren hoch, dafür aber die Gesprächskosten niedrig. Erkundet also eure eigenen Gewohnheiten, z. B. ob ihr viel telefoniert (wie z. B. Profis) und sich deswegen etwa ein Profitarif mit hohen Grundgebühren lohnen würde oder nicht.

Aufgabe 145 Vorschlag: Dennis **verabschiedet** sich und **fragt** Kathy, ob sie ihn am Abend **anrufe** oder ob er sie anrufen **solle.** – Kathy **antwortet,** Dennis **solle** lieber sie anrufen, sie **sei** ab 18 Uhr erreichbar. Sie **fügt (die Frage) hinzu,** ob er sie sofort um 18 Uhr **anklingle** oder später. – Dennis **meint,** er **könne** sich auch später bei ihr melden, und **fragt,** ob er vielleicht nach 19 Uhr anrufen **solle;** das **sei** kein Problem. – Kathy **bittet** ihn **darum,** dass es aber nicht zu spät **werde,** auf keinen Fall nach 19 Uhr. Sie **erklärt,** man **müsse** mal sehen, ob das (Treffen) mit Tina und Marco klappen **werde;** man **dürfe** nicht zu spät kommen. – Dennis **schlägt (als Kompromiss) vor** (,) um etwa 18.30 anzurufen (,) und **verabschiedet sich.**

Aufgabe 146 Vorschlag: Marco **kündigt an** (,) 15 Minuten später zu kommen. – Tina **ist einverstanden** und **bittet ihn** (,) die neue CD mitzubringen. – Marco **entgegnet jedoch,** dass er auf dem Weg zu Dirk sei und ihm genau die gemeinte CD bringen müsse. – Tina **fordert ihn (kurz) auf** (,) mit Dirk zu reden. – Marco **gibt zu bedenken,** das sei schwierig. Er **meint,** Tina solle es doch selbst versuchen, wenn das mit der CD für sie so dringend sei. – Tina **teilt** daraufhin Dirk **mit,** Marco brauche seine CD noch. – Dirk **entgegnet** ihr (einfach), er brauche sie auch noch. – Tina **macht** ihm **den Vorschlag** (,) doch einfach zu ihr zu kommen, Marco komme auch mit der CD. – Dirk **ist** mit diesem Kompromiss, den er für besser als nichts hält, **einverstanden.**

Aufgabe 147 Vorschlag für die Analyse des Gesprächs in Tabellenform. Hier findest du Beispiele zum Gesprächsanfang. Führe die Untersuchung selbstständig fort.

Person/Äußerung	Satzart (grammatische Form)	eigentliche Redeabsicht
Lars: Also, ich brauche …	Aussagesatz (A)	(versteckte) Aufforderung an den Vater, ihm ein Handy zu kaufen
Vater: Soso, du brauchst …	A	(indirekte, ironische) Ablehnung bzw. Aufforderung zu näherer Begründung
Lars: Du hast …	A	Aufforderung auf ihn einzugehen (bzw. seine „Verzögerungstaktik" zu lassen)
Vater: Na ja …	Kurzsatzform (K)	kein eindeutiges Eingeständnis
Lars: Was heißt …	zwei Fragen (F)	Frage, wie der Vater das meint. Dann Aufforderung zu eindeutiger Antwort
Vater: Aha, das „holt" man …	A	(ironische) Wiederholung, Ziel: Ablehnung
Lars: Du weißt genau …	A	Protest gegen Ironie
Vater: Und warum …	F	ironische Aufforderung an Lars, seine Absicht genauer zu äußern
Lars: Na schön! Würdest du mir …	K, F	(scheinbares) Zugeständnis, ironische Aufforderung/Bitte in Frageform
Vater: Also nun mal …	K, F, F	Aufforderung zum Weglassen von Ironie; Zweifel an Notwendigkeit für ein Handy (Ablehnung)
Lars: Sag bloß …	Imperativsatz (I)	eher Frage (bzw. Zweifel), ob sich der Vater damit befasst hat
–	–	–

Aufgabe 148 Vorschlag: Der Text …
… **rät** zu besonderer Aufmerksamkeit bei Kündigungsfristen.
… **empfiehlt**(,) auf alle Vertragsbestandteile genau zu achten.
… **informiert** über mögliche Probleme beim Handy-Kauf.
… **weist besonders darauf hin,** dass es Gebührenfallen gibt.
… **wirft die Frage auf,** ob sich die Grundgebühr (bzw. ein Handy) lohnt, wenn man kaum telefoniert.

... **bemerkt** (treffend), dass kein Mobilfunk-Provider etwas zu verschenken habe.
... **spricht das Problem** mit den verschiedenen Netzen **an.**
... **warnt** vor versteckten Gebühren.
... **unterscheidet** zwischen verschiedenen Kostenfaktoren wie z. B. Haupt- und Nebenzeiten, verschiedene Netzverbindungen, Standard- und Sondertarife usw.
... **schlägt** eine genaue Überprüfung der eigenen Gewohnheiten **vor.**
... **stellt** verschiedene Kriterien **zur Auswahl,** um die tatsächlichen Handy-Kosten zu überblicken.
... **mahnt** zur Vorsicht vor Deaktivierungsgebühren.
... **stellt den Grundsatz auf,** dass billige Teilangebote meistens an einer anderen Stelle höhere Kosten bedeuten.

Aufgabe 149 Fortsetzung (Vorschlag): Lars bittet seinen Vater daraufhin mit einer übertrieben höflichen Frage um die Erlaubnis, sich ein Handy anschaffen zu dürfen, doch dieser stellt die Frage nach dem Sinn und Nutzen eines solchen Gerätes. Als Lars sich über die Frage wundert, warnt ihn sein Vater davor, die Handys seiner Freunde als Argument vorzubringen. Lars jedoch, der dieses Argument nicht für unerlaubt hält, führt zusätzlich an, dass viele Telefonzellen kaputt seien und er nachts anders nicht anrufen könne. Als sein Vater ihn ironisch auf seine nächtlichen Ausgänge anspricht, wirft ihm Lars wütend sein altmodisches Gerede über „früher" vor.

Lars' Mutter, die durch die lautstarke Auseinandersetzung angezogen wird, erinnert sich ebenfalls an eine Situation, in der sie ohne Telefon war. Der Vater sieht in dieser Äußerung eine Unterstützung für seinen Sohn, und er ahnt bereits, wohin die Diskussion führt.

Die Mutter macht jedoch den Kompromissvorschlag (,) ein Handy anzuschaffen, welches immer nur derjenige bekommen solle, der gerade unterwegs sei. Sie erinnert den Vater gerade an seine häufige Forderung, wenigstens zu wissen, wo sie bzw. Lars sei. Der Vater verweist zwar noch auf zahlreiche mögliche Schwierigkeiten mit den Kosten, aber die Mutter sieht diese Warnungen als übertrieben an und meint, man solle es mit bestimmten Verhaltensregeln einmal versuchen. Lars freut sich bereits auf den Handy-Kauf am folgenden Tag.

Bildnachweis

ADAC: Raffaelo Bencini: Florentiner Wappen S. 43; **Gottfried Aigner:** Calcio storico auf der Piazza Santa Croce S. 16; **bpk:** – Johannes von Laurentius: Themis: Aigeus erwartet den Orakelspruch, der auf dem delphischen Dreifuß sitzenden Themis. Schale des Malers von Kodros, um 440 v. Chr.; Original: Staatliche Museen zu Berlin, Preußischer Kulturbesitz, Antikensammlung S. 200; – Alexander der Große 356 – 323 v. Chr., Detail aus Mosaik Alexanderschlacht; Original: Neapel, Museo Archeologico Nazionale S. 189; – Christa Begall: „Sirenenabenteuer des Odysseus", Darstellung auf einem paestanischen Glockenkrater, dem Maler Python zugeschrieben, um 330 v. Chr.; Original: Staatliche Museen zu Berlin, Preußischer Kulturbesitz, Antikensammlung S. 200; – Alfredo Dagli Orti, 1990: Alexander der Große 356 – 323 v. Chr., Die Schlacht bei Issos gegen Darius III., 333 v. Chr., Mosaik aus Pompeji, 2. Jh. v. Chr.; Original: Neapel, Museo Archeologico Nazionale S. 191; – Gerard Le Gall: Aristoteles, 384 – 3222 v. Chr. Griechischer Philosoph, Gemälde von Pedro Berruguete, um 1476 Öl auf Holz, Original: Paris, Musée du Louvre S. 204; – Margarethe Büsing: Doppelsarg des Nespamai (innere Hülle) Spätzeit, um 600 v. Chr., Holz; Original: Staatliche Museen zu Berlin, Preußischer Kulturbesitz, Ägyptisches Museum S. 168; – Herbert Kraft: Totenmaske (Maske des Agamemnon), aus den Gräbern rund A in Mykene, Schachtgrab V Gold, 2. Hälfte 16. Jh. v. Chr.; Original: Athen, Nationalmuseum S. 168; **Stéphane Compoint:** Stadtansicht Alexandria S. 197; **dpa:** Anne-Christine Poujalat: Löschflieger S. 73; **Jürgen Junker-Rösch:** Brand S. 68; **Udo Kautler:** Zugfahrt S. 37; **Archiv Giunti Martello:** Florenz im 16. Jh. S. 17; **John McDonough:** Basketball S. 129; **Dolde Medien GmbH:** Mit freundlicher Genehmigung der Dolde-Medien Verlag GmbH, Stuttgart: Campingbus S. 140; **Flughafen München:** – Startendes Flugzeug S. 112; – Flugzeug in der Luft S. 109; **Magnus edizioni S.p.a.:** Foto di Marcello Bertoni, archivio Magnus Edizioni: Una sala del Palazzo Pitti S. 40; **MAN Nutzfahrzeuge GmbH:** MAN Nutzfahrzeuge GmbH: Feuerwehrwagen S. 60; **Nokia:** – Handy mit SMS S. 216; – Handy S. 213; – Jugendlicher mit Handy S. 207; **Otto Versand Hamburg:** Otto Versand Hamburg: männl. Model S. 124; **Hans Patzelt:** Philippeion S. 180; **Picture Group Focus:** Feuersbrunst S. 79; **Real Armeria, Madrid:** Tauschierter Degen, Spanien im 16. Jh. S. 13; **John N. Richards:** Die Neandertaler S. 55; **The Ridge Press:** Rolls-Royce S. 148; **Schreyer Foto Agentur:** Eröffnung der olympischen Spiele in Sydney: Schreyer Foto Agentur S. 78; **Henry Stierlin:** – Blauer Armreif S. 152; – Goldmaske des Psusennes S. 162; – Goldblech S. 143; **Simssee Handweberei:** Altbauwohnung S. 94; **Frank Teichmann:** Orakel von Delphi: Schatzhaus S. 195; **Eberhard Thiem, Lotos-Film Kaufbeuren:** – Sarkophag Alexanders S. 192; – Büste Alexanders S. 187; – Dunkler, unterirdischer Gang (Höhle von Psychro) S. 27; **Wildlife Photo Report:** – M. und H. Dossenbach, Wildlife Photo Report: Galoppierender Schimmel S. 185; – M. und H. Dossenbach, Wildlife Photo Report: Pferd mit Reiter S. 57; **WMF AG:** Flötenkessel S. 59; **Fulvio Zanettini:** Uffizien S. 29

(Bitte blättern Sie um)